中国军事专家文库

中国历代国家统一战略研究

黄朴民　著

北 京 出 版 集 团
北 京 人 民 出 版 社

图书在版编目（CIP）数据

中国历代国家统一战略研究 / 黄朴民著. — 北京：
北京人民出版社，2025.4（2025.8重印）
（中国军事专家文库）
ISBN 978 - 7 - 5300 - 0609 - 2

Ⅰ．①中⋯ Ⅱ．①黄⋯ Ⅲ．①国家统一——研究—中国
Ⅳ．①D618

中国国家版本馆 CIP 数据核字（2024）第 033957 号

中国军事专家文库
中国历代国家统一战略研究
ZHONGGUO LIDAI GUOJIA TONGYI ZHANLÜE YANJIU

黄朴民　著

*

北 京 出 版 集 团
北 京 人 民 出 版 社 出版

（北京北三环中路 6 号）

邮政编码：100120

网　　址：www. bph. com. cn

北 京 出 版 集 团 总 发 行
新 华 书 店 经 销
北 京 华 联 印 刷 有 限 公 司 印 刷

*

787 毫米 ×1092 毫米　　16 开本　　15.75 印张　　223 千字
2025 年 4 月第 1 版　　2025 年 8 月第 2 次印刷
ISBN 978 - 7 - 5300 - 0609 - 2
定价：89.00 元
如有印装质量问题，由本社负责调换
质量监督电话：010 - 58572393
编辑部电话：010 - 58572414；发行部电话：010 - 58572371

"中国军事专家文库"编委会

主　　任：彭光谦

副 主 任：黄迎旭　樊高月　包国俊

委　　员：（按姓氏笔画排序）

王幸生　刘庭华　齐德学

李际均　李炳彦　吴如嵩

陈　舟　邵维正　武　军

胡光正　姚有志　袁德金

徐　焰　黄朴民

总　序

在2021年举国隆重庆祝中国共产党百年华诞后，2027年将迎来中国人民解放军建军的百年华诞。百年征程，华章异彩。以毛泽东同志为代表的中国共产党人坚持把马克思主义的普遍真理与中国革命战争的具体实践相结合，创立了毛泽东军事思想的科学理论体系，指导我军从无到有，从小到大，从弱到强，从胜利走向胜利。我军也由此具备了高度的理论自觉，形成了重视总结经验、重视理论创造的优良传统，军事理论建设取得了极其丰硕的成果。习近平主席强调指出，科学的军事理论就是战斗力，一支强大的军队必须有科学理论作指导，要紧紧扭住战争和作战问题推进军事理论创新，构建具有我军特色、符合现代战争规律的先进作战理论体系，不断开辟当代中国马克思主义军事理论发展的新境界，从而为推进军事理论创新指明了方向。

值此建军百年之际，我们在北京出版集团北京人民出版社支持下，策划出版"中国军事专家文库"（简称"文库"），旨在总结和展现新中国成立特别是改革开放以来我国军事科学研究取得的丰硕成果，为新时代国防和军队建设尽一份绵薄之力。我们相信，"文库"的出版发行，不仅可以为我军官兵加强理论学习、提高理论素养和开发思维能力发挥积极作用，而且可以为关心中国国防和军队建设的人们提供一个了解中国军事理论建设发展的重要窗口。

为了确保"文库"发挥应有的价值和效益，我们在编辑过程中主要遵循以下几条原则。

第一，突出完整性，尽可能覆盖中国军事科学的各个学科方向，包括军事思想、军事战略、战役战术、作战指挥、军事制度、军队建设、军队政治工作、军事历史、军事经济、外国军事等，其中有专著也有论文集，能比较系统地反映中国军事科学发展的情况。

第二，突出学术性，重点关注基础理论研究，着重反映中国军事科学基础理论建设的情况，同时保持对现实的观照，体现军事理论对军事实践的先导作用。

第三，突出权威性，所收著作的作者均为中国军事科研领域中有深厚学术造诣的专家，是各学科方向的领军人物，在军内外享有盛誉，他们的科研成果为推进中国军事科学发展发挥了积极作用。

第四，突出全面性，力求反映中国军事科学发展全貌，所收入著作创作的年代跨度要尽可能大，能够反映中国军事科学发展的大体脉络。

第五，突出实用性，面对的读者群主要是党、政、军高层领导和机关人员，军事科研机构人员和军事院校研究生及地方高校的国防教育人员，以及众多的军事爱好者等。

"文库"是一个长线产品，前期规划出版40本，约1200万字。其中，第一辑出版10本，作者主要是曾在中国人民解放军军事科学院从事过军事理论研究工作的专家。军事科学院是叶剑英元帅建议创办的我国专门从事军事科学研究的机构，是军事科研信息的"集散地"。军事科学院各个时期专家的科研成果反映了那个时期的军队作战和建设理论需求的前沿性问题，对军事理论研究发挥了引领作用。我军的各级院校、科研机构和领导机关也活跃着一批军事专家，他们是我军军事理论研究队伍的重要力量，其在各个时期的研究和创作丰富了我军军事理论的内涵，推动了我军军事理论的发展。在"文库"后续推出的著作中，我们将扩大作者范围，收纳军队各级院校、科研机构和领导机关的军事专家在各个时期的优秀理论成果。

"兵者，国之大事，死生之地，存亡之道，不可不察也。"军事理论研究探寻的是国家安危之道，关乎江山社稷，是世界范围内军事竞争的重要领域。唯有军事理论先进、军事理论素养高的军队，方能在残酷的军事竞争中占据主动，这已经被世界战争史，包括我军历史所充分证明。新时代，我军正在习近平强军思想的指引下开启新征程，为迎接世界新军事革命加速发展的挑战，向着全面建设世界一流军队的方向迈出坚定步伐。"实践发展永无止境，认识真理永无止境，理论创新永无止境。强军是具有很强开创性的事业，我们要不断适应新形势、应对新挑战、解决新问题，在实践上大胆探索，在理论上勇于突破，不断丰富和发展党在新时期的强军思想，让马克思主义军事理论在强军伟大实践中放射出更加灿烂的真理光芒。"

在此，我们特别要向中国人民解放军军事科学院原副院长任海泉中将表示由衷的感谢。他给予"文库"以极大支持和热情鼓励，不仅对"文库"编辑提出了很重要的指导性意见，而且亲自审阅了一部分书稿，非常负责任地撰写了修改意见，展现了军事科研战线领导干部的使命感和高尚情怀。

由于时间仓促，"文库"难免有挂一漏万之处，敬请各位读者批评指正。

"中国军事专家文库"编委会

2024 年 7 月

黄朴民

———————————————————

　　绍兴文理学院特聘教授、中国人民大学国学院教授，博士生导师，获国务院政府特殊津贴，曾任军事科学院军事战略研究部三室副主任、中国人民大学历史系主任、中国人民大学国学院执行院长、中国人民大学图书馆馆长，现兼任中国孙子兵法研究会副会长、中国史学会理事，主要从事中国思想文化史、中国军事史研究，已出版《春秋军事史》《何休评传》《孙子评传》《中国兵学思想史》等著作。

内容简介

　　本书从历史学与军事学相结合的角度，整体审视与个案剖析并重，对中国历史上实现国家统一的时代背景、物质条件、地理环境等基本问题进行系统全面的梳理与分析，重点考察了历代统一战略的主要内涵及其特征，揭示了历代统一战略的思维方式和一般规律。在此基础上，作者就我国历代实现国家统一的综合准备、战略决策、战略指挥、战术战法等重大问题，做了别开生面的分析和总结，对其得失成败予以科学的评价。其中关于历代统一战略决策与运用特点的归纳和考察，如正确判断战略形势、高明把握战略时机、周详制定战略预案、扎实建设战略基地、合理选择战略方向等基本规律的概括与提炼，可谓切中肯綮、不乏创见，在今天仍有积极的借鉴价值。

序

李际均

中华民族是一个具有悠久文化传统和鲜明个性的伟大民族。几千年来，不懈地追求统一、自立、自强，是中华民族得以延续发展的思想基础和内在动力。在中国这块广袤的土地上繁衍和生息的人民，无论他们生活在哪个时代，无论他们属于哪个民族，也无论他们有着何种信仰，甚至无论他们迁徙到什么地方，受过何种磨难，却始终保持着对中华文化和祖国的高度认同。中国没有产生过"国教"，没有英国式的"统一信仰法"，没有日本的"神道教"，更没有伊斯兰式的政教合一。中华民族自古以来就是以国家统一、天下太平代替政治信仰，以崇尚真善美代替宗教信仰，因而有着宏大的包容性和很强的凝聚力。在中国的战争史上，没有发生过外部世界那样持久而惨烈的宗教战争。这应归之于中华文化的伟大贡献。

中国自古以来就是一个多民族的命运共同体。历史上存在于我国疆域内的各民族政权，都是中国内部的地方性政权。数千年的中华文明史，是在统一观念的主导下实现和维护中华民族大融合、大一统的历史。自秦统一后的两千多年间，中国统一或基本统一的时间占2/3以上。历史上每一次民族对峙、国家分裂之后，最终的结局仍是民族大融合与新的空前大一统国家的出现。中国战争史的主流是谋求统一的战争。中华文明之所以能够保持发展上的持续性，为世界所仅见，就在于文化认同与国家统一相辅相成。可以说，国家统一的理念是中华民族与生俱来的"胎记"，是人们普遍的价值取向与理想追求。

国家统一对于中国历史进步的正面意义是毋庸置疑的，它所带来的直接结果是政治秩序的正常、社会生活的稳定、生产水平的提高、文化建设的繁荣、国防实力的强大、边疆开发的扩展、民族关系的和谐，并为赈济灾荒、抵御外侮创造了坚实的基础和有利的条件。正是在这个意义上，国家统一成了中国历代统治者中的有识之士与广大民众的共同愿望，"六合同风，九州共贯"的盛世气象成为社会政治的理想境界。

完成国家的统一，往往要经历种种坎坷与曲折，付出相当巨大的代价，只有运用高明卓绝的智慧，实施巧妙恰宜的手段，才有可能实现这个伟大的政治理想。在这个过程之中，有一些具有共性的规律，这就是军事斗争的开展和经济文化的融合，成为历代实现国家统一的两条基本途径，这中间又以军事斗争为主导手段，包括以军事为后盾的和平统一。一方面做好政治、经济、军事、外交、文化等全方位的准备，先立于主动优势的地位，把握住国家统一进程的主导权；另一方面制定正确可行的统一战争方略，以确保实现既定的国家统一的战略目标。

在中国历史上，曾产生过许多脍炙人口、名垂千古的统一战略谋划，它们在特定的历史条件下发挥了"运筹帷幄之中，决胜千里之外"的作用，诸如春秋时代吴越斗争的文种"灭敌九术"，秦始皇横扫六合、一统天下的战略，楚汉相争的萧何献议，三国时代诸葛亮的"隆中对"，西晋灭吴统一南北的战略，隋文帝灭陈混同天下的战略，唐代李世民先取关中、席卷天下的战略，赵匡胤先南后北统一中原的战略，朱元璋平定江南的战略，康熙因剿寓抚、攻澎湖取台湾的战略，等等，都是中国统一战争历史长卷中的辉煌篇章！

博大精深的中华文化，培育出独具特色、长领风骚的东方兵学。中国古代战略文化以尚智贵谋、慎战节武为特征。这种建立在战争反思基础上的军事文化，脱离了厮杀的原始蛮性，达到"知兵非好战"的境界，从而具有哲学智慧的美感。这一文化价值取向，也使得统一战争的谋划者在构筑其战略方针之时，把握"经武之略，在于贵谋"的原则，力争不战而屈人之兵，达到"全胜"之目的。为此，就要全面分析战略形势，认真构筑战略方针，恰当确定战略目标，正确选择战略方向，具体规划战略步骤，妥善运用战略手段，等等。大凡成功的统一战略都具有一般的共性特征。一是"以文为种，以武为植"，强调政治、经济对军事活动的制约与指导作用，即"凡战法必本于政胜""甲兵之本，必先于田宅"。二是强调"不谋全局者，不足谋一域"，注重从宏观上把握战略形势，高屋建瓴、统筹全局、争取先机，把夺取和掌握战略主动、营造有利于未来发展的战略环境作为制定与实施统一战略的出发点。三是在统一战略实施过程中，坚持文武兼用，刚柔相济，剿抚结合，既重视政治攻心、招抚服远，又不放弃强大的武力准备，在必要的情况下，用军事手段摧毁敌人的抵抗，达到统一的目的。总之，文武两手双管齐下，力争"广致投降，不假杀戮"。四是在统一战争的具体战役指挥与战术运用上，强调持久待机下的速战速决；示形动敌，出其不意；轻兵袭扰，重兵突袭，一战而胜。

当然，中国历代统一战略的基本特征远远不止这些方面，以上所举，仅是其荦荦大端而已。中国历代统一战略是一笔丰富的战略文化资源，有必要认真地加以研究和总结。其实，古人在这方面早已有了清醒的认识。南宋理学大师朱熹就有总结宋代以前统一战略成败得失的强烈愿望，曾向学生表示过，他自己"尝欲写出萧何、韩信初见高祖时一段，邓禹初见光武时一段，武侯初见先主时一段，将这数段语及王朴'平边策'编为一卷"①。今天，我们当然应该比朱熹有更高的境界从事这项工作，积极弘扬中华优秀的军事文化传统，深入全面总结历史经验，从中汲取有益的智慧与启迪，为完全实现祖国统一大业而提供宝贵的借鉴。从这个意义上说，撰著《中国历代国家统一战略研究》一书，以满足广大读者了解中国走向统一的历史并领略博大精深的东方兵学的深刻内涵，无疑是极具现实意义的。作者黄朴民教授为此所作出的辛勤努力也是值得充分肯定的。相信他会继续发挥自己的优势与特长，在历史与军事的结合点上勤奋耕耘，取得更大的成果，为繁荣中国古代军事历史的研究贡献自己的力量。

在全球化迅猛发展、国际形势日趋紧张的今天，维护国家主权和统一，就是最大的政治。只有国家强大和统一，才能平等参与严酷的国际竞争。否则，再古老再优秀的文化也难免重蹈古希腊、古波斯的命运。中华民族的历史比任何个人和群体都伟大，中国的统一事业超越任何个人和群体的利益。当今海峡两岸的政治家和政治群体在历史上的最终定位，一个重要的标准，就是以如何对待中国统一的态度来论定。中华民族需要万众一心以最坚决的态度铲除分裂主义势力，完成祖国的统一大业。

是为序。

---

① 《朱子语类》卷一三五。

目　录

第一章　统一战略的历史文化背景

中华文明是世界上屈指可数的独立起源的文明之一，在中国漫长的历史发展过程中，国内各民族经历战和更替，聚散分合，迁徙与融会，却始终不曾割断共同的文化传统，文明认同始终如一，而且越是历经磨难、遭遇坎坷，越是增强多元一体的中华民族的自我意识和对中华文明的认同感。① 而能够达到这一境界，其根本的因素就是国家统一的理念早已渗透于中华民族的血液之中，成为人们的普遍价值取向与理想追求，所谓"天下有道，则礼乐征伐自天子出"②，"天下恶乎定？定于一"③，"天子唯能壹同天下之义，是以天下治也"，④等等，正是这种民族文化心理的形象表述。在那些富有远见的统治者和广大民众看来，只有实现"大一统"，国家才有最大的安全，民族才有应有的尊严，百姓生计才有较好的保证，天下方可长治久安。为此，他们汲汲于实现统一、巩固统一、发展统一的奋斗，谱写出一曲曲"大一统"的颂歌。所以，数千年的中华文明史，在某种意义上可以说是国家统一观念深入人心的历史，是实现和维护统一的历史。统一作为中国历史发展的主流，浩浩荡荡，奔腾向前，不可逆转。

统一是中国历史发展的主线，这一事实本身就意味着研究中国历代统一战略是我们义不容辞的责任。而回顾和总结中国历史上实现和维护国家

---

① 李际均：《中国军事通史》"总序"，第1页，军事科学出版社1998年版。
②《论语·季氏》。
③《孟子·梁惠王上》。
④《墨子·尚同上》。

统一的基本经验，揭示中华民族战胜分裂、完成统一、巩固统一的基本途径和一般规律，从中汲取有益的历史启示，则首先需要深入考察蕴含于统一战略的制定与实施背后的历史文化动因。

一、"大一统"理念与统一战略的文化渊源

早在先秦时期，中华民族随着内部凝聚力的不断增强，已经初步形成了"大一统"的观念。《史记·五帝本纪》称黄帝"东至于海，登丸山，及岱宗。西至于空桐，登鸡头。南至于江，登熊、湘。北逐荤粥，合符釜山"。《诗经·小雅·北山》所云"溥天之下，莫非王土；率土之滨，莫非王臣"，就表达了这种思想倾向。经儒、墨、法、阴阳等先秦诸子学派的倡导和弘扬，"大一统"的观念更加深入人心。到战国末年，终于在统一条件基本具备的基础上，由地处西陲的秦国通过战争这一暴力手段，横扫六合，翦灭六国，使这种政治理想变成现实，建立了多民族的统一的君主专制中央集权国家。秦汉以降，虽然统一与分裂交相更替，但总的来说，统一是主流，是不可逆转的历史发展总趋势，割据分裂只是暂时的历史现象，而且总是遭到人们的谴责和历史的唾弃。即使是在分裂割据的年代里，追求统一仍始终是各族统治者和民众的共同政治理念和奋斗目标。例如，魏晋南北朝时期，天下分崩，群雄并立，征战无已，但各个政权的统治者大多以统一为己任，并以炎黄之后自居①。又如清统治者也将其入主中原、底定天下看作"成丕业以垂休万祀者"②之盛举。而当时的知识阶层，更是突出地流露出盼望统一的心态。如产生于南北朝时期的《水经注》《昭明文选》《文心雕龙》等著作的编撰范围，都不以当时某一小朝廷的统治区域为界，而以"大一统"国家为准，就明显反映了当时人们要求统一的深切愿望。

---

① 十六国时期前汉王朝创立者，出身于匈奴的刘曜，即自称黄帝之后。
②［清］范文程："入定中原状"，载王先谦《东华录》顺治元年四月。

由此可见，"大一统"的观念在中国历史上源远流长，根深蒂固。

（一）"大一统"的蕴意

"大一统"的本义是以"一统"为"大"。"大"在这里为动词，是推崇或尊尚的意思；"一统"，即以"一""统"之，所谓"总持其本，以统万物"①。换言之，"大一统"就是高度推崇和颂扬国家的统一，民族的融合，也即对"一统"所持的基本立场和态度。后来也有人将"大一统"的"大"理解为形容词，认为"大一统"就是"大的统一""高度的统一"，即描绘、形容统一的程度或规模。②东汉公羊学大师何休《春秋公羊经传解诂·隐公元年》在解释《传》"何言乎王正月？大一统也"时说："统者，始也。总系之辞。夫王者始受命改制，布政施教于天下，自公侯至于庶人，自山川至于草木昆虫，莫不一一系于正月，故云政教之始。"此处何休所说的"大一统"，指的就是统一的规模与程度，是上述"大一统"的第二层含义。其实两者的意思并无本质上的区别。

"大一统"所包含的具体内涵随着历史的演进而不断丰富发展。论者指出：一般而言，"大一统"的地理概念是指国土统一，所谓"天无二日，土无二王"③；政治概念是指全国上下高度一致，皆屏声息气，听命于最高统治者，所谓"天下若一""夙夜匪懈，以事一人"；时间概念是长久统一，千秋万代，江山永固，所谓"至尊休德，传之亡穷，而施之罔极"④；文化概念是指文化习俗六合攸同，仁义德泽流布宇内，所谓"《春秋》大一统者，六合同风，九州共贯也"⑤，"中国者，聪明睿知之所居也，万物财用之所聚也，贤圣之所教也，仁义之所施也，诗书礼乐之所用也，异敏技艺之所试

---

① 《管子·五行》尹知章注。
② 于汝波：《儒家大一统思想简议》，《齐鲁学刊》1995年第1期。
③ 《礼记·坊记》。
④ 《汉书》卷五十六，《董仲舒传》。
⑤ 《汉书》卷七十二，《王贡两龚鲍传》。

也，远方之所观赴也，蛮夷之所义行也"①。到了宋代欧阳修、朱熹等人那里，又将"正统"说纳入"大一统"的理论体系之中，强调"大一统"必须以"正统"或"有德"者为中心，以弥补早期"大一统"说之不足②，使"大一统"理论更好地适应社会政治的现实，满足实施统一战略的需要。

（二）"大一统"观念的确立

"大一统"的思想产生于先秦时期，早在殷周时期，这一观念即已开始萌芽：

> 邦畿千里，维民所止，肇域彼四海③。
>
> 维禹之绩，四方攸同④。
>
> 以陟禹之迹，方行天下⑤。
>
> 用于天下，越王显⑥。

到了春秋战国时期，这一思想遂进入基本定型的阶段。当时，西周礼乐文明遭到根本性的冲击，早期初始形态的"大一统"格局趋于瓦解，天下缺乏合法一统的政治秩序，结果导致诸侯争霸称雄，混战绵延，所谓"天下无道，则礼乐征伐自诸侯出……自大夫出……陪臣执国命"等等，即为此现实之形象写照。人们饱受这一政治无序所造成的苦难，渴望重新实现政治上的统一，建立起合理合法的政治秩序，于是出现了《禹贡》《左传》所称道的"九州"说，虚拟所谓的夏代"大一统"："茫茫禹迹，画为

---

① 《战国策·赵策三》。

② 于汝波：《儒家大一统思想简议》，《齐鲁学刊》1995年第1期；杨向奎：《大一统与儒家思想》"序言"，中国友谊出版公司1989年版。

③ 《诗经·商颂·玄鸟》。

④ 《诗经·大雅·文王有声》。

⑤ 《尚书·立政》。

⑥ 《尚书·召诰》。

九州"①，"东渐于海，西被于流沙，朔南暨声教，讫于四海"②。在"大一统"思想的确立过程中，先秦诸子曾发挥过突出的作用，其学说普遍反映了一个社会基本要求。虽然诸子百家在统一的方式和内容上存在歧见，但天下必须"定于一"则是他们的共识。如法家积极主张"事在四方，要在中央"③；墨家竭力提倡"尚同"，"天子唯能壹同天下之义，是以天下治也"④；道家虽然追慕小国寡民式的理想社会，但同时也不乏祈求一统的愿望，故倡言"抱一为天下式"⑤。

当然真正在"大一统"理论构建中作出特殊贡献的，应首推儒家。在儒家看来，其他学派所提倡的"大一统"尽管政治目标正确，但是其实行的方式或途径却是错误的，并不能真正实现。按他们的理解，"大一统"的政治秩序不能像法家所鼓吹的那样统于暴力，不能像道家所主张的那样统于抽象不可捉摸的道，也不能像墨家所提倡的那样统于纯粹的人格化的天，而必须一统于"仁义礼乐""王道教化"，即孟子所说的"不嗜杀人者能一之"。

孔子是儒家"大一统"思想的奠基者。面对当时社会"礼崩乐坏"的局面，他一再强调"礼乐征伐自天子出"，抨击"礼乐征伐自诸侯出……自大夫出"。他褒扬管仲，着眼点也落在管仲能辅佐齐桓公尊王攘夷，维护华夏名义上的统一这一点上："管仲相桓公，霸诸侯，一匡天下，民到于今受其赐。微管仲，吾其被发左衽矣。"⑥为此，他提倡"克己复礼"，反对"犯上作乱"，主张重建一统的社会政治秩序，并将这一"大一统"理念作为微言大义隐寓于自己所整理修订的《春秋》一书之中，遂成为儒家乃至整个古代"大一统"思想的不祧之祖。

---

① 《左传·襄公四年》。
② 《尚书·禹贡》。
③ 《韩非子·扬权》。
④ 《墨子·尚同上》。
⑤ 《孝子》第22章。
⑥ 《论语·宪问》。

孔子身后，儒分为八，"有子张之儒，有子思之儒，有颜氏之儒，有孟氏之儒，有漆雕氏之儒，有仲良氏之儒，有孙氏之儒，有乐正氏之儒"①。他们在某些问题上存有歧见，不尽一致，但对于"大一统"的理念，却是一致认同的。如孟子与荀子，一个大声疾呼"（天下）定于一"，另一个也明确指出"四海之内若一家。故近者不隐其能，远者不疾其劳，无幽闲隐僻之国莫不趋使而安乐之"②。在他们和其他儒家人物的努力倡导下，"大一统"的思想观念更加深入人心，成为人们普遍的精神寄托和崇高的政治信仰。

　　在"大一统"思想的形成过程中，我们还必须注意到春秋公羊学所起的独特作用。一般的看法是，公羊学产生于战国时代，当时中国历史正处于由诸侯割据称雄走向全国统一的前夜。公羊学作为儒家中接近法家的一派，在思想体系上与荀子相一致，也要突出地反映社会发展的这一趋势，体现新兴阶级势力的基本要求，强调"大一统"，建立起相对集权的"大一统"国家。《公羊传·隐公元年》"元年者何？君之始年也。……王者孰谓？谓文王也。曷为先言王而后言正月？王正月也。何言乎王正月？大一统也"就是这种思想的集中反映。然而由于《公羊传》属于儒家之作，因此它不能不带有一定的守旧性与复古性，"周虽旧邦，其命维新"，即在其心目中，并不要求这新的一统建立在新的基础之上，而是主张在旧基础上建立新的一统。于是公羊学的"大一统"，其实质便成了天下统一于周的"大一统"。《公羊传·文公十三年》云："然则周公之鲁乎？曰：不之鲁也。封鲁公以为周公主，然则周公曷为不之鲁？欲天下之一乎周也。"尽管公羊学的"大一统"思想还存在着这样那样的问题，然而它的本质属性是进步的，是属于为中华统一事业的发展而呐喊的思想理论，尤其是它所主张的"王者无外"的"大一统"理想境界，为儒家"一统"观增添了新的内涵，使之发

①《韩非子·显学》。
②《孟子·梁惠王上》《荀子·王制》。

展到一个全新的水平。从这个意义上讲，公羊学的"大一统"理论是对先秦诸子"一统"观的总结和升华，是儒家对中华文化、古代政治日趋成熟的一大贡献，并对秦汉以降的中国历史演变产生了不可低估的深远影响。

（三）"大一统"原则指导下的政治与文化

"秦王扫六合，虎视何雄哉。挥剑决浮云，诸侯尽西来。"①秦汉大一统王朝的先后诞生，使"大一统"的理念转化成了客观的政治实践。尤其是当汉王朝作出"诸不在六艺之科、孔子之术者，皆绝其道，勿使并进"的国策之后，更使儒家的"大一统"思想在政治操作的层面上获得了切实推行的基础。现实的需要，促使"大一统"思想随着时代的演进而不断丰富深化。换言之，秦汉以降中国各个历史时期的一切政治文化现象，都渗透并笼罩着"大一统"的时代精神。在人们的思想意识深处，"大一统"始终为"天地之常经"："《春秋》大一统者，天地之常经，古今之通谊也。"②

其一是学术文化的统一。中国历代统治者，为了巩固统治，为了维系"大一统"的政治局面，都对统治思想进行了选择，用以规范、统一全国上下的思想，这在秦代是"以法为教""以吏为师"；在西汉初年是尊崇黄老之学，自汉武帝起是"罢黜百家，独尊儒术"，"汉家自有制度，本以霸王道杂之"③；在唐代是儒、释、道三教并用，而以儒学为主导；在宋代是推崇儒学的更新形态程朱理学……这种思想上的整齐统一直接影响着历史文化的发展，在一定程度上可以说是规范着历史文化发展的方向。

其二是制度文化上的统一。这在秦代，是实行"车同轨，书同文"，统一度量衡，统一货币，统一地方行政机制乃至统一一般的社会风尚习俗

---

① 李白：《古风》之六，载《李太白集》，岳麓书社1989年版。
②《汉书》卷五十六，《董仲舒传》。
③《汉书》卷九，《元帝纪》。

等举措:"普天之下,抟心揖志。器械一量,同书文字。日月所照,舟舆所载。皆终其命,莫不得意……六合之内,皇帝之土。西涉流沙,南尽北户。东有东海,北过大夏。人迹所至,无不臣者。"①在两汉时期,也是制定和实施统一的赋税徭役制度、统一的军事制度、统一的法律制度、统一的中央与地方行政体制、统一的选官任官制度、统一的学校教育制度,即如汉武帝在"泰山刻石文"中所描绘的国家"大一统"的理想图景:"四海之内,莫不为郡县,四夷八蛮,咸来贡职。与天无极,人民蕃息,天禄永得。"②两汉以降,这种制度文化上的统一,始终是当道者汲汲以求的根本目标。

其三是虚拟历史现象为现实政治文化的"大一统"张目。众所周知,黄帝时代是中国文明的发展阶段,在当时并不存在"大一统"的理想与事实。然而,人们为了论证"大一统"的合理性,不惜塑造编排历史,以造成一种"大一统"政治局面由来已久、古已有之的印象。如司马迁在《五帝本纪》中形容黄帝"迁徙往来无常处",东至于海,西至于空桐,南至于江,北逐荤粥,合符釜山,声称颛顼帝的天下"北至于幽陵,南至于交趾,西至于流沙,东至于蟠木",而"帝喾溉执中而遍天下,日月所照,风雨所至,莫不从服",等等。这些虽属于虚拟的史实,但却从一个侧面透露出"大一统"观念的感化挹注,深入人心。

其四是民族观念上对"大一统"理想的不懈追求。这在司马相如、何休、唐太宗等人的言论中均有集中的体现:"是以六合之内,八方之外,浸淫衍溢,怀生之物有不浸润于泽者,贤君耻之……遐迩一体,中外禔福,不亦康乎"③,"至所见之世,著治太平,夷狄进至于爵,天下远近小大若一,

---

① 《史记》卷六,《秦始皇本纪》。
② 《后汉书》志第七,《祭祀志上》李贤注引应劭《风俗通》。
③ 《汉书》卷五十七下,《司马相如传》。

用心尤深而详。故崇仁义，讥二名"①，"自古皆贵中华，贱夷狄，朕独爱之如一，故其种落皆依朕如父母"②，即主张四夷与诸夏地位平等，彼此友好相处，互助互补，民族关系上天下为一家。这是极其卓越的古代民族思想，也是中国历代民族文化观念的主流，它奠定了中国历史上民族逐渐融合、国家高度统一的理论前提，于是遂有司马迁论断匈奴为"夏后氏苗裔"，"中国"与"荆蛮""句吴"系兄弟之卓识："余读《春秋》古文，乃知中国之虞与荆蛮、句吴，兄弟也。"③它成为中国历史进步的重要标志之一。

其五是各类文化创造活动中对"大一统"精神的讴歌与弘扬。以汉代为例，如当时以铺陈写物为基本特征的大赋，在司马相如、东方朔、王褒、扬雄等人的笔下，以恢宏阔大的气势、丰富多彩的词汇、华美绚丽的文采反映了疆域辽阔、经济繁荣、人口庶熙、物产丰足、都市繁华、宫室壮美、统一强盛的大汉王朝的声威，美化皇帝的功业，歌颂国势的昌盛兴旺，从而热情地宣扬了"大一统"的时代主题，在文学创作中突出地体现了天下一家的文化精神。又如司马迁撰写《史记》，其初衷也是为了弘扬振奋"大一统"的时代精神。这一点在其《太史公自序》一文中有充分的反映："汉兴以来，至明天子，获符瑞，封禅，改正朔，易服色，受命于穆清，泽流罔极，海外殊俗，重译款塞，请来献见者，不可胜道。臣下百官力诵圣德，犹不能宣尽其意。且士贤能而不用，有国者之耻；主上明圣而德不布闻，有司之过也。且余尝掌其官，废明圣盛德不载，灭功臣世家贤大夫之业不述，堕先人之言，罪莫大焉。"可见司马迁所谓"究天人之际，通古今之变，成一家之言"，实际上就是为了"明圣盛德"，对"大一统"政治局面进行热情的讴歌。

---

① 何休：《春秋公羊经传解诂·隐公元年》。
②《资治通鉴》卷一九八，唐纪十四，太宗贞观二十一年。
③《史记·匈奴列传》《史记·吴太伯世家》。

即使是在某些特定的历史时期，现实中政治文化上大一统的局面渐趋瓦解，天子不尊，法令不一，豪强崛起，民族纷争，诸侯割据的形势已成现实，分裂动乱纷至沓来，传统的"大一统"理想面临严峻的挑战之时，"大一统"思想作为一种顽强不息的文化精神，仍受到进步思想家和有识见的统治者的肯定和提倡，如何休就认为"大一统""乃天人之大本，万物之所系"。为此，他汲汲于提倡"弱臣势""一法度，尊天子""重本尊统"，把维护中央权威、明确君臣关系、稳定君主专制统治秩序和纲常伦理、巩固集权统治机制作为在汉末再造"大一统"格局的中心内容①。又如元朝大臣刘整进献"平宋策"②，也把灭宋、缔造"四海一家"之局作为打动忽必烈实现统一的根本理由："自古帝王，非四海一家，不为正统。圣朝有天下十七八，何置一隅不问，而自弃正统邪。"③由此可见，"大一统"文化精神对中国历代社会政治生活的指导和规范，乃是贯穿于整个中华文明史始终的。

　　这种强烈的"统一"意识还反映在人们对"正统"观的理解上。从政治学的角度看，古代"正统"说的主导倾向就是为"大一统"观念做历史哲学层面的论证。所谓"正统"，就是指"王者大一统"。正如宋代思想家、文学家欧阳修所说："夫居天下之正，合天下于一，斯正统矣。尧、舜、夏、商、周、秦、汉、唐是也。虽始不得正统，卒能合天下于一。"④司马光也强调，"正统"的标准无他，就在于是否实现了中国的统一，也即一个王朝若是想要获得正统地位，首先要统一中国。按这个标准衡量，他认为历史上只有汉、晋、隋、唐才称得上是正统王朝，其他只能算作偏安政权："窃以为苟不能使九州合为一统，皆有天子之名而无其实者也。"⑤千百年

---

① 黄朴民：《何休评传》，第110页，南京大学出版社1998年版。
②《元史》卷一六一，《刘整传》。
③《元史》卷一六一，《刘整传》。
④《居士集》卷十六，《正统论下》。
⑤《资治通鉴》卷六十九，魏纪一，文帝黄初二年，"臣光曰"。

来，这种以"统一"为"正统"理念的思想普遍流行，进一步强化了人们认同国家统一的自觉性，成为中华文化培育统一意识、指导统一实践、完善统一秩序的又一个显著标志。

由此可见，"大一统"价值观长期以来深入人心，这使得统一成为人们所普遍认同的理想政治秩序。而为了追求"统一"，制定和实施一定的统一战略及其相关措施，也就属于势所必然、理有固宜了。这种历史嬗递的天然结构和内在逻辑说明，中国古代异彩纷呈、各擅胜场的统一方略的提出和贯彻，绝非无源之水、无本之木。它深深植根于"大一统"理念的沃壤之中，是文化传统作用于战略思维与战略选择的必有之义。换言之，中国历代统一战略之所以如此绚丽多彩、各擅胜场，成为国家统一大势形成与发展中的强大杠杆，完全在于有"大一统"思想文化氛围作为支撑，是瓜熟蒂落、水到渠成的自然产物。

二、中华文化求实精神与统一战略的思维方法论

如果说"大一统"理念为中国古代统一战略的制定确立了明确的坐标，那么中华文化的求实精神与辩证思维就为这些战略的实施提供了方法论上的指导。前者所体现的是统一战略的原则性与坚定性，后者所体现的则是统一战略的灵活性与随宜性。两者互为条件，互为补充，使中国古代统一战略得以建立在最雄厚的历史文化积淀之上。换言之，中华文化为中国统一大势的形成与发展提供了强大的智力资源，即在中国统一大势不断巩固和发展的过程中，博大精深、与时俱进的中华文化，不但起到了团结各族人民、促进国家统一的重要作用，而且为合理化解统一道路上所遇到的各种矛盾提供了重要的思想方法和高超手段[①]。这种作用突出地表现在以下三

---

① 黄朴民：《论中华文化与国家统一》，《光明日报》2003年5月27日。

个方面。

（一）"用中适时"与统一大势的认识

中国文化讲求"用中适时""随时以行"，要求人们把国家统一视为一个长期复杂的历史过程。在中国优秀传统文化中，用中适时、随时以行是人们认识和处理各种事物的思想方法论。所谓"致广大而尽精微，极高明而道中庸"，正是这种理性精神的集中体现。这种文化理念决定了人们在对待国家统一的问题上，能够秉持现实客观、理性冷静的态度，既充分肯定大一统的历史合理性与逻辑必然性，又能冷静地看待实现大一统的任务艰巨性与道路曲折性。

作为统一大略的制定者，尤其要注重统一基本条件的创造与统一有利时机的把握，其基本原则就是所谓的"时不至，不可强生；事不究，不可强成"①。所以，在一些特定的形势之下，要敢于面对暂时分裂的现实，率先完成局部的统一，并且实事求是地肯定局部的统一对于最终实现国家统一的必要性，努力为将来的大统一局面的形成创造条件。譬如，在历史上，战国七雄争战之于秦汉统一，魏蜀吴三国鼎立之于西晋统一，南北朝分治之于隋唐统一，宋辽金夏对峙之于元明清统一，等等，在当时不少政治家、思想家看来，都是走向国家大一统的必要环节，是"分久必合"的重要前提。在这个时候，对于当时的战略决策者而言，关键是如何做好充分的准备，繁荣经济，改良政治，培育人才，增强军力，从而在统一时机一旦成熟之际，运用军事、政治、经济、文化等各种手段，顺应民心以一举结束分裂的局面："宜当时定，以一四海。"②与此相反，如果昧于时势，急功近利，希冀在各方面条件尚不成熟之时，"毕其功于一役"，则必然事与愿违，不但无法实现大一统，而且还可能导致更加严重的分裂局面。如淝水之战

---

① 《国语·越语下》。
② 《晋书》卷三十四，《羊祜传》。

中的前秦王苻坚，急欲在时机尚不具备时攻灭东晋，统一南北，扬言"投鞭于江，足断其流"，结果被东晋的雄师劲旅打得大败，不仅没能完成统一，连多年惨淡经营才实现的北方初步统一局面也随着"草木皆兵""风声鹤唳"而土崩瓦解了。

应当指出的是，在中国传统文化中，所谓"天下大势，合久必分，分久必合"云云，绝不是简单的重复和循环，而是一个否定之否定的过程。"分"乃是为更高层次意义上的"合"做必要的铺垫和准备，"合"则是顺应客观规律前提下事物发展的必然结果。以中国国家统一的历史大势看，秦汉统一的规模胜过宗周礼乐文明下的天下一统，隋唐统一的规模超越秦汉，有清一代的统一规模又远逾隋唐，这正是国家统一大势日趋增强的历史印证。因此，可以这么说，"用中适时""随时以行"的思想方法论，几千年来始终维系着人们对大一统的坚定信心，帮助人们克服历史上分裂与统一交替出现所带来的困惑，决定了统一战略的制定与运用高明得宜，推动着国家统一的大业在曲折中不断向前迈进。

（二）"守经用权"与统一战略的通适化

中国文化讲求"守经用权""和而不同"，强调国家的统一是一个富有层次的文化现象，要求人们在国家统一的历史进程中实现稳步推进，在制定和实施统一战略时既坚持宗旨，又注重变通。

"守经用权"指的是在处理实际问题的过程中，要坚持原则性与灵活性的有机统一，"经"与"权"相辅相成；"和而不同"指的是要正确看待事物之间的共同点与差异性的关系，更好地实现"一"与"多"的辩证统一。按照"守经用权"原则，"大一统"是人们所必须严格遵循和不懈追求的"大经大法"，用董仲舒的话说，就是"道之大原出于天，天不变，道亦不变"。因此，建立"大一统"的政治秩序，既是历代王朝"一以贯之"的最高政治目标，又对国家的统一与发展具有非同寻常的意义。在这种思想文化观念的指导下，人们在坚守"统一"至高无上原则的同时，必须"守经用权"，通权达变，用孟子所做的形象比喻，便是"男女授受不亲，礼也"，然而"嫂溺，援之以手者，权也"，从而为更好地实现"大一统"这一基本目标铺平道路。而"和实生物，同则不继"①的文化观念，则为人们追求并完成国家的大一统提供了哲学上的依据。它提醒人们，在国家统一大势的形成和发展上，在制定和实施统一战略的过程中，既要看到统一的必然性，又要承认统一的差异性。

因此，中华文化始终强调，所谓"天下"，乃是有中心与边缘之别的天下，是有层次的天下。早在战国时期，人们就已经充分意识到了这一点，"五服制"②的提出即是有力的证明。而事实上，在中国统一的多民族国家的发展过程中，不仅有广大的农业区，而且还有广大的农牧业结合地带和纯粹的牧业区，地区差异很大，彼此的矛盾与冲突在所难免。在这样的背景下，要在全国范围内整齐划一、雷同一致地推行"大一统"行政管理，显然是不切实际的幻想。因此，传统的"守经用权""和而不同"思想正好为历代王朝的统一政治实践提供了可以操作的方法。这就是要坚持"大一统"之"经"，以建立大一统的政治秩序为目标，全面地推行中央集权制、地方郡县制，积极经营边疆，同分裂割据等违背中华民族整体利益的行为做坚决的斗争。与此同时，也承认统一的地区差异性、内外层次性，重视区域差别与文化多元。在统一实践上体现出"通权达变"的理性宽容精神，对不同地区或不同民族采取不同的政策和制度。如各个时代形形色色的"羁縻"体制及政策，就既赋予了"四夷"边疆在"一体"中的角色，体现了"大一统"的原则，维护了中央的权威，又"适天地之情""各适其性""地

---

① 《国语·郑语》。

② 五服制：古代王畿外围，每五百里为一服，按距离的远近分为五等地带，承担对中央政府不同的义务。服，即服事天子之谓，其名称为甸服、侯服、绥服、要服、荒服。见《尚书·益稷》。

移而事移"，照顾到了不同民族、不同地区生活方式和经济文化水平的差异，做到了因时、因地、因人而治。这种"守经用权""和而不同"的理论，无疑是国家统一的强大黏合剂，也是战略决策者在制定与实施统一方略时必须优先审慎考虑的问题。

（三）"夷夏一体"与统一战略的民族意识

中国文化强调"王者无外""夷夏一体"，要求人们把国家统一视作一个民族大融合的和谐形态，在统一实践中追求各兄弟民族文化、经济、政治和社会的共同进步。

中国自古以来就是统一的多民族国家。因此，所谓"统一"，就不单纯是汉族方面的问题，而是汉族与众多少数民族共同关注与积极参与的历史主题。换言之，统一的核心问题是如何消除国内各个民族之间的畛域，实现民族大融合。这一历史特征，自然应该在人们制定与实施统一战略的过程中有鲜明的体现。

众所周知，中华文化有关民族问题的立场有两大支柱：一是所谓"夷夏之辨"，鼓吹"用夏变夷"；一是所谓"夷夏一体""王者无外"。就前者而言，它承认诸夏与夷狄之间有差别，但这种差别不以种族归属为标准，也不以地域远近为界限，而是以文明的进化程度为标准。由于所处位置以及观察问题角度的不同，占主体地位的华夏民族自然认为诸夏代表着文明与先进，而夷狄则代表着野蛮与落后，历史的进程当以诸夏为中心，由诸夏的文明影响和改造所谓的夷狄，"用夏变夷"，使得夷狄逐渐向先进文明过渡，最终实现大同的理想，而国家统一的理想形态，也是统一在以诸夏为主导的旗帜之下，至少也要以诸夏的文化为鹄的。当然，对这种诸夏本位观，国内少数民族不一定完全赞同，如汉代时中行说与汉廷使节争论匈奴风俗文化之优长，称说"约束径，易行；君臣简，可久。一国之政犹一体也"①，就是证明。有些西汉大臣也不乏类似的见解："（匈奴）事省而致用，易成而难弊……法约而易辨，求寡而易供。是以刑省而不犯，指麾而令从。嫚于礼而笃于信，略于文而敏于事。"②这无疑是一种博大宽宏的胸襟，实际上成为各民族开展交流与融合、实现国家统一的重要基础。

就后者而言，"王者无外""夷夏一体"，意味着天下乃是"统一"的天下，"日月所照，舟舆所载"的普天之下，"六合之内"均为"皇帝之土"③。所以，中原王朝的天子不仅是华夏族的天子，更是全天下的天子，所谓"王者博爱远施"，故而"外内合同，四海各以其职来祭"④"德行延及方外，舟车所臻，足迹所及，莫不被泽。蛮、貊异国，重译自至。方此之时，天下和同，君臣一德，外内相信，上下辑睦"⑤。按照这个逻辑，国内不同的民族自然可以各得其所，进而走向融合，统一于天子的号令之下。

这两种民族文化观念，从本质上说，是一个整体，彼此互为弥补，共同作用于民族融合与国家统一的历史进程。应该指出的是，"用夏变夷"的深层文化含义，是视夷夏关系为可变的实体，而非不变的顽石。两者的区分，仅仅在于道德、政治方面，而与血缘种族、地域环境无涉，并不存在着不可逾越的鸿沟，"诸侯用夷礼则夷之，进于中国则中国之"⑥。夷狄因文明程度提高而可以进为中国，中国也可以因文明的毁弃而退为夷狄。这样，便为历史上少数民族推行汉化，入主中原，在更大范围内实现民族大融合提供了理论上的依据。

至于"王者无外"，则是致力于化解国内不同民族的对立与矛盾，使其认同于"天下"统一的伟大理想，强调华夏与各少数民族的和谐相处，并

①《汉书》卷九十四上，《匈奴传上》。
②《盐铁论·论功》。
③《史记》卷六，《秦始皇本纪》。
④《盐铁论·险固》。
⑤《盐铁论·世务》。
⑥《韩昌黎文集》卷一，《原道》。

在各方面时机、条件成熟之后一步步走向融合。这样，便为历史上开明的统治者推行"胡汉一家"的进步民族政策、维护大一统格局奠定了重要的思想基础。唐太宗倡言"天之生人，本无蕃汉之别"①，并一再强调"自古皆爱中华，贱夷狄，朕独爱之如一"②。清代的雍正皇帝更是一再主张不得"有华夷中外之别"，认为，在已经是"天下一统""华夷一家"的情况下，再侈谈什么华夷之分、中外之别，那简直是"逆天悖礼"，错误、可恶到了极点③。中华文化这种增进国内各民族之间的沟通与联系的价值观，毫无疑问在促进民族融合，进而巩固和发展国家统一大业方面发挥了重要的作用。

这种普遍的民族问题上的思想文化观念，对于历代统一战略思维及其运作，同样具有极其深远的影响。这首先是构思统一战略时视野的开阔、眼光的放大，能以整个中华民族的统一为自己的努力方向，而不完全局限于单个民族的利益思考问题。换言之，即统一战略所要达到的最高境界，是以"天下"的统一为对象，而不以一国或一族的统一为终极目标。"海纳百川，有容乃大。"从这个意义上讲，中国历代成功的统一战略之气象恢宏、规模开阔、精神刚健，是非常显著的文化特征之一。其次，"夷夏"可变。"王者无外"的理念，决定了在统一战略制定或实施的过程中，主体者身份究竟是谁的问题并不重要。这暗示着不论是谁，只要具有道义的优势，佐之以实力的条件，都有资格来从事统一，而无须过分计较他是汉族还是少数民族。当然在汉族占主体地位的情况下，人们似乎更愿意看到由汉族出身的人来完成统一的伟业，这一点连少数民族上层分子也看得很清楚，如北齐统治者高欢曾对杜弼说："萧衍专事衣冠礼乐，中原士大夫望之以为正朔所在。"④但是，如果由于种种原因，统一大略的制定与实施之大

---

① 《唐太宗李卫公问对》"卷中"。
② 《资治通鉴》卷一九八，唐纪十四，太宗贞观二十一年。
③ 《大义觉迷录》卷一。
④ 《北齐书》卷二十四，《杜弼传》。

任，是由非汉族背景的人来承担并完成得很好，真正造就了天下新的大一统，那么，人们也能对此予以理解和拥护，而不会太执意于其人的少数民族身份，这就是元朝和清朝的统一实践活动虽曾遭到少数汉族地主阶级知识分子的一度抵制，但却最终能较快地加以消弭和克服，顺利完成统一的深层原因。这中间很显然是有"夷夏"可以互变的理念在潜移默化地发挥作用。

三、地理环境与统一战略的自然因素

研究中国历代统一战略问题，就不能不充分考虑到中国的基本地理环境。道理很简单，地理条件是国家形成与发展的基本要素之一，它必然会在国家的统一进程中打上特殊的烙印。换言之，统一价值观念的确立与否，统一战略方针的运作怎样，都在很大的程度上受制于一定的地理以及国家战略地缘的背景，离开了这个背景，便无法从深层次评估统一战略的合理性与可行性。[①]

从地理环境考察，我们认为中华民族追求国家统一的文化主体意识之形成是有其必然性的，在此基础上构思与实施国家统一战略也是理有固宜，势所必然。

（一）地理环境为国家统一提供了优越条件

从考古学的角度审视中华文明的起源可知，早在史前时期，中华大地上已长期存在着六大文化区系。这些大的文化区系，各有自己的文化渊源、

[①] 如美国学者科宁格雷认为，自然地理在很大程度上决定经济地理，进而影响人文地理，并对政治产生重大影响。（《超级大国的地缘政治》，第43—44页，美国肯塔基大学出版社1988年版）又如美国战略学家约翰·柯林斯把国力要素归纳为十个基本方面。属于自然地理的有空间关系、主要的陆地形态、气候、天然植被，属于经济和人文地理的有资源、工业、人口的数量和分布、重要部门的分布、交通网和通信网。并认为这些因素构成了加强国家力量的地理成分，影响着政治力量、军事力量和其他各种形式的力量的使用。（《大战略》，第297—298页，中国人民解放军军事科学院1978年版）

特征和发展道路，并且大致处于同步发展的状态。同时，文化区系之间以及文化区系内部的各个支系、类型之间，都存在着错综复杂、相互作用的关系。在这种复杂的关系之中，各文化区系不断整合与重组，形成中国文化自史前起就构成大致平衡而又不平衡的多元一体的格局。在这个过程里，地理上的阻隔与联系，对于六大文化区系的形成并呈现出鲜明的个性特色，乃是一个不容忽视的重要因素。其中，以关中（陕西）、晋南和豫西为中心的中原华夏族因在物质文化与精神文化方面的高度发达，遂成为长期稳定的文明中心和政治中心，而以黄帝为代表的"五帝"，正是这一历史事实的文化象征。而同属于中华古族的其他各部族，也在中原之外其他区系的广阔地带形成一个部落共同体或政治单元，如蚩尤、三苗等，并继续与中原互相激荡和影响。伴随着武力征服和政权的更迭，原来大致同步发展的各文化区系出现了更多的相互重叠，并最终促成了原始社会向文明世界的突破，逐渐形成统一的政权。[①]经历春秋战国的兼并与融合，夏、商、西周三代松散的统一遂有质的飞跃，发展为秦汉以降高度专制中央集权式的统一。

此后国家的统一，就是在这个背景下展开的，而它的活动平台则是相对稳定的自然地理环境。

具体地说，就地理环境而言，古代中国处于亚洲大陆的东部，太平洋的西岸。西南是高山大川，世界屋脊青藏高原雄踞西部，"三北"（西北、正北及东北）是茫茫大漠、高原及森林地带，东面、东南和南面则是浩瀚无际的大海。广阔的陆地空间的存在，以及四周天然屏障造成的限隔，形成一个连续统一的地缘结构，构成中华各民族凝聚和发展为一个统一多民族国家得天独厚的条件。而在这个地理大环境中，又以中国地势第二级阶梯和第三级阶梯为主体范围，有人把它形象地描绘为"四角四边一中腹"，

---

① 苏秉琦：《中国文明起源新探》，生活·读书·新知三联书店1999年版。

即以关中、河北、东南和四川为其四角，以山西、山东、湖北和汉中为其四边，以中原为其中央腹地。这九大地域往往关系到天下的统一与分裂，关系到历朝历代的兴与衰，或者在中原政权与塞外游牧民族之间的战争中关系到中原政权的存与亡。[①]

这种独特的地理环境，对于中国历史上统一大势的形成以及相关统一战略的成熟是具有深远影响的。

一方面，它呈示了地理条件整体的统一性。它影响"历史上政治形势的发展"，实具有"维系国家统一的一面"[②]。具体地说：首先，地理屏障使中国古代的疆域成为一个相对独立和安全的空间，不曾像其他古代文明那样处于民族迁徙的交通要道上，因而有一个民族关系相对稳定的客观环境。这就构成了中国统一多民族国家赖以存在的自然条件。其次，独特的地缘环境又为国家统一规模的扩大、统一层次的提高，提供了广阔空间与强大后劲。因为，广阔的地理空间内天然疆界和地缘核心的存在，使中国在地缘上具有极强的内聚性。而与地缘核心（中原）相连的地区性中心的存在，又使得整个地理空间往来无阻。这不仅有利于中原地区的统一，而且也决定了中华文明具有强大的向心力，有使各族走向融合的可能。毕竟，在东、南濒海，北有沙漠，西南与西部为高山大川阻塞的地理条件下，周边少数民族向内地发展比向外发展更为容易，因而形成了北、西、南三个方向向中原辐辏的趋势。这种自然环境的内向性与建立在较周边发达的物质基础上的凝聚力的结合，成为各民族联系的重要纽带。正因为如此，中华文明的发展方式表现为中心与周边之间的良性互动，即是一个以向心凝聚为主流，外向辐射运动与内向凝聚运动相统一的互动过程[③]。这一发展方式是独

---

① 饶胜文：《布局天下：中国古代军事地理大势》，第1页，解放军出版社2002年版。
② 白寿彝：《中国通史》第一卷，第145页，上海人民出版社1989年版。
③ 孙建民：《中国传统治边理念研究》第二章，国防大学出版社2003年版。

具中国特色的。尽管在世界文明历史上，各大文明中心都产生于大河流域，都遇到过民族迁徙问题，但除中国以外，其他几个文明都产生于开放型的大河流域，缺乏地缘条件上的整体统一性，这导致其文明运动方式主要表现为"平流"，离心力相对突出。譬如，历史上的古希腊就因为连绵不断的山脉将陆地分隔成小块，所以"那种可作为地区合并基础的天然地理政治中心，希腊人是没有的"。同样，地跨欧亚非三大洲的罗马帝国，虽然有"内湖"地中海连接帝国各地，但也因为点状分布的地缘结构而缺乏地缘上的通达性，成为难以维系持久的大一统格局的重要因素之一[①]。而发祥于封闭型大河流域的中华文明，则通过以中原为中心的各种文化的对流与互动，使得中国的历史过程和文化发展具有独一无二的连续性。几千年来各民族之间尽管经常互相攻伐，兵戎相见，但总的趋势是联系越来越密切，反映在政治上，则是一种内向性运动，即各民族都以统一中原为政治上的最高诉求。在此过程中，国家的版图不断扩大，大一统的封建王朝成为最显著的政治形态，统一的多民族国家不断得以健全发展。

另一方面，中国固有的地理环境，也具有制约国家统一的不利因素，尽管这仅占次要的地位。换言之，地理条件上局部的独立性，容易造成若干个并立的经济、政治中心。在古代交通不便的历史条件下，这种形势正是各地封建势力分疆割据的客观条件[②]。如巴蜀之地，"土肥沃，无凶岁，山重复，四塞险固，王政微缺，跋扈先起"[③]，故有谚语称："天下未乱蜀先乱，天下已治蜀未治。"在中国历史上统一固然是主导的趋势，但是不可否认，也曾不止一次地出现过分裂割据的状态。其间原因当然很多，不过地理环境条件无疑是非常重要的因素。由于地域的辽阔，导致地理条件上局部独

① ［美］斯塔夫里阿诺斯：《全球通史》上册，第247页，上海社会科学院出版社1999年版。
② 邓拓：《论中国历史的几个问题》，第56页，生活·读书·新知三联书店1979年版。
③ ［唐］杜佑：《通典·州郡典六》。

立性的必然发生，这一点，是不以人们的主观愿望与意志为转移的。

就中国地理条件整体的统一性而言，国家统一的历史进程乃是不可扭转的必然趋势；就中国地理条件局部的独立性而言，国家统一的历史进程又是坎坷曲折的艰难跋涉。而建立在这样基础之上的统一战略，自然不可能是程式化的理论模拟，而只能是形态各异、变化多端的智慧角逐。由此可见，中国历代统一战略之所以多姿多彩、随时进取，实与中国地理环境的特定要素有着内在的联系。

（二）农耕文明是国家统一的深厚基础

中国幅员辽阔，因此其自然经济的表现形态亦多种多样，包括农耕经济、游牧经济、狩猎经济、渔捕经济等。但毫无疑义，农耕经济是中国历史上占主导地位的经济活动方式。这种经济模式对国家统一和社会稳定有着强烈的诉求，并以其高度的经济效益和文明层次起着支撑"大一统"政权的功能，因而有力地促进了中国历史上的国家统一，规范了历代统一战略的特征与命运。

首先，农耕文明有着实现国家统一的内在要求。

在古代社会，农业生产虽然具有其他生产方式所不具备的优势，有着更高的生产效益，但毕竟受到自然条件的左右，"靠天吃饭"曾是中国历史上长期存在的现象。据史学家的研究统计，中国历史上自然灾害的频繁程度是非常惊人的，达到了三五年必有旱涝之灾的程度。比如，关于史前时代大禹治水的传说，所反映的正是先民们团结于一个共同领袖之下，齐心协力战胜自然灾难的努力。公元前651年，齐桓公召集列国诸侯主持"葵丘之会"时，就曾明确将"毋壅泉""无曲防"列入盟誓的内容，对各国"以邻为壑"的做法加以限制①。而秦汉以后，治水、治河仍是历代中央政府

---

① 《孟子·告子下》《穀梁传·僖公九年》。

的重大事务。无怪乎国外某些汉学家将中国历史上很早形成而且长期保持大一统政治形态与大河流域的治理与农业灌溉联系起来。美籍华人学者黄仁宇先生也称："足见治水一事，中国之中央集权已无法避免。"① 同时，由于经济文化发展的地区不平衡等种种原因所导致的分裂、分治，对农耕经济也是弊大于利。因为国家一旦陷于战乱，社会生产往往受到严重破坏，经济交流受到阻碍。民众不仅田园荒芜，流离失所，而且还不得不捐躯沙场。比如自东汉末年起的长期战乱，就使得黄河中下游地区人口锐减，"白骨露于野，千里无鸡鸣"。在这一意义上，统一既是统治者的政治雄心，更是广大民众的迫切意愿和执着诉求。如宋太祖赵匡胤制定统一大略的理由，就是"天下自唐季以来，数十年间，帝王凡移八姓，兵革不息，苍生涂地"，所以他要上合天意、下顺民情，"一天下"而"息天下之兵，为国家建长久之计"②。而每当战乱持久之时，人们反对分裂、渴望国家统一以过上稳定生活的呼声就会越发高涨。如赵宋统一之前，连后蜀的宰相李昊也感叹："天厌祸乱久矣，一统海内，其在此乎！"③

只有统一的政府，才能将分散无助的广大小自耕农组织起来，抵御各种自然灾害，才有可能制止动乱。因此，渴望统一既反映了农耕文明的自然需要，也反映了人们对国家统一与分裂之利弊得失的切身体会。

其次，统一是保护和推进农业经济、抵御周边游牧民族的战略需要。

中国历史的发展就主导方面而言，是在中原王朝与周边各游牧部族的互动过程中进行的，尽管这种互动有着各种各样的关系模式，但是双方处于紧张对峙状态，很少有平等和绝对和平的交往则是不容置疑的事实。这正如英国历史学家汤因比所说："文明社会与游牧社会最重要的交往方式，

---

① 黄仁宇：《赫逊河畔谈中国历史》，第8页，生活·读书·新知三联书店1997年版。
②《涑水纪闻》卷一。
③《宋史》卷四七八，《南唐世家》。

不是贸易而是战争。"①

中国境内北方地区的高原和草原，恰恰是欧亚大陆游牧民族生存圈的重要组成部分，匈奴、鲜卑、突厥、回纥、契丹、蒙古、女真等几个在中国历史上有重大影响的少数民族，都在这里生活过，使这里成为少数民族活动最为活跃的地区。从公元前4世纪末开始，草原游牧部落中就不时会出现一些强大的集团，挺进和占据这一地区，并不时骚扰乃至大规模扑向中原，给中原王朝造成巨大的压力。为此，组织建构起大一统的国家政权，并依靠统一的政权，动员组织整个国家的力量，防御游牧民族的袭扰，解除其对中原农业区的安全威胁，将其纳入"大一统"政治秩序的支配，遂成为历代中原王朝实现和维护大一统的主要任务。

这里，可以以秦汉时期的史实为例，加以具体说明。当时以华夏族为代表的中原农耕文化，与以匈奴为代表的草原游牧文化均为中华文明的有机组成部分，然而，它们又是表现形式、基本性质存在极大差异的两种文化形态。当这两大文明圈在空间上发生接触与重合之时，也就不可避免地带来了激烈的文化碰撞、冲突，并在对峙中渐渐趋于渗透与融合。

两大文明圈的对峙与冲突，不仅有观念上的因素，更有实际利益冲突上的因素。在观念上，中原农耕文化固然自以为是礼乐文明的集中体现，要远优于"寡廉耻""无礼义""禽兽行"的草原游牧文化，所以汲汲于"攘夷"，至少也是要"用夏变夷"，对草原游牧文化进行改造。而草原游牧民族同样具有"唯我独尊"的文化心态，认为要压过中原文化一头，与中原朝廷针锋相对，毫不相让。如匈奴自称为"天单于""天之骄子"："单于者，广大之貌也，言其象天单于然也。"②"单于遣使遗汉书云：南有大汉，北有强胡。胡

---

① ［英］阿诺德·汤因比：《历史研究》，第326页，刘北成、郭小凌译，上海人民出版社2000年版。
②《史记》卷一百十，《匈奴列传》。

者，天之骄子也，不为小礼以自烦。"①双方这种观念上的"唯我独尊""以己为大"定势，必然在深层次上为文化之间的对立与冲突埋下伏笔。

当然，对实际利益的角逐是两大文明圈发生冲突的更直接因素。草原民族"逐水草而居"的生活方式与"苟利所在，不知礼义"的价值取向，决定了它必然要对中原农耕区的财富、人口发生极大兴趣，想方设法加以占有，"胡人衣食之业不著于地，其势易以扰乱边境"②，"其攻战，斩首虏赐一卮酒，而所得卤获因以予之，得人以为奴婢。故其战，人人自为趣利"③。而中原王朝为了安定中原农耕区民众的生活，保证经济活动的正常进行，同时防范长期形成的礼乐文明体系发生动摇，也就势必要运用各种手段抗击草原游牧民族的进攻。另外，中原王朝统治者对边疆地区奇珍异宝的贪婪心理，更使得这种文化对峙与冲突变得复杂化和长期化。④在这样的背景之下，中原农耕文化与草原游牧文化的碰撞与对立遂贯穿于整个秦汉历史的始终。

这种文化对峙与冲突，在当时主要表现为战争。秦朝建立后，即对匈奴采取积极防御性质的反击作战。秦始皇三十二年（前215），秦始皇派遣大将蒙恬率军三十万出击匈奴，夺回河南地。次年，继续"斥逐匈奴，自榆中并河以东，属之阴山，以为四十四县"⑤，建置了九原郡。汉朝建立后，仍与匈奴处于长期的交战状态之中。西汉前期，尽管汉室对匈奴采取"和亲""互市"之策，但战争依然是双方关系中的主流。汉武帝登基后，一改父祖的消极防御方针，对匈奴实施大规模的战略反击，经过河南、河西、

①《史记》卷一百十，《匈奴列传》。
②《汉书》卷四十九，《晁错传》。
③《史记》卷一百十，《匈奴列传》。
④《史记》《汉书》等史籍记载，汉武帝后期对匈奴的不少战事，其起因是为了攫取"汗血宝马"等物，与消除边患无甚直接联系。但是，这在客观上也多少起到了改良战马的品种、提升汉朝军队中骑兵部队作战实力的一些作用。
⑤《史记》卷六，《秦始皇本纪》。

漠南等五大战役，从根本上扭转了双方的战略态势，基本上消除了匈奴对中原农业地区的直接威胁，"匈奴远遁，而幕南无王庭"，从而使两大文明圈的对峙与冲突进入了新的阶段。

汉宣帝在位期间，已遭严重削弱的匈奴内部发生了五单于争位的斗争。呼韩邪单于归附汉室，匈奴分裂，势力日趋微弱，北方边患基本结束，出现了一个相对和平的局面。"至孝宣之世，承武帝奋击之威，直匈奴百年之运，因其坏乱几亡之阸，权时施宜，覆以威德，然后单于稽首臣服，遣子入侍，三世称藩，宾于汉庭。是时，边城晏闭，牛马布野，三世无犬吠之警，黎庶无干戈之役。"①

王莽当政期间，由于政策上的失误，两大文明圈的对峙与冲突又有所激化。东汉时期，这种对峙仍在继续，但随着匈奴分裂为南北二部，南匈奴称臣内附。金微山一战，东汉大军击破北匈奴主力，迫使北匈奴西迁，匈奴长达300余年的威胁遂得以彻底解除。其后，东汉王朝虽然仍与西羌、鲜卑、乌桓等草原游牧部族兵戎相见，但是，在两大文明圈的对峙与冲突中，农耕文明逐渐占有优势并掌握主动的基本趋势已是不可逆转了。

农耕与游牧两大文化形态在秦汉时期通过战争的方式不断碰撞与冲突固然是事实，但这种冲突同时带来的更多是彼此之间的渗透与融合，从而有力地促进了不同类别的文化自身的调整与发展、吸收与更新。

两大文明圈的并峙首先带来的是经济上的相互依赖，"夫山西饶材、竹、谷、纑、旄、玉石；山东多鱼、盐、漆、丝、声色；江南出楠、梓、姜、桂、金、锡、连、丹沙、犀、玳瑁、珠玑、齿革；龙门、碣石北多马、牛、羊、旃裘、筋角；铜、铁则千里往往山出棋置：此其大较也。皆中国人民所喜好，谣俗被服饮食奉生送死之具也"②。在双方不断征战的同时，各

---

①《汉书》卷九十四，《匈奴传》。
②《史记》卷一百二十九，《货殖列传》。

地的关市也得以开放，双方民众按照各自生活、生产乃至战争所需进行物资交易，汉室从匈奴等部族那里购进皮毛、马匹、玉石、各类塞外物产，而匈奴等族则从内地购进丝绸、粮食、茶叶、酒等大量生活用品以及金属工具。结果，两大文明圈的联系更为紧密，如匈奴用购得的铜铁制造兵器，而汉朝则用购得的良马来发展骑兵。显而易见，在经济交流的基础上伴随着文化的交流，草原游牧文化与中原农耕文化各随自身的需要而摄取对方的相应养分。文化交流是双向的，当时的情况正是如此。

两大文明圈的并峙其次带来的是不同质文化之间的互相渗透和影响。无论是征战，还是"和亲""互市"，都使得农耕文化不断给游牧文化以影响，同时，游牧文化也不断给农耕文化以影响。这种双向的文化碰撞与交流，不断地构造新质文化，为中华文明不断地输入新鲜血液，对中华文明的健康发展起着重要的推动作用。这一点在两大文明交汇地区的文化形态上有最显著的反映。《史记》《汉书》记载，"天水、陇西"、"安定、北地、上郡、西河"（今陕西北部、内蒙古南部、宁夏与甘肃一部），"西有羌中之利，北有戎狄之畜"，"高上气力，以射猎为先"，"故此数郡，民俗质木"。而河西走廊地区，由于其地为匈奴昆邪王、休屠王之故地，因此深受匈奴游牧文化的影响，"习俗颇殊"。种、代、石北、定襄、云中、五原（今山西北部与内蒙古北部）等地，"人民矜懻忮，好气，任侠为奸，不事农商""其民鄙朴，少礼文，好射猎"。至于中山、蓟、燕（今河北北部与辽东地区），则是"其俗愚悍少虑""民俗慓急""大与赵、代俗相类"。①

司马迁与班固不愧为富有时代意识的卓越史学家，他们都注意到了处于两大文明圈交汇地区的民俗文化，具有中原农耕文明与草原游牧文明的双重特点，具有正统封建观念与粗犷豪放性格的双重色彩。这表明游牧文

---

① 《史记》卷一百二十九，《货殖列传》；《汉书》卷二十八下，《地理志下》。

化与农耕文化的双向交流激荡，的确造就了具有新的独特风貌的文化形态，这正是中华文明日益丰富、异彩纷呈、生生不息的重要原因。[①]

再次，农耕文明本身又是推进国家走向大一统的巨大力量。

从先秦时期开始，黄河中下游地区居民的生产生活方式就逐渐分化，其中的华夏族，也就是汉族的前身，由于其居住地区的土质与气候比较适合原始农业的发展，开拓较为便利，所以最早由狩猎和采集文化演变过渡到农耕文化，并且不断地向适合于农耕的地区发展，挤压攘却以游牧渔猎为主要经济方式的部落。在两种经济类型的竞争之中，农耕文化因为具有更强的适应能力而相对居于主动，以畜牧为主业的部族遂不断向周边地区如西北和北方退却。古代中国的农业区正是从狭义的"中原"——黄河中下游地区，缓缓而自然地向四周扩散，不仅华北平原及其北部，而且长江中下游、四川盆地也逐次得到开发，然后是珠江流域和东北平原。到了中国封建社会的最后两个朝代——明、清，则呈现"遍地无闲土，处处有耕作"的景象。从另一个方面讲，游牧民族之入主中原，到了适合于农耕的环境，也往往迫于人口压力，而不得不放弃原来游牧的经济方式，转而采用具有更高生产效率的农业经济方式，久而久之就自然而然地融入了中华民族大家庭，成为"大一统"政治秩序中的有机组成部分。

最后，农耕经济自身的局限，也不可避免地影响和制约着"大一统"的历史进程。

如果说农耕文明在主导方面促进"大一统"的代代延续，成为不可逆转的历史趋势，那么我们应该同时看到它本身的局限性也在一定程度上制约着这种历史趋势的迅速发展。这种局限性主要表现为农耕经济方式所能提供的剩余产品相对有限，往往不能支持长时期的大规模战争活动。具体

---

① 张碧波、董国尧主编：《中国古代北方民族文化史》（专题文化卷），第15页，黑龙江人民出版社 1995年版。

地说，战争与农耕经济之间的巨大效费比，往往是国家政权与普通民众所很难长期承受的，这一点早在《孙子兵法》中即已被指出："凡兴师十万，出征千里，百姓之费，公家之奉，日费千金；内外骚动，怠于道路，不得操事者七十万家。"[①]可见，中原王朝以农业经济立国，实力积聚的困难，往往导致行政控制力的有限，决定了从事战争（当然也包括统一战争）势必受到严重的掣肘，所谓"甲士死于军旅，中土罢于转漕"[②]，"中国困于徭赋，边民苦于戍御"[③]。这一具体条件使得天下"大一统"的理想实现起来并不是一蹴而就的事情。基于这个原因，国家统一大势的形成与推进乃是一个长期而艰巨的过程。统一战略的制定与实施也必须考虑到种种复杂的情况，要求以现实的态度、灵活的方式、合理的运作来有条不紊地达到既定的目标。

综上所述，"大一统"的政治理念为统一战略的制定与实施规范了正确的方向；"用中适时"等思维方法为统一战略的制定与实施提供了智力的资源；地理条件与农耕经济方式为统一战略的制定与实施创造了可能并予以一定的制约。所有这一切，综合构成了中国历代统一战略的深厚历史文化资源。换言之，中国历代的统一战略就是在这样的历史文化大背景下逐次展开、充分表演的，从而为中国历史的发展不断注入强大的活力和旺盛的生机。

①《孙子兵法·用间篇》。
②《盐铁论·击之》。
③《盐铁论·轻重》。

第二章　历代实现国家统一的综合准备

在中国历史上，实施统一战略的基本准备，其重点无疑是军事准备，也即战争准备。战争准备状况如何，是否完善、细致，是否恰当、到位，实际上决定着统一战略能否顺利实施以及能否达到基本目标的前景。与此同时，历代统一战略实施者普遍将进行统一战争的准备作为一个综合复杂的体系来对待，从政治、经济、外交、文化各个领域进行全方位、多层次的准备。他们这么做，也是深受中国传统文化熏陶的结果，因为中国传统文化的主要特征之一，就是注重辩证思维，强调宏观整体的动态平衡，用联系、系统的观点看待和处理事物。这一点也同样表现在国家统一战略的制定和实施上。在历代统一战略实施者看来，在实现国家统一问题上，不能单纯地就军事而言军事，而必须把它与政治、经济、文化、外交等要素联系在一起加以通盘考虑，切实做到文武并用、刚柔相济。

一、历代实现国家统一的基本模式

（一）武力统一的必由之途

大致而言，中国历史上曾经发生过五次最著名的统一事件：第一次是由春秋诸侯争霸、战国七雄逐鹿中原走向秦王朝建立，天下大一统；第二次是由东汉末年军阀混战、魏蜀吴三国对峙鼎立到西晋王朝的短暂统一；第三次是由两晋南北朝约三百年的长期分裂割据走向隋王朝的统一；第四次是由唐中叶"安史之乱"起，历经唐末藩镇割据、五代十国大分裂走向北宋初年的中原统一；第五次是由宋、金对峙争战逐渐过渡到元朝的统一。

除了上述最为著名的统一事件外，其他王朝在建立和巩固过程中，大多也经历了非常曲折和艰巨的从事统一的斗争。例如，周武王、周公旦等西周统治者通过牧野之战、东征平叛等重大军事斗争，创立和维护西周奴隶制大一统局面，使中国古代古典礼乐文明发展到鼎盛阶段；西汉刘邦经过4年多的楚汉战争，一步步战胜强敌西楚霸王项羽，完成国家的统一；东汉刘秀以恢复汉官威仪为号召，先后控制河北，占据关东与关中，击破张步等割据势力，打败绿林、赤眉农民军，平定陇地与西蜀完成国家的统一；唐代李渊、李建成、李世民父子趁隋末大乱果断起兵，逐一击灭群雄，定鼎天下；明代朱元璋投身元末农民大起义，在战争中迅速崛起，先后削平陈友谅、张士诚、方国珍等武装割据势力，挥师北伐中原，驱逐元朝势力开创一统之格局；清初统治者采纳范文程、洪承畴等人的建议，把握有利的战略时机，及时入关，战胜李自成、张献忠等各路农民军，消灭南明地方政权，平定三藩之乱，收复台湾，抗击沙俄等外族势力入侵，实现规模空前的大一统，等等。①

细加考察，我们可以发现，这些统一战争的进程、规模、形态及其影响虽然各有差异（如北宋初年的中原统一与清王朝大一统无论是从规模还是从历史影响看，均不可同日而语），但是有一点却是一致的，即它们不约而同地展示出一个实现国家统一的基本模式：政治上相对占有优势，经济实力相对雄厚，军事力量相对强大，并且战略决策高明卓越、作战指挥正确得当的一方，凭借和运用必要的武力，歼灭敌人的有生力量，夺取关系全局的战略要地，摧毁敌人的抵抗意志，重整山河，定鼎天下，乃是历代实现国家统一的根本（甚至可以说是唯一）途径。换句话说，在敌对双

---

① 黄朴民等：《历代实现国家统一的基本经验》，《中国军事科学》2000年第3期。

方（有时是多方）均具备军事对峙能力的条件下，以和平非暴力的方式来完成国家的统一，往往只是一种理想的追求，而不是已然的现实。在中国历史上，除了极个别的例子（像北宋初年曾一度割据浙江一隅的吴越国政权，在宋太祖"卧榻之侧，岂容他人鼾睡"的坚定决绝的态度面前，慑于北宋强大兵威而被迫献地归附）外，任何一次统一的完成，都离不开武力的运用，都是激烈残酷军事打击的结果，这是毋庸置疑的基本历史事实。

（二）武力统一的内在原因

在中国历史上，实现国家统一必须借助武力，是有其深刻原因的。道理十分简单，对峙中的任何一方，绝不可能主动或自愿地交出土地、民众、财富而接受敌对一方的统治。尤其是对统治者来说，社稷倾覆无疑意味着自己统治权力的彻底丧失。昔为万乘主，今为阶下囚。失败意味着统治者转眼间从富贵尊崇的云端跌入下贱卑微的深渊，使自己的财富、权力乃至个人的生命完全为他人所主宰。事实也正是如此。历史上那些亡国之君的命运总是极其悲惨的，很少能逃脱受辱横死的可怜下场，往往是求做一平民百姓而不能得，"宋受晋终，马氏遂为废姓；齐受宋禅，刘宗尽见诛夷"[1]；南唐李后主降宋后，在诗词中稍微流露出一点留恋往昔岁月的情绪，即被宋太宗用"牵机药"毒死。这些皆反映了丧失政权的失败一方之惨淡前途与悲剧命运。所以，面临被统一一方的统治者一旦预感到亡国后的悲惨命运，就自然而然要作出鱼死网破的决定，背城借一，负隅顽抗，不到灭亡之日绝不轻言放弃，屈膝投降。于是动用武力最终解决统一问题便成为不可避免的选择了。

当然，面临被统一的一方仅仅有殊死抵抗的意志与决心还是远远不够的，更重要的因素在于其统治者自认为尚具有进行抵抗的一定实力和资本。

---

①《南史》卷四十三，《齐高帝诸子传论》。

这首先是作为一个政权的统治者，其手中都拥有或多或少数量的军队，可用于在沙场上背城借一，与敌周旋，决一雌雄。其次是他们尽管深知自己在总体实力上与敌方相比处于劣势地位，但是却认为己方在某些方面具有相对的长处，如某些兵种的强大、地理形势的险要等，幻想己方能够以长击短，抵挡住敌方的进攻。这方面的史实是不胜枚举的。像三国末年，东吴孙氏政权之所以顽固地抗拒西晋王朝的统一压力，就是仗恃自己拥有千里长江之天险，而且舟师的实力颇为强大："孙氏负江山之阻隔，恃斗牛之妖氛，奄有水乡，抗衡上国。"①南朝陈国的情况亦基本相仿，其抗拒隋王朝大军、维系分裂格局的主要资本，同样是认为可以"恃九江五湖之险"②，能够防守自固，免于为隋王朝所灭的厄运。清朝时郑经集团割据台湾，抗拒统一，其重要原因也是因为己方握有一支颇具战斗力的水师，加以海峡天险，可"据险以逸待劳""恃险负固"，同时"盘踞台湾，沃野千里，粮食匮缺。上通日本，下达吕宋、广南等处，火药军器之需，布帛服用之物，贸易具备。兼彼处林木丛深，堪于采造舟楫，以致穷岛一隅，有烦南顾"③。至于蜀汉、南唐等割据称雄势力，在面临大军压境、覆亡在即的形势时，也无不企图凭借地理环境、水师实力等筹码作困兽之斗。因此，对于历代统一战略的实施者来说，只有运用强大的武力战胜对手的顽抗，才能完成国家的统一，实现既定的战略目标。

由此可见，中国历史上以和平的方式实现国家统一，并不带有普遍的意义。不使用武力即达到统一的目的，只有在一方占有绝对的优势而另一方处于绝对的劣势，且劣势的一方又因各种各样的原因丧失了抵抗意志的情况之下，才有可能出现，而这样的可能性实际上却微乎其微。对此，历

①《晋书》卷四十二，《王浑王濬唐彬列传》。
②《隋书》卷六十，《崔仲方传》。
③［清］施琅：《边患宜靖疏》，转引自江日昇《台湾外记》卷六，福建人民出版社1983年版。

— 33 —

代从事统一大业的决策者都有十分清醒的认识，他们虽然常常向外声称统一大业可以"传檄而定""不战而下""不劳而定"，但这往往是作为口号、旗帜用以争取主动、鼓舞士气、瓦解敌方而已，其真正的注意力和着力处始终放在如何运用必要的武力，粉碎敌人的抵抗，摧毁敌人的实力，达到最终统一这一点上，即所谓"出师授律，应机诛殄"①，"夫期运虽天所授，而功业必由人而成"②。

应该说，历代统一大业实施者这样做也是完全合乎中国传统文化的主要特征与思维逻辑的。从历史考察，中国人在看待和处理任何问题时，都习惯于妥善地区别理想追求与实际操作之间的辩证关系，一方面确定最高标准，用以弘扬自己的理想，这就是所谓的"取法其上"；另一方面又不崇尚空谈，立足于具体的奋斗目标，用以践履实行，显现效果，这就是所谓的"得乎其中"。前者是说的，后者才是做的；前者是金字招牌，后者才是行动纲领。如孔子为代表的儒家虽一再主张"祖述尧舜"，倡导"大道之行，天下为公"，描绘"大同社会"的理想蓝图，但其真正着力处却在于"宪章文武"，以实现"小康"为具体努力的方向，"郁郁乎文哉，吾从周"。又如"兵圣"孙武虽然大力宣扬"全胜"战略，"不战而屈人之兵，善之善者也"，倡言"故善用兵者，屈人之兵而非战也，拔人之城而非攻也，毁人之国而非久也，必以全争于天下，故兵不顿而利可全"③，但他真正重视的却是"战胜"之法："故兵以诈立，以利动，以分合为变者也。"④再如康有为，虽然其最高理念是追求"大同"，为此，他苦心孤诣地写成《大同书》，但同时他也深知"大同"在当时条件下不过是虚幻的理想，于是切实所干的事业乃是"君主立宪"，变法维新。所有这些，均是理想与实践存在着实

---

① 《隋书》卷二，《高祖纪下》。
② 《晋书》卷三十四，《羊祜传》。
③ 《孙子兵法·谋攻篇》。
④ 《孙子兵法·军争篇》。

际界限的证明。这从而从文化这一深层次的角度显示了：在历代统一问题上，和平统一是理想的追求，但如果它离开了武力的恰当运用，则不免沦为水中月、镜中花，统一必将仅仅是美好的愿望而非客观的现实。

（三）武力统一中的绝对战争与可控性战争

在依凭武力完成国家统一的根本前提下，实施统一的一方还往往根据不同的形势和需要，选择在武力运用上（包括时间与空间、程度与手段、目的与方法等）有所差异的基本形式，以推动国家统一大业的进程。

一是所谓的"无限战争"，也可称之为"绝对战争"，即以纯粹的战争方式，毫不犹豫、毫不妥协地发起最猛烈、最坚决的攻击，将敌人彻底消灭，"毁其国，堕其城"，从而实现统一的目标。这正如德国著名军事理论家克劳塞维茨在其不朽军事名著《战争论》中所说的那样："战争是一种暴力行为，而暴力的使用是没有限度的。"绝对的战争目的，无限的暴力使用，乃是这类绝对战争条件下的统一在实施方面的两个最基本的特征。

以绝对战争的方式完成国家统一大业，这在历史上不乏其例。例如楚汉战争中刘邦听取谋士张良等人的建议，坚持"穷寇必追"的战略方针，出尔反尔，背主弃义，断然撕毁成皋之战后与项羽签订的以鸿沟为界中分天下的协议，乘项羽回师东撤疏于防范之际，坚决发起攻击，通过垓下大会战，全歼楚军，逼使西楚霸王项羽自刎于乌江。又如东汉光武帝刘秀"得陇望蜀"，派遣吴汉等大将统率雄师劲甲攻入蜀地，在成都城下与割据势力公孙述的军队鏖战多日，斩将搴旗，歼敌主力，最终平定巴蜀地区，完成全国的统一。再如隋王朝在战争准备一切就绪之后，起大军五十余万，兵分八路，自长江上、中、下游同时分进合击，歼灭陈军有生力量，彻底粉碎陈朝的抵抗，一举攻入其国都建康（今江苏南京），俘获陈后主，统一南北等。这些都是这类"无限战争"（"绝对战争"）在统一大业进程中得到具体运用的典型例子。

二是所谓的"有限战争"，也可以称之为"可控性战争"。这类战争就战争要素而言，包含了战争目的、战争手段、战争对象、战争方法、战争程度、战争时间与战争空间等因素受到了一定程度的控制，暴力在战争中的使用是有某种限度的[①]。在这类统一战争中，政治因素的主导地位更显突出。古人对此曾有过相当准确而形象的描述——"因剿寓抚""剿抚并用"，即以强大的武力为后盾，以有利的战略态势为依据，以军事打击为主导，以政治招降为辅助，最终达到以较小代价换取最大胜利，"兵不顿而利可全"的效果。在具体的操作过程中，往往采取先战后和、边战边和、以战促和的手段，迫使对手在受到一定程度的军事打击后，较为清醒地意识到以战拒统的不可能性，从而放弃绝望的抵抗，完成国家统一的大业。

历史上这方面较显著的事例同样不胜枚举。如公元263年魏灭蜀汉之役中，邓艾率奇兵翻越阴平小道，突然出现在成都平原，打乱蜀军整体战略部署，绵竹一战，尽歼由诸葛瞻、诸葛尚父子所率的蜀汉战略机动部队，旋即兵临成都城下，逼迫蜀汉后主刘禅自缚出降。又如在公元279年西晋灭吴之战中，晋国数路大军在王濬、王浑诸将统率下，连战皆捷，势如破竹，给吴国守军以沉重打击，兵锋直抵建业（今江苏南京）。"王濬楼船下益州，金陵王气黯然收。千寻铁锁沉江底，一片降幡出石头。"[②]最终迫使吴主孙皓分遣使者奉玺绶向晋军统领王浑、王濬、司马伷乞降，并最后面缚舆榇，亲至王濬军门投降。再如北宋攻灭南唐政权之役中，当宋军歼灭了南唐军队主力，攻占采石矶等战略要地，凭借浮梁（浮桥）渡过长江，对建康城形成重兵合围之势后，宋太祖赵匡胤遂采取迫降手段，下令曹彬诸将暂缓攻城，遣归南唐使者李从镒劝说南唐后主李煜投降。此事虽然因种

---

① 关于"绝对战争"与"可控性战争"的理论范畴之区别，可参见彭光谦《绝对战争向可控性战争的历史性转变》，载黄朴民等主编《孙子兵法及其现代价值》，军事科学出版社1999年版。

② 刘禹锡：《西塞山怀古》，载《刘宾客集》。

种原因而最终未成，但北宋统治者遵循"有限战争"原则，以战迫和，完成统一的基本思路却是殊为清晰的。至于清王朝统一台湾之战，也是典型的"有限战争"（"可控性战争"）战例。当时清朝统治者实行"因剿寓抚"之策，在澎湖水军决战取得大胜后招降郑经集团，以战迫和，"剿主抚辅"，终于在未直接攻打台湾本岛的情况下，逼使台湾郑经集团丢掉幻想，举众归附。

然而，无论是"无限战争"（"绝对战争"）也好，"有限战争"（"可控性战争"）也罢，正确地凭借和运用武力，在完成国家统一大业过程之中所起的关键性作用，乃是毋庸置疑的。西汉初年著名政治思想家陆贾曾言："逆取而以顺守之，文武并用，长久之术也。"[①]这里的"逆取"，真实的含义便是指以武力来完成国家的统一，亦即所谓的"从马上得天下"。这一点自古至今，概莫能外。从这个意义上说，武力征战、铁血厮杀乃是历代实现国家统一的基本模式，而历代一切统一战略的制定与实施，也都是建立在这一根本基础之上。

二、发展经济与实现统一的物质基础

经济是制约军事活动的最主要物质因素，"战争不但是军事的和政治的竞赛，还是经济的竞赛"[②]。统一战略的制定和实施，同样受到经济条件的制约，所谓"仓无备粟，不可以待凶饥；库无备兵，虽有义不能征无义"[③]，"国贫而用不足，则兵弱而士不厉；兵弱而士不厉，则战不胜而守不固；战不胜而守不固，则国不安矣"。[④]这些论述揭示的都是战争对经济的深刻依赖关系。因此，要从事统一战争并取得最后的胜利，根本的方法在于积极发

---

① 《史记》卷九十七，《郦生陆贾列传》。
② 毛泽东：《游击区也能够进行生产》，载《毛泽东选集》第2卷，人民出版社1991年版。
③ 《墨子·七患》。
④ 《管子·七法》。

展和壮大社会经济，恰当正确地配置经济资源，搞好战略储备，拥有强大的经济实力，"夫积贮者，天下之大命也。苟粟多而财有余，何为而不成？以攻则取，以守则固，以战则胜"①，"修耕植，畜军资，如此则霸王之业可成也"②。对此，历代统一战略的实施者都有比较清醒的认识，把发展社会生产、增强经济实力作为从事统一战争的基本前提。

（一）发展生产为从事统一奠定雄厚实力

从事统一战争，需要以强大的军事力量为前提，而强大军事力量的造就，则是以雄厚的经济力量为基础；至于雄厚的经济力量，又必须通过发展生产来创造。中国古代社会以农立国，因此发展生产、壮大经济首先体现为大力开发和利用土地资源，努力发展农业经济，这是从事统一实力建设和保证统一战争胜利的根本性措施。所谓"土广而任则国富"③，"甲兵之本，必先于田宅"④，"地不辟，则六畜不育；六畜不育，则国贫而用不足"⑤，说的就是这个道理。

例如秦国在从事统一六国的过程中，始终把增强经济实力放在重要的位置，坚持贯彻和落实商鞅变法的主要措施，繁衍人口，开辟土地，发展水利，增加国库收入，为展开大规模的军事行动提供经济上的必要保障，创造雄厚的物质基础。

在发展生产的综合措施中，又以解决土地问题为中心环节。

商鞅变法，第一道政令就是"垦草令"，即鼓励民众积极开垦荒地，发展农业生产，扩大国家和民众的收入。随后又规定，凡是耕田和生产粟帛多的人，可免除自身的徭役；凡经营商业及怠惰而导致贫困的，要连同其

---

① 《汉书》卷二十四上，《食货志上》。
② 《三国志》卷十二，《魏书·毛玠传》。
③ 《尉缭子·兵谈》。
④ 《管子·侈靡》。
⑤ 《管子·七法》。

妻子儿女一同没入官府为奴。公元前350年，秦国宣布"开阡陌封疆"①，取消了标志着国有土地的"阡陌封疆"井田制，同时"制辕田"②，承认土地私有。通过这些措施，秦国基本改变了以土地国有制为核心的经济结构，从而为解放生产力开辟了广阔的道路。广大民众从事生产的积极性得到充分的提高，秦国物质财富的积聚规模与速度迅速加快，"家给人足"③，这就为秦国"兵革大强，诸侯畏惧"④局面的形成创造了必要的条件。从这个意义上说，土地所有制形式的变革，直接带动了土地的开辟和利用；土地的开辟与利用，又有力地促进了以农业为中心的经济实力的提升，而经济实力的增强，则从根本上解决了从事统一战争大业所必需的物质基础。

又如隋文帝杨坚从孤儿寡母手中夺取北周政权，建立隋王朝以后，即"阴有并江南之志"。为实现其南下灭陈，完成统一南北大业的宏伟夙愿，杨坚从开皇元年（581）起的数年内，积极致力于发展社会生产，在大力改革政治、加强军事建设的同时，着重抓好经济建设。

为此，杨坚在经济上采取了一系列的重大措施：实行均田，使广大民众获得一定数量的土地以供耕种；减轻民众的赋役负担，规定成丁年龄由西魏时定的十八岁提高到二十一岁，每年服徭役的期限由一个月减为二十天；救灾赈民；兴修水利；广建仓库；等等。这些措施使隋朝初年的社会生产得到迅速的恢复和发展，增强了隋王朝的总体经济实力，而经济的恢复和发展，则为其制造大批战舰、加强水师建设、稳定内部统治提供了雄厚的物质条件，有力确保了日后统一大业的完成。

再如明太祖朱元璋统一大业的成就，实得益于朱升进献的"高筑墙，广积粮，缓称王"九字真言。这中间"广积粮"的真切含义便是发展和利

---

①《史记》卷六十八，《商君列传》。
②《汉书》卷二十八，《地理志》。
③《史记》卷六十八，《商君列传》。
④《战国策·秦策一》。

用经济资源。《孙子兵法·军争篇》有云："军无辎重则亡，无粮食则亡，无委积则亡。"俗话也说："兵马未动，粮草先行。"战争以经济实力为基础乃是铁的规律，而在农耕文明阶段，经济实力雄厚的重要标志之一，就是粮食的生产与供给。所以在从事统一战争时，合乎逻辑地要把经济因素，尤其是粮食问题列为重要条件加以通盘考察。

朱升对策的高明正确，就在于他将"广积粮"提高到战略的高度来加以突出强调，并将其作为朱元璋争夺天下、混成一统的关键步骤之一。而事实也充分证明，朱元璋是虚心采纳了这一意见，从而保证了自己的统一战争实践沿着正确的道路前进，不断地由胜利走向胜利的。攻克南京城，建立根据地后，朱元璋立即宣布"为民除害"，革除元朝弊政，另立新法，使广大民众各安其业。经济上，他兴修水利，广开屯田，发展生产，储备粮草等战略物资，并利用战争间隙训练休整部队。此后，随着占领区的不断扩大，朱元璋发展生产、巩固根据地的思路更加明确清晰，主动地采取了一些维护农民利益的措施，以动员和争取广大农民和中小地主、工商业者。明军所到之处，开仓济民，分配土地，由此得到了广大农民的积极拥护，并迅速恢复和发展生产，委派营田使具体组织统治区域内的农民"有事则战，无事则耕"，既充分保证了部队的战斗力，又使广大农民得以休养生息，为日后的统一战争准备了充足的兵员和物质资源。

由此可见，历史上的统一始终建立在强大的经济实力基础之上。发展生产，壮大经济是实现和巩固统一的基本前提条件。自古至今，概莫能外。对此，古人早有十分清醒的认识。战国时期秦国占有巴蜀地区后，经济资源量得到大幅递增，为秦国的进一步强盛和卓有成效从事统一大业创造了有利条件，故古人遂有"蜀既属秦，秦以益强，富厚，轻诸侯"①的感慨。

---

① 《史记》卷七十，《张仪列传》。

又如东汉末年大动乱时期，曹操迅速从群雄中崛起，统一北方地区，关键也在于经济上相对于其他武装势力占有较大的优势，在于曹氏集团在战乱不已的环境下，较为关注民生问题，恢复和发展生产："修耕植，畜军资，如此则霸王之业可成也。"①

（二）服务于统一大业的主要经济措施

中国古代社会经济以农耕经济为主体，以农立国、重本抑末是历代统治者奉行不悖的基本国策，这一经济活动特色在历代统一战略实施的综合准备过程中同样得到鲜明的体现，即那些积极服务于统一大业的重大经济措施无不充分反映着以重农为主导的经济积累与发展的特征。

第一，以粮为先，屯田积谷。从事统一战争的经济准备，其内容是多方面的，但"用兵制胜，以粮为先"，就其重要性而言，粮食的生产与保障毫无疑义占有首要的位置。因为对于军队来说，有粮，才有战斗力，才能保持高昂的士气。所谓"粮谷，军之要最"②，"三军之事，莫重于食矣。必士有含哺鼓腹之乐，而后有折冲御侮之勇，而不然者，不战自溃矣"③，就是古人在这方面的深刻认识。在他们看来，在某种意义上，粮食的生产与供给成为决定攻守成败的关键因素，战争也可以看作粮食之战："地之守在城，城之守在兵，兵之守在人，人之守在粟。"④"历观往牒，见有兵精将勇，城高池深，但坐无食自破者，十居八九……食为民天，乃守城第一要务也。"⑤

统一战争作为战争的重要类型之一，一般战争的基本规律与指导原则它都同样具备，粮食对于保障战争胜利的重要意义也不例外。因此，高明的统一战略实施者在从事统一战争的经济准备时，都非常重视粮食的生产与

①《三国志》卷十二，《魏书·毛玠传》。

②《三国志》卷六十四，《吴书·诸葛恪传》注引《江表传》。

③《草庐经略》卷三，《粮饷》。

④《管子·权修》。

⑤《洴澼百金方》卷一，《预备第一·粟宜备》。

保障问题，将它作为优先考虑的事务。秦国在统一六国过程中，其统治者就明确提倡"勠力本业"，并招徕三晋之民耕种田地，大量生产粮食，以满足军事上的需要。而粮食产量的提高，使得当时的秦国成为七雄中最富庶的一个诸侯国："积粟如丘山"①，"秦富天下十倍"②。近年发现的云梦秦简《秦律·仓律》，也证实了有关史籍文献对秦国粮食充足、国力富强记载的可信性：当时秦国境内到处都有"万石一积"的粮草仓库，栎阳的粮仓"二万石一积"，都城咸阳的粮仓竟达到"十万石一积"。这样丰厚的粮食积储，满足了秦国军队与民众的生活需求，从而为统一天下准备了必要的物质前提。

在漫长的中国历史上，恢复和发展农业生产，积极增加粮食的产量，能够在满足普通民众生存需要的同时，确保军队从事征伐的需求方面取得突出成就的，东汉末年曹操集团的屯田积谷做法就是一个典型的事例。换言之，把"用兵制胜，以粮为先"作为从事统一大业经济准备首要事务来加以落实，当年曹操集团的做法显然称得上认识明确、措施得力、成效显著。

东汉晚期，社会经济生机窒息，政治生活日趋黑暗，天灾连绵，流民剧增，边患迭至，民不聊生，加之外戚与宦官先后擅权，儒学思想统治地位受到挑战，遂使社会矛盾趋于高度尖锐激化，终于导致黄巾起义的爆发。在黄巾起义遭受镇压后，东汉社会各种矛盾不仅没有缓解，相反其冲突激荡的程度有增无减。以董卓专权和随之而来的"关东诸侯"讨伐董氏之役发生为标志，整个天下进入军阀混战、群雄割据的混乱局面。袁绍、袁术、曹操、孙氏父子、公孙瓒、吕布、张扬、张绣、马腾、韩遂、刘表、刘璋、陶谦等武装集团纷纷崛起，彼此征战不休，中原大地弥漫着腥风血雨，民众遭受了难以言状的巨大灾难："铠甲生虮虱，万姓以死亡。白骨露于野，

---

① 《战国策·楚策一》《战国策·齐策一》。
② 《史记》卷八，《高祖本纪》。

千里无鸡鸣。生民百遗一，念之断人肠。"①

在参与混战的众多武装势力中，据有兖州等地的曹操是最富有政治远见和军事韬略的一位。他汲汲于统一天下、重整山河，"山不厌高，海不厌深。周公吐哺，天下归心"②，正反映了他扫平群雄、完成统一的崇高志向。而广揽人才，"挟天子以令诸侯"的种种做法，又为他实现统一的志向创造了有利的态势。

曹操深知经济实力强盛与否对于推进统一中原大业的不可替代作用。在他看来，自己所统治区域的民众不能从事正常的生产活动，没有安定富庶的战略后方，那么进行统一中原的战争就无从谈起。而在当时的情况下，这尤以粮食的生产与充分保障为突出环节。因为连年不断的战争和灾荒，已造成中原地区大范围缺粮乏食。不少豪强渠帅，往往是由于缺粮而难以立足，以致不攻自破。连袁绍等势力较强的割据者，在粮食问题上也同样陷入困境：袁绍在黄河以北，官兵因乏粮而采食桑葚；袁术在江淮地区，因军粮不继，士兵不得不寻找蚌蛤之类的东西填充饥肠。可见粮食问题在当时实实在在是经济活动的核心，它的保障问题对于统一战争的胜负归属具有重要的战略意义。

面对这样的现实，当时最富有战略头脑与大局眼光的曹操，遂将发展粮食生产、保证粮食补给作为统一中原的首要经济准备项目，千方百计加以筹划和落实。为此，他采纳兴办屯田、开辟粮源的建议，于建安初年任命骑都尉任峻为典农中郎将，招募流民，在许都一带的公田上屯田耕作。以后随着屯田耕作经济效益的提升和操作经验的丰富，这种措施逐步推广到北方曹占区各地。

曹操通过屯田，开辟了稳定的粮源，支持了战争，稳定了人心，从而

---

① 曹操：《蒿里行》。
② 曹操：《短歌行》。

免遭群雄所普遍遭遇的瓦解崩析之厄，为他统一北方的战争奠定了可靠的物质基础，成为其由弱变强的重要因素，使其能够顺利地兼并群雄，统一北方地区。这一点是曹操本人也充分肯定与强调的，"后遂因此大田，丰足军用，摧灭群逆，克定天下"①。而大司农司马芝对屯田种粮历史作用的推崇，确乎公允持平，洵非虚辞："武皇帝（曹操）特开屯田之官，专以农桑为业。建安中，天下仓廪充实，百姓殷足。"②

第二，注重做好战略储备，以支持统一战争。《孙子兵法·军争篇》既云"军无粮食则亡"，又言"无委积则亡"③。可见，在优先重视粮食的生产与供给的同时，搞好一般意义上的物资储备，也是统一战争经济准备中的重要内容。它对于支持统一战争的开展并取得最终胜利，是一个不可或缺的环节。因为谁也无法想象，一支没有战略后勤支撑、缺乏充足物资保障的军队，能够在逐鹿中原的生死较量中生存下去、发展起来，直到剿灭竞争对手，赢得统一大业的成功。

当然，在古代社会中，战略储备集中表现为后勤基地的建设，而这一建设，又合乎逻辑地要以粮秣的积贮为中心。

这里可以拿战国时期各国重视战略储备以支持兼并、统一战争的基本情况，来说明搞好战略储备在从事统一大业经济准备中所占的重要地位。战国时期的战争，就性质而言是兼并统一战争，其作战规模大，持续时间长，投入兵力多，军队机动性强。所有这些特点，决定了战略资源储备状况与兼并统一战争胜负结局息息相关。当时，为了从事战争的需要，各大国都控制了以粮食为主体的战略资源作为战略储备。《战国策》《史记》等史籍记载，齐、秦"粟如丘山"，燕、赵"粟支十年"，楚国亦"粟支十

---

① 《三国志》卷十六，《魏书·任峻传》裴松之注引《魏武故事》。
② 《三国志》卷十三，《魏书·司马芝传》。
③ 委积，泛指战略物资储备。《周礼·地官·遗人》："掌邦之委积，以待施惠。"郑玄注："少曰委，多曰积。"

年"。韩国辖下方圆仅八里的宜阳县城，就有"材士十万"，且"粟支十年"。另外，韩国还存有上党、南阳两郡之谷："上党、南阳积之久矣。"① 正是依靠这些丰厚的战略资源储备的支持，各国军队的运转才能正常开展，保证了当时旷日持久的大规模兼并、统一战争的持续进行。

在当时的诸侯列国中，战略资源的积聚储备工作做得最好的，自然当数秦国。它不仅招徕三晋的民众为自己垦田艺稼，增加军粮产量，而且还在全国各地建造了不少管理严格的仓廪以贮藏粮秫和其他战略物资，支持统一战争的大量需要。据马非百《秦集史》统计，秦国的仓廪分布于各地，大致的情况是：其一，陈留仓、敖仓、霸上仓、栎阳仓、咸阳仓为一组；其二，琅邪仓、黄陲仓、北河仓、督道仓为一组；其三，成都仓等为一组；其四，宛仓等为一组。其中第二组与第三组，显然是专为军事需要所设。这里反映的虽是秦统一天下后的仓廪布局情况，但是十分显然，其建造仓廪储藏各类战略物资以支持统一战争的做法，则始于战国期间。② 换言之，今天我们看来，秦始皇统一六国、混同天下，原因固然是多方面的，但是其战略物资储备充足、后勤保障畅通安全则是其中十分重要的因素。

第三，提高工艺水平，发展军事技术。恩格斯曾经深刻地指出："暴力不是单纯的意志行为，它要求促使意志行为实现的非常现实的前提，特别是工具，其中，较完善的战胜较不完善的；其次，这些工具必然是生产出来的，同时也可以说，较完善的暴力工具即一般所说的武器的生产者，战胜较不完善的暴力工具的生产者；一句话，暴力的胜利是以武器的生产为基础的，而武器的生产又是以整个生产为基础的，因而是以'经济力量'，以'经济情况'，以暴力所拥有的物资资料为基础的。"③这就是说，战争的

① 《史记》卷六十九，《苏秦列传》；《史记》卷七十，《张仪列传》；等等。
② 吴如嵩等：《战国军事史》，第113页，军事科学出版社1998年版。
③ 恩格斯：《反杜林论·暴力论（续）》，载《马克思恩格斯选集》第3卷，人民出版社1972年版。

胜负与军事技术水平高下直接有关，而军事技术发展的水平又是由经济发展的水平决定的。这无疑是正确的观点。

其实，我国古代兵家早已朴素地认识到这两者之间的关系，并充分肯定经济对军事技术水平的决定作用。如《管子》的作者在阐述发展经济与增强军事实力的关系时，就特别强调要发展手工工业和兵器制造业的问题，指出："为兵之数……存乎论工，而工无敌；存乎制器，而器无敌。"[①] "凡兵有大论，必先论其器。"[②] 这里所说的"论工"和"制器"，无疑是指发展工艺技术和制作兵器的问题。《管子》把提高兵器制作水平作为富国强兵的重要内容提出来，并且是以发展整个经济，特别是以发展工艺技术为前提，说明其作者已经充分地认识到经济对军事技术的决定作用，这显然是宝贵的识见。

这一共识自然也普遍存在于统一大业实施者的身上。在他们看来，发展经济力量，在此基础上革新军事技术、提高工艺水平，是强化军队实力，更顺利地实现国家统一大业的一个基本保障。因此，他们大多将重视工艺技术列为实现统一大业的经济准备方面的一个重要内容，也即其中的有机组成部分。他们的基本逻辑是，经济发达，军事技术的提高就有了物质基础；军事工艺技术水平上乘，那么进行统一战争并最终争取胜利，也就有了可行的物质手段。统一战争的经济准备，不仅取决于粮食问题的解决和其他战略资源的落实，更取决于军事技术的发展、工艺水平的整体提高。为此，历代统一大业的指导者，总是致力于做好经济上的扎实准备，其中又以提高军事技术工艺水平为这方面的中心环节。

（三）打击摧毁敌方经济为统一铺平道路

历史上的统一大业指导者，在积极增强己方经济实力的同时，也高度

---

① 《管子·七法》。
② 《管子·参患》。

重视运用各种手段干扰和破坏对手的正常经济活动，以削弱乃至摧毁对手的经济实力，使其丧失进行军事抗衡所必须具备的经济基础。彼消而我长，使自己一方经济上的优势变得更为明显，从而为自己从事统一战争减少阻力，扫清道路。

从数学的理论分析，敌我双方的经济实力实际上是一个常量，在总量条件不变的情况下，如果敌方经济实力减少了，那么就意味着己方的经济实力相应递增了。从这个意义上说，削弱对手的经济实力，实际上应该说是另一种增长己方经济实力的有效方式。这个道理浅显易懂，所以历代统一大业指导者总是致力于削弱敌方的经济实力，转化双方在经济上的优劣对比。早在战国后期成书的兵家著作《六韬》中，就提出了让敌人"轻业"，使敌方因忽视生产而导致粮财困乏、仓廪空虚的具体主张，并把它列为所谓"文伐"的基本方法之一："欲锢其心，必厚赂之；收其左右忠爱，阴示以利，令之轻业，而蓄积空虚。"[①]可见，以打击摧毁敌方经济实力来为推动统一大业扫除障碍，既是高明的战略手段运用的一种方式，也是从事统一大业经济准备的一个重要方面。

这种具有战略全局意义性质的经济准备方式，在隋王朝灭陈统一南北战争的准备中曾有相当典型的表现。

北周大象三年（581），北周重臣杨坚通过"禅让"的方式，夺取北周政权，建立隋朝，建元开皇，是为隋文帝。隋文帝登基后，首先把主要精力集中于对付突厥在北方的威胁，并致力于改革政治、巩固政权。同时他也开始从事灭陈统一全国的准备工作，即位一个月，就任命他素所信任的将领前往与陈朝接壤的长江下游地区任职，不久又委派重臣杨素出任长江上中游一带（今四川、重庆、湖北）的总管，逐步建立起一支能远征的水

①《六韬·武韬·文伐》。

师。公元587年，隋文帝派兵灭亡了建都于荆州的后梁政权，直接控制了长江中游。至此，陈朝因丧失了四川与长江以北的全部疆土，侧翼受到包围，已完全处于被动和守势。隋文帝根据全国统一形势基本成熟的实际情况，积极从事统一大业，"潜有吞并江南之志"，希望在自己手中一举结束西晋末年以来二百余年大分裂、大动乱的局面，为中国历史的发展揭开新的一页。

在这场统一大业的实施上，隋朝大臣高颎（541—607）所发挥的作用是无人可及的。隋朝建立后，高颎出任尚书左仆射（宰相），成为隋文帝最重要的辅弼大臣。他素有"文武大略"，"识鉴通远，器略优深"[①]，在隋朝实现国家统一大业的斗争中作出了突出的贡献。[②]这种贡献，既表现为他曾向杨坚推荐了苏威、贺若弼、杨素、韩擒虎等一批名臣良将，为统一战争的进行提供了人才资源，并在统一战争中担任晋王杨广元帅府长史，"三军咨禀，皆取断于颎"[③]，指挥若定，功勋卓著，而且也表现为他以睿智的战略眼光，进献了著名的"取陈策"，为杨坚制定灭陈战略和实现统一贡献了自己的聪明才智。

就实质而言，高颎的"取陈策"是把经济打击与实施战略突袭有机结合的战略构想。它从实际敌情出发，致力于消耗陈朝的军力与国力，使之"财力俱尽"，然后再乘其势衰不备之隙予以突袭，以最终达成统一南北、辑安天下的战略目标。在经济打击与战略突袭两者关系上，经济打击是基础，是前提，是谓前因；战略突袭是宗旨，是目的，是谓后果。前者为后

---

① 《隋书》卷四十一，《高颎传》。

② 据史载，唐太宗对留用的隋代官员一致盛赞高颎做宰相的政绩曾大为诧异，所以令人找来高颎的传记来阅读，"朕比见隋代遗老，咸称高颎善为相者，遂观其本传，可谓公平正直，尤识治体"（《贞观政要》卷五），承认高颎是一位有才能的战略家，一个讲求效率的行政官员，一位在制定隋朝政策中起着重要作用和负责执行政策的核心大臣。唐代大史学家杜佑也曾将高颎誉为春秋时齐国的管仲、战国时秦国的商鞅。

③ 《隋书》卷四十一，《高颎传》。

者创造条件，而后者则是前者的逻辑结果。

就经济打击层面来说，高颍建议的核心内容是，采用各种手段，进一步扩大隋朝对陈朝在经济上的战略优势。主要的方法是积极破坏陈朝方面的正常生产秩序及其物资储备：在江南收获季节，调集一部分兵力，虚张声势，摆出一副进攻的架势，"量彼收获之际，微征士马，声言掩袭"①，迫使陈朝屯兵守御，因而延误耽搁其正常的农业生产活动，从经济上设法拖垮敌人。同时，采用派遣间谍潜入敌境之法，破坏陈朝后方的战略物资储备。具体做法是，"密遣行人（间谍）"至陈国境内，"因风纵火"，焚毁陈朝方面的战略物资，而且一不做，二不休，只要陈朝方面重建就绪，就毫不犹豫地再次烧毁，即"待彼修立，复更烧之"②，彻底破坏其物力、财力，扰敌并打击其军民的军心士气。陈朝本来就国土疆域狭窄（局限于长江以南一隅，仅四百余小县）、人口数量较少（仅数百万人）、经济力量薄弱（梁武帝萧衍统治末年爆发的侯景之乱对江南地区经济破坏十分严重），又遭遇到隋朝发起的行之有效的经济绞杀战，其整个经济形势也就不能不日趋恶化了，"由是陈人益弊"③，而这反过来等于是增强了隋王朝方面的经济力量，客观上替隋王朝从事统一大业做好了有关经济方面的准备，即隋王朝因此而在双方的经济实力对比上，取得了更为显著的优势，为日后隋朝大军浩荡南下、一举灭陈、统一天下开辟了胜利的道路。

三、实现国家统一大业的政治准备

争取强大的政治优势，为实现国家统一创造积极的条件，这是历代完成统一大业诸多综合准备中的重要组成部分。

---

① 《隋书》卷四十一，《高颍传》。
② 《隋书》卷四十一，《高颍传》。
③ 《隋书》卷四十一，《高颍传》。

政治是决定战争胜负的根本因素，古人对此早有非常深刻的认识。《孙子兵法》把"道"（政治）列为判断战争胜利归属的"五事"（五种基本因素）之首，又说："修道而保法，故能为胜败之政。"[1]战国时期的兵家则更为明确地指出："凡战法必本于政胜。"[2]"夫王者，能攻人者也；而安，则不可攻也。强，则能攻人者也；治，则不可攻也。治强不可责于外，内政之有也。"[3]一句话，便是"兵之胜败，本在于政"[4]。

这种共识，在历代统一大业指导者那里也得到了高度的凝聚，他们在从事统一大业的过程中，总是把争取政治优势作为达到实现国家统一目标的最重要的准备内容之一。这些政治准备，既包括改革和完善职官、用人、法律诸制度，整肃吏治，缓和纾解各种矛盾，安定社会生活，笼络民心，化解消极因素，调动各方面积极性等一般性措施，更包含统一思想、集思广益、发动对敌政治攻势、树立"正统"地位等具有针对性、带有关键意义的重要手段。

（一）统一内部的思想

从事统一大业政治准备方面的第一个重点内容是，要求统一大业指导者努力弥合在统一问题上的意见分歧，设法统一内部的思想，最大限度地凝聚起君臣上下的战略基本共识。

如前所述，历史上的统一大业没有例外都是通过武力斗争的途径完成的，而武力的运用则必定要付出相当可观的人员、物资、财力上的代价，并且或多或少地带有一定的冒险因素。另外，由于人们受经历的不同、观察问题角度的差异、价值取向的分歧等因素的影响，其对以武力方式统一国家的战略选择的认知也会有很大的区别。由于这些原因，人们对从事统

[1]《孙子兵法·形篇》。

[2]《商君书·战法》。

[3]《韩非子·五蠹》。

[4]《淮南子·兵略训》。

一战争的认识就合乎逻辑地要产生意见上的分歧。一些人（甚至包括处于很高地位的统治集团成员），出于各种各样的考虑，常常对展开战争行动以实现或维护国家统一的做法持保留、抵触乃至反对的态度。这在各个历史时期均不少见，甚至可以说是司空见惯。

例如魏景元三年（262），全面掌握魏国军政大权的丞相司马昭倡议攻伐蜀汉。当他谋于群臣时，结果是招来一片非难反对的声音，"朝臣多以为不可"①，纷纷进谏反对起兵。

又如西晋灭吴统一南北之役发动前夕，朝廷重臣贾充、荀勖、冯纨等人一再固谏不宜进兵。甚至到了伐吴大军即将启程之际，贾充仍在那里设置障碍，企图使这次行动胎死腹中，半途而废："（咸宁五年）冬，十一月，大举伐吴，遣镇军将军琅邪王伷出涂中，安东将军王浑出江西，建威将军王戎出武昌，平南将军胡奋出夏口，镇南大将军杜预出江陵，龙骧将军王濬、巴东监军鲁国唐彬下巴、蜀，东西凡二十余万。命贾充为使持节、假黄钺、大都督，以冠军将军杨济副之。充固陈伐吴不利，且自言衰老，不堪元帅之任。诏曰：'君若不行，吾便自出。'充不得已，乃受节钺。"②

再如，当清代康熙帝作出"剿抚并用，底定海疆"以统一台湾的战略决策后，也遭到绝大多数朝臣的非议。当时反对以武力统一台湾的高层官员在朝廷中竟占据了主流，他们认为"海洋险远，风涛莫测，长驱制胜，难计万全"③，劝阻康熙帝改弦更张，收回成命。而在前线将领中，对武力统一台湾持异议者也不乏其人。当时担任福建水师提督的万正色即上疏，力陈"台湾难攻，且不必攻"，连此时任福建的最高军事长官宁海将军喇哈达也提出了强烈的反对意见。可见，在清朝统一全国的过程中，如何用武力

---

① 《资治通鉴》卷七十八，魏纪十，元帝景元三年。

② 《资治通鉴》卷八十，晋纪二，武帝咸宁五年。

③ 《清圣祖实录》卷一二二，康熙二十二年九月戊寅。

手段消灭在台湾的郑经割据势力，统一台湾，在清廷决策集团内部一直有着激烈的争论。

类似的典型例子还有很多。像康熙帝决定以武力平息吴三桂等人发动的"三藩之乱"，维护国家统一。决策刚一出台，就遭到大学士索额图等大多数朝臣的反对，他们竟提出杀掉当初主张撤藩的大臣明珠等人，向吴三桂赔罪；有人还力图主张与叛军和解。其核心就是反对动用武力以维护国家的统一。

贾充、荀勖、索额图、万正色等人或作为政坛上的重量级人物，或作为手握兵权的重要将领，他们的立场与态度对社会舆论很有影响，往往会干扰很多人的思想和情绪，产生消极的后果，实不可等闲视之。因此，统一大业的政治准备的重要内容之一，就是要求最高决策者高瞻远瞩，大智大勇，坚决排除这类干扰，高度统一上下的意志，坚定不移地将统一战略的方针贯彻到底，所谓"咬定青山不放松""任尔东西南北风"。而司马昭、晋武帝司马炎和康熙帝玄烨等人也正是这么做的。他们发布诏令明确自己的基本立场，晓谕众臣百姓，申明兴师伐敌、完成国家统一的必要性，以统一内部的思想①，同时采纳钟会、张华、羊祜、杜预、姚启圣、施琅等人出兵攻伐，完成统一的正确主张，及时发动灭蜀、灭吴以及统一台湾等战役，终于顺利地实现了国家统一的战略目标。

（二）集中正确的意见

制定正确的统一战略，部署可行的统一措施，是顺利完成国家统一大业的关键环节，这就需要最高决策者虚怀若谷，海纳百川，认真听取各

---

① 如司马昭议伐蜀时，遭群臣反对，他便下文晓谕众人说："自定寿春以来，息役六年，治兵缮甲，以拟二虏。今吴地广大而下湿，攻之用功差难，不如先定巴蜀，三年之后，因顺流之势，水陆并进，此灭虢取虞之势也。计蜀战士九万，居守成都及备他境不下四万，然则余众不过五万。今绊姜维于沓中，使不得东顾，直指骆谷，出其空虚之地以袭汉中，以刘禅之暗，而边城外破，士女内震，其亡可知也。"（《资治通鉴》卷七十八）又如康熙针对索额图等人反对武力平定"三藩之乱"的意见，明确表示：撤藩"此出自朕意，他人何罪"（参见《清史稿》卷二六九，《明珠传》）。

方面的合理建议，集思广益，鼓励臣下为统一大业献计献策，"集众智"，充分发挥智囊团的作用，择善而从，所谓"智不备于一人，谋必参诸群臣""夫经武之略，在于贵谋；济众之方，本乎从善。盖所以询能者之策虑，应一时之权变，决机制胜以懋厥功"①。因为只有如此，方能够避免鲁莽从事、轻举妄动，使自己的统一战略方针建立在比较客观正确的基础之上，故宋代著名兵家何去非指出："古之豪杰，有功业之大志，其才力虽足以取济，而无谋夫策士合奇集知以更转其不迨，使无失乎事机之会，则往往功败业去而为徒发者，皆是也。"②

鉴于这样的认识，历代统一战略决策者总是"开诚心，布公道"，把广开言路、虚心咨询、博采众长、综合比较斟酌、反复权衡分析作为实现国家统一大业政治准备的重要内容来认真加以贯彻落实。三国时期大政治家、大军事家曹操对此曾有一个明确的界定，即所谓"任天下之勇力"③。

这一现象在中国历史上可谓比比皆是，不胜枚举。

李斯认为原先僻处西北一隅的秦国之所以能由弱转强，迅速崛起，并能够最终形成统一天下之势，就在于各种人才纷纷流向秦国，其相关的战略建议为秦统治者所虚心采纳："昔缪公求士，西取由余于戎，东得百里奚于宛，迎蹇叔于宋，来丕豹、公孙支于晋。此五子者，不产于秦，而缪公用之，并国二十，遂霸西戎。孝公用商鞅之法，移风易俗，民以殷盛，国以富强，百姓乐用，诸侯亲服，获楚、魏之师，举地千里，至今治强。惠王用张仪之计，拔三川之地，西并巴、蜀，北收上郡，南取汉中，包九夷，制鄢、郢，东据成皋之险，割膏腴之壤，遂散六国之纵，使之西面事秦，功施到今。昭王得范雎，废穰侯，逐华阳，强公室，杜私门，蚕食诸侯，

①《册府元龟》卷四二一，《将帅部任谋》。
②《何博士备论·吴论》。
③《三国志》卷一，《魏书·武帝纪》。

使秦成帝业。"①

西晋制定灭吴统一全国的战略方针，是晋武帝司马炎采纳羊祜咸宁二年（276）所上"平吴疏"、镇守襄樊一线的最高军政长官杜预连续多次表奏、龙骧将军王濬咸宁五年（279）上疏以及近臣张华进言的结果："帝方与张华围棋，（杜）预表适至。华推枰敛手曰：'陛下圣武，国富兵强，吴主淫虐，诛杀贤能，当今讨之，可不劳而定，愿勿以为疑。'帝乃许之。以华为度支尚书，量计运漕。贾充、荀勖、冯𬘩固争之，帝大怒，充免冠谢罪。"②

隋王朝灭陈统一南北战略决策的拟制与确定，是隋文帝杨坚在整整八年的时间里，先后征询他人的意见和不少臣僚主动献计献策的产物。《隋书》等文献资料记载，隋文帝既"阴有吞并江南之志"，适时将平陈统一南北提上议事日程，因此就很自然地鼓励臣下为统一大业献计献策，以求在此基础上制定正确适宜的统一战略方针。于是自开皇以来，隋廷重臣纷纷上疏或进言，与隋文帝反复讨论研究平陈统一南北的具体策略，从不同角度论证了灭陈统一的必要性与夺取胜利的可能性。这些建议中，除了高颎的"取陈策"和贺若弼的"平陈七策"外，崔仲方的意见对于隋文帝正确从事战前军事部署、高明选择战略攻击方向也具有特殊重要的意义。

《隋书》记载，开皇六年（586），虢州刺史崔仲方上疏就攻陈的军事部署及实施步骤问题，提出了系统的建议：在武昌（今湖北鄂州）以东的长江下游沿江要地"更帖精兵，密营渡计"③；在武昌以西的长江上中游沿江地区"速造舟楫，多张形势，为水战之具"④。崔仲方认为，这一计划实施后，如果陈朝以精兵增援上游，那么武昌以东"密营渡计"的隋军，即可乘虚蹈

---

① 李斯：《谏逐客书》，载《史记》卷八十七，《李斯列传》。
②《资治通鉴》卷八十，晋纪二，武帝咸宁五年。
③《隋书》卷六十，《崔仲方传》。
④《隋书》卷六十，《崔仲方传》。

隙，横渡长江，直捣陈都建康；如果下游的陈军坐守不动，那么，上游的隋军则可顺流而下，长驱直入，配合下游的隋军主力夺取建康。这样，纵然是陈朝"恃九江五湖之险"，也将无法防守自固，其灭亡的命运乃是注定了的。这显然是一个旨在正确选择战略攻击方向的重要谋划，其要点是：以武昌以东的长江下游为隋军的主要攻击地段，采取"密营渡计"之法，以隐蔽隋军主力渡江袭取建康的战略企图；武昌以西的长江上中游为隋军的次要攻击地段，采取"多张形势"之法，以吸引陈朝方面的注意力，从而造成一个主次配合、东西呼应的对隋有利的战场进攻态势，使陈军陷入首尾脱节、顾此失彼、捉襟见肘、疲于奔命的被动挨打局面。可见，崔仲方的建议符合实战的需要，对于指导灭陈统一战争切实有效。无怪乎，隋文帝杨坚会"览而大悦"①，完全予以采纳。这也从一个侧面进一步证明了隋文帝能统一南北，就在于他在政治上做好了充分的准备，尤其是能够虚心听取群臣的意见，使整个灭陈作战的计划具体全面且富有可操作性。

宋太祖赵匡胤登基后制定"先易后难、先南后北"的战略决策，按部就班、循序渐进实施落实统一国家的方案，是他借鉴后周时王朴"平边策"的战略谋划，并虚心认真听取赵普、张永德、张晖等文武大臣建议的结果，即暂时缓伐北汉，专力经营南方，在顺利完成南方地区的统一后，再转军北上，兵临晋阳（今山西太原）城下，翦灭北汉政权，最终实现整个中原地区的统一。

明太祖朱元璋以低贱身份投身于元末农民大起义洪流，在当时群雄竞逐中迅速崛起、崭露头角，灭陈友谅，平张士诚，除方国珍、陈友定、明玉珍，推翻元廷统治，笑到最后，顺利完成国家统一大业，建立起大明王朝，是他从善如流，咨及刍荛，采纳朱升"高筑城，广积粮，缓称王"战

---

① 《隋书》卷六十，《崔仲方传》。

略建言以及刘基、李善长、冯国用、冯国胜等人谋议的产物。

至于清代康熙帝从郑氏武装割据集团手中收复台湾，"底定海疆"，实现天下大一统，同样是虚心采纳姚启圣"会合水陆官兵审机乘便，直捣巢穴，庶几再借国威，廓清外岛，亦可永奠闽方于衽席之安"[①]正确建议，以及施琅"因剿寓抚""出其不意，攻其无备，何难一鼓而下"[②]战略指导原则的结果。

上述大量历史事实清楚地表明，历代统一大略的实施者，都高度重视在统一战争的政治准备过程中集思广益、博采众长、从善如流，从而确保统一战略的制定与实施，能够符合主客观条件，从而行之有效地推进国家统一的大业，为中国历史的发展作出积极的贡献。

（三）发动强大的政治攻势

克劳塞维茨说："斗争是双方精神力量和物质力量通过物质进行的一种较量。不言而喻，在这里不能忽视精神力量，因为正是精神状态对军事力量具有决定性的影响。"[③]法国军事家安德烈·博福尔也认为："要想解决问题，必须首先创造，继而利用一种情况使敌人的精神大大崩溃，足以使它接受我们想要强加于它的条件。"[④]积极发动对敌方的强大政治攻势，瓦解敌方的军心士气，剥夺敌人的抵抗意志，消除敌方民众的顾虑疑惑，争取其对国家统一大业的理解与支持，为国家统一大业扫清障碍，这也是完成国家统一大业政治准备的主要环节之一。

运用政治攻势，分化瓦解敌人，这在中国的历史上是有其传统的。早在战国中晚期成书的《六韬》一书中，就对此做过理论层面上的总结，提

---

① 《忧畏轩奏疏》卷四。
② 《靖海纪事》卷上。
③ ［德］克劳塞维茨：《战争论》，第101页，中国人民解放军军事科学院译，解放军出版社2012年版。
④ ［法］安德烈·博福尔：《战略入门》，第8页，中国人民解放军军事科学院外国军事研究部译，军事科学出版社1989年版。

出了著名的"文伐十二法"，强调要在发动强大政治攻势、销蚀敌人的斗志士气的基础上，再用武力给予敌人以沉重的打击，所谓"十二节备，乃成武事。所谓上察天，下察地，征已见，乃伐之"①。随着政治军事斗争实践的不断丰富，对敌开展政治攻势的方式方法与水平亦日益多样和有效。对此，古人曾多有深刻的论述："夫攻者，不止攻其城、击其阵而已，必有攻其心之术焉；守者，不止完其壁、坚其阵而已，必也守吾气而有待焉。"②"圣人之伐国攻敌也，务在先服其心。何谓攻其心？绝其所恃，是谓攻其心也。"③这一基本原则，在统一大略实施过程中同样有显著的表现与贯彻。统一战略的决策者总是在"吊民伐罪""拯民于水火之中"的名义下为自己的军事行动寻找合理合法的依据，以此使自己"师出有名"，动员民众，孤立敌人，为实施统一战争减少阻力、创造条件，即所谓"始于文而卒于武，天地之道也"④，"提正名以伐，得所欲而止"⑤。

他们或是列举敌方统治者种种暴虐酷烈、倒行逆施的劣迹，来显示自己行动所具有的"恭行天罚，剿绝其命"的正义性质。例如西晋王朝在发动灭吴统一全国之役的前夕，明确宣布以孙皓为首的东吴割据政权统治黑暗、政治腐朽，民怨沸腾，恶贯满盈，已再也没有继续存在下去的理由了："荒淫凶逆，荆、扬贤愚莫不怨嗟。"⑥"恣情任意，与下多忌，名臣重将不复自信，是以孙秀之徒皆畏逼而至。将疑于朝，士困于野，无有保世之计，一定之心。"⑦又如隋文帝在伐陈统一南北的前夕，重视进行政治攻心战，制造舆论，争取民心，于开皇八年（588）三月，正式颁布征伐陈朝的诏令，

---

① 《六韬·武韬·文伐》。
② 《唐太宗李卫公问对》。
③ 《经济长短经》卷十九，《兵权攻心第十四》。
④ 《经法·伦约》，载《马王堆汉墓帛书经法》，文物出版社1976年版。
⑤ 《经法·称》。
⑥ 《晋书》卷四十二，《王濬传》。
⑦ 《晋书》卷三十四，《羊祜传》。

——历数陈后主陈叔宝的罪行，其恶状劣行居然多达20余条，[①]并且"散写诏书三十万纸，遍谕江外"[②]，表明自己伐陈统一南北乃是"显行天诛"，以此揭露陈后主的黑暗统治，争取江南地区广大士民对隋军即将南进之举的普遍同情和积极支持。

他们或是推行必要的示恩怀柔政策，抚恤帮助敌方统治区的普通民众，减少其敌意，争取其人心，为统一大业的实施并取得最后成功提供有利的条件。如西晋羊祜都督荆州诸军事、镇守襄阳期间，与偏安东南一隅的孙吴政权相对峙。在前后十年中，他采取了一系列的措施，为日后西晋大举伐吴统一全国创造条件。这除了开拓边境、积蓄军粮、增强军事实力外，更重要的是他注重心战，对孙吴方面开展凌厉的政治攻势，其中最为突出的也最为有效的，是他在处理与吴地民众的关系上，主动采取怀柔恩宠政策，"开布大信，（吴人）降者欲去皆听之"[③]；平时游猎，范围止于晋朝地面，如果有禽兽先为吴人所射中而为晋军所得者，皆送还给吴人，从不截留一兽一禽；行军训练或进入吴国境土，若是因军事需要而割用其谷物，必以绢帛偿还其值。于是吴人"翕然悦服，称为羊公"[④]。羊祜的政治智慧，不仅赢得了敌国民众的信服与好感，为西晋日后进兵灭吴克服了阻力，而且也让后人为之仰慕敬钦不已。唐代诗人孟浩然那首著名的五言律诗——《与诸子登岘山》，就比较典型地反映了这种思想情绪："人事有代谢，往来成古今。江山留胜迹，我辈复登临。水落鱼梁浅，天寒梦泽深。羊公碑尚在，读罢泪沾襟。"

---

① 《隋书·高祖纪下》记载，隋文帝列举陈叔宝的主要罪状有"劫夺闾阎，资产俱竭。驱废内外，劳役无已""征责女子，擅造宫室，日增月益，止足无期，帷薄嫔，有逾万数""宝衣玉食，穷奢极侈，淫声乐饮，俾昼作夜""斩直言之客，灭无罪之家，剖人之肝，分人之血""欺天造恶，祭鬼求恩，歌舞衢路，酣醉宫闱"等。

② 《资治通鉴》卷一七六，陈纪十，长城公祯明二年。

③ 《晋书》卷三十四，《羊祜传》。

④ 《晋书》卷三十四，《羊祜传》。

又如隋文帝杨坚，对隋军捕获的陈朝间谍坚持采取优容感化的政策，一律放归江南。这样做既笼络人心，又利用他们之口来传播隋军的军容声威，极大地动摇了陈朝方面的民心士气，使敌人彻底陷入"上下相蒙，众叛亲离"[1]的混乱危殆境况。隋朝方面的这种做法，不仅在战前得到贯彻执行，而且也在统一战争进行过程中加以坚持。像贺若弼率军由广陵渡江，一举攻克京口后，对所俘获的五千余名陈军官兵不但不加杀戮，反而全部予以释放，"给粮劳遣，付以敕书，令分道宣谕"[2]，将隋文帝的伐陈诏书交由这些俘虏广为宣传，进一步扩大敕书的政治影响，从而在政治上瓦解敌军军心，使其丧失继续战斗抵抗的斗志，"于是所至风靡"。

（四）树立崇高的"正统"地位

历代统一大略实施者从事政治准备的又一项基本内容，是充分肯定自己的"正统"地位，把统一国家、安定天下之举定位于"天命所归"，从历史哲学的高度论证自己所作所为的天然合理性，争取在政治上的最大主动。

按饶宗颐的观点，中国史学上之正统说，其理论之主要根据有二："一为采用邹衍之五德运转说，计其年次，以定正闰……另一为依据《公羊传》加以推衍、皇甫湜揭'大一统''所以正天下之位，一天下之心'。欧公（欧阳修）继之，标'居正''一统'二义。由是统之意义，由时间转为空间，渐离公羊之本旨。然对后来影响至大。"[3]其实，"正统"的约定俗成之含义，当是第二种意思，它的核心宗旨是要表明政治统治的合法性、合理性、权威性，是"大一统"精神观照下对特定政权统治地位的一种认可、一种肯定。这里"正"是道德范畴，而"统"似乎更是事实界定与体现，"正"属理想境界，"统"为客观实在。无"正"之"统"，即使奄有天下，

①《陈书》卷六，《后主本纪》。
②《资治通鉴》卷一七七，隋纪一，文帝开皇九年。
③ 饶宗颐：《中国史学上之正统论》，第74—75页，上海远东出版社1996年版。

也不能被人们所认同；而无"统"之"正"，则终究是空中楼阁，有一统之名而无一统之实。但是，两者权衡，"正之为义尤重于统"，"历史之秤是谓之正"①。从这个意义上说，"正统"观是支撑人们认可某种政治统治权力合法性的主要精神支柱，正如唐代韩愈门人皇甫湜论正统之义有云："王者受命于天，作主于人，必大一统。明所授所以正天下之位，一天下之心。"②

因此，以确定"正统"为前提从事国家统一大业，是历代统一战略决策者进行政治准备、政治动员的必有之义，所谓"正统之所在，天下归之"③"正者所以正天下之不正也，统者所以合天下之不一也"④。道理很简单，因为"正统"意味着"天子大一统"的自然负荷者，是"帝王受命于天"的具体标志，也是儒家"内圣外王"道统在政治生活上的基本体现，"道统者，治统之所在也……然则道统不在辽金而在宋，在宋而后及于我朝，君子可以观治统之所在矣"⑤。得天命者得天统，得天统者得正统，因而具有运用武力手段合理合法统一天下的权力与义务。在真正秉持有"正统"地位的统治者面前，任何分裂割据势力都属于"偏统""闰统""窃统"或"旁统"，它们的存在都是不合法的，也是暂时的、局部的，其被那些"正统"的承荷者鄟灭、统一乃是历史的选择、必然的归宿，所谓"紫色蛙声，余分闰位，圣王之驱除云尔"⑥。

这一理念为历代统一大业的实施者所完全禀受，恪行无二。他们普遍致力于旗帜鲜明地肯定自己的"正统"地位，努力使"天命所归"、天下一统的思想文化观念家喻户晓、深入人心，坚定地向普天下民众表明：只有自己方能以"道统"，也即仁义礼乐安治天下、协和万民，用隋文帝《伐陈

---

① 饶宗颐：《中国史学上之正统论》，第79—80页，上海远东出版社1996年版。
② 皇甫湜：《东晋元魏正闰论》，载《皇甫持正集》卷二。
③ 廖行之：《问正统策》，载《省斋集》卷九。
④ 叶燮：《正统论》（下）引，载《已畦文集》卷一。
⑤ 陶宗仪：《正统辨》，载《辍耕录》卷三。
⑥《汉书》卷九十九下，《王莽传下》。

诏》的话来说，就是"以上天之灵，助勘定之力，便可出师授律，应机诛殄，在斯举也，永清吴越"①。

司马光强调："苟不能使九州合为一统，皆有天子之名而无其实也。"②苏轼也称："正统云者，犹曰有天下云尔。"③可见，"正统"既是道义上的合法统治者，同时也是空间范围上的实际统治者④。这种强烈的"大一统"即"正统"意识，对历史上统一战争的展开并走向胜利具有极其重要的影响。元世祖忽必烈之南下灭宋即由这一观念所策动："至元四年十一月，（刘整）入朝，进言：……整又曰：'自古帝王，非四海一家，不为正统。圣朝有天下十七八，何置一隅不问，而自弃正统耶！'世祖曰：'朕意决矣。'"⑤于是坚决发起灭宋之役，由大将伯颜统率劲旅攻入南宋都城临安（今浙江杭州），完成了灭亡南宋、统一天下的伟业。

正因为把"正统"观念的确立与弘扬纳入到国家统一大业的政治准备之中，所以历代统一战略的实施者能够做到"师直为壮"，充满信心、大张旗帜地把实现国家统一的斗争坚定不移地推向前进。

四、实现国家统一大业的主要军事准备

历代统一大业指导者，都普遍重视增强军事实力为统一天下提供充分的保证。军事斗争在整个统一大业中居于中心的位置，军事准备的充分与否，军事实力的强弱怎样，在很大的程度上决定着统一进程的历史命运，

---

① 《隋书》卷二，《高祖纪下》。

② 《资治通鉴》卷六十九，魏纪一，文帝黄初二年，"臣光曰"。

③ 徐一夔：《正统问》引，《明史》卷二八五，《文苑传》。

④ 清代魏裔介《三国论》侧重于从道德层面论"正统"，清代俞樾《蜀汉非正统说》则侧重于从地理空间广狭立论，体现了"正统观"的两种价值取向。魏氏谓："曹与孙，其才与德既无足取，而昭烈仗义讨贼，才虽不足，其义则正矣，是以君子取之续正统。"而俞氏则云："以正统事蜀者，朱子之失，其理不过是时中原之地已尽入魏，安见天下之统不在中原之魏而在于区区一州之蜀？使昭烈而能为光武，以之黜魏则可也。若夫据一州之地而欲窃天下之统，则君子所不许也。"

⑤ 《元史》卷一六一，《刘整传》。

此所谓"国富则民众，民众则兵强，兵强则土广，土广则主尊，［主尊］则令行，［令行］则敌人制，［敌人制］则诸侯宾服，［诸侯宾］服则［威］立，［威］立则王者之翘治也，不可不审也"①。因此，扎实做好军事上的各种准备，全面增强军事实力，乃是国家统一大业综合准备之中最重要的一个环节。对此，中国历代统一战略的实施者都有一致的体认，于是他们普遍致力于增强军事实力，以造成对敌斗争上的巨大军事优势，"以破投卵""以镒称铢"，从而在从事国家统一大业之时牢牢把握主动权，"先为不可胜，以待敌之可胜"②。

考察中国历史上实现国家统一大业的基本史实，我们可以发现，统一大业的军事准备乃是多方面、多层次的，其中最重要的军事准备除了改善军事交通条件、提高武器装备性能、建立高效率的战前指挥机构、正确部署军队的防地等项目之外，还突出体现在发展主力兵种和任用优秀军政人才这两个方面。

（一）发展从事统一战争所急需的主力兵种

统一大业军事准备的主要内容之一，是统一大业实施者根据统一战争的需要，有重点地优化和配置军事资源，发展主力兵种，以期对敌手拥有"撒手锏"，在战略上与战术上均占据强大的优势地位。

由于自东汉后期起，统一战争的战略作战轴线由自西向东转变为自北向南，绝大多数统一战争的战场集中于淮河、长江一带，因此统一战争的作战方式便有了自己的特点，对军队兵种的发展提出了特殊的要求。淮河、长江一带多江河湖泊、丘陵盆地的特殊地形条件，决定了不适宜依靠和动用擅长野外驰骋的骑兵部队作战，而必须主要依赖水师突破江河天险，掌握战场主动权。换言之，历史上有"南船北马"的说法不是偶然的，北方

---

① 《银雀山汉墓竹简·守法守令等十三篇·七》，载《银雀山汉墓竹简［壹］》，文物出版社1985年版。
② 《孙子兵法·形篇》。

之精骑在南方水乡难逞其长早已被历史所证明，曹操在赤壁之战中的受挫与前秦苻坚在淝水之战中的完败，即是具体的例证。因此，统一大业的主持者普遍把制造各类战船、建设强大的水师、提高军队的江河作战能力作为军事准备的重点予以筹划。西晋、隋、北宋以及元在这方面的做法可谓如出一辙。

西晋王朝为了一举灭吴、统一全国，针对东吴方面水师部队实力较为雄厚，并且依恃长江天险负隅顽抗的实际情况，遂把建造战船、发展水师作为实施统一战略的最重要的军事准备。晋武帝司马炎采纳羊祜的建议，委派王濬留任益州刺史，在巴蜀地区修造各类舟舰，整治水师，以便为日后顺流而下，直取吴地创造充分的条件："初，祜以伐吴必藉上流之势。又时吴有童谣曰：'阿童复阿童，衔刀浮渡江。不畏岸上兽，但畏水中龙。'祜闻之曰：'此必水军有功，但当思应其名者耳。'会益州刺史王濬征为大司农，祜知其可任，濬又小字阿童，因表留濬监益州诸军事，加龙骧将军，密令修舟楫，为顺流之计。"①

王濬在任上，不负羊祜的信任与朝廷的重托，在益州当地规模修治战舰，"乃作大船连舫，方百二十步，受二千余人，以木为城，起楼橹，开四出门，其上皆得驰马来往。又画鹢首怪兽于船首，以惧江神"②，同时认真组建舟兵，训练士卒，终于造就了一支强大的水师部队，"舟楫之盛，自古未有"③，在日后的灭吴统一南北的战争中发挥了关键作用。晋太康元年（280）"二月戊午，王濬、唐彬击破丹阳监盛纪。吴人于江碛要害之处，并以铁锁横截之；又作铁锥，长丈余，暗置江中，以逆拒舟舰。濬作大筏数十，方百余步，缚草为人，被甲持杖，令善水者以筏先行，遇铁锥，锥辄著筏而

---

①《晋书》卷三十四，《羊祜传》。
②《晋书》卷四十二，《王濬传》。
③《晋书》卷四十二，《王濬传》。

去。又作大炬，长十余丈，大数十围，灌以麻油，在船前，遇锁，燃炬烧之；须臾，融液断绝，于是船无所碍。庚申，濬克西陵，杀吴都督留宪等。壬戌，克荆门、夷道二城，杀夷道监陆晏……王濬自武昌顺流径趣建业，吴主遣游击将军张象帅舟师万人御之，象众望旗而降。濬兵甲满江，旌旗烛天，威势甚盛，吴人大惧……（王）濬戎卒八万，方舟百里，鼓噪入于石头，吴主皓面缚舆榇，诣军门降"①。西晋彻底粉碎了东吴割据政权凭借水师、依托长江天险抗衡国家统一的企图。

隋文帝杨坚挥师灭陈、统一南北，在军事上最重要的准备之一，同样是事先大规模建造各类船舰，建立起一支实力雄厚、所向披靡的水师部队。他采纳大臣王长述"修营战舰，为上流之师"②的战略建议，先后派遣柱国李衍"于襄州道营战船"③，上柱国、信州总管杨素于永安（今重庆奉节）"造大舰"④，制造出每舰能容战士八百人的"五牙"、每舰能容战士百人的"黄龙"以及规模较小的"平乘""舴艋"等船舰，并且精心训练水师。在上游地区大规模修造战舰、训练舟兵的同时，隋文帝也积极抓紧长江下游地区的战备，派遣仪同三司元寿"奉使于淮浦监修船舰"⑤，调朔州总管吐万绪为徐州总管"令修战具"⑥，又令吴州总管贺若弼"以老马多买陈船而匿之"。经过数年不懈的努力，隋、陈双方之间水师实力的对比遂逐渐起了较大的变化，隋军以优势兵力实施大规模渡江作战的条件业已基本成熟，战争胜利的天平完全倒向了隋王朝的一边。

北宋在击灭南唐、统一江南的战争准备方面，也十分重视制造舰与训练水师。同时，宋太祖还根据南唐政权水师较为强大的实情，采纳了樊若

①《资治通鉴》卷八十一，晋纪三，武帝太康元年。
②《隋书》卷五十四，《王长述传》。
③《隋书》卷五十四，《李衍传》。
④《隋书》卷四十八，《杨素传》。
⑤《隋书》卷六十三，《元寿传》。
⑥《隋书》卷六十五，《吐万绪传》。

水预制浮梁（浮桥）以供主力部队渡江的策略。樊若水对采石矶一带的地形十分熟悉，曾经往来大江南北数十次，对一年四季的水位变化和两岸广狭熟稔于胸、了如指掌，因此顺利地建造出"不差尺寸"的浮梁[①]。这在当时的物质条件下，确实是难能可贵，也是我国古代战争史上的一个创举。它对于日后宋军主力由采石矶一带迅速集结，快捷渡江，雷霆万钧，直指金陵城下，可谓起到了决定性的作用。

元朝灭宋统一天下的成功，同样取决于军事准备的充分，而其军事准备充分的标志，就在于其水军力量达到比较强大的程度，具备了战胜南宋水师以及步兵的基本实力。

忽必烈即位后，便将南下灭宋、统一天下提上议事日程，投入力量对南宋政权发起全面的战略进攻。然而，在相当长的一段时间里，元军的进展并不明显。这中间最重要的因素便是南宋擅长水军步兵协同作战的战术，使蒙古骑兵的优势受到严重的抑制和削弱，无法纵横驰骋。早在北宋时期，中原王朝即以全国的人力物力，以硬弩武装步兵，结合城池防守，以步制骑，对北方游牧民族实施防御。但这种战略在进攻者人数众多、力量庞大且拥有攻克城池所需的组织形式和武器装备时，便显得无济于事，难以抵挡游牧部落组织良好的骑兵大规模进攻。北宋的都城东京就是如此陷入金人之手的。南宋政权在南方立足后，为了解决这一问题，总结了历代中原王朝与游牧民族作战的经验，又结合南方江淮水乡独特的自然条件，努力寻找凭借江河屏障保卫剩余的半壁江山的办法，于是建立了强大的水军，依靠特殊的战法来防御北方的骑兵，而不再像北宋时那样仅仅依靠驻守在陆地边界上设防据点里的步兵"以步制骑"，来消极地抗御铁骑的冲击。应该说，南宋政权这一军事战略措施是收到了较好效果的。早在南宋政权初

[①]《宋史纪事本末》卷六，《平江南》。

立之时，南宋名将韩世忠就曾依靠为数不多的水军在黄天荡大败金兀术。此后，在长达一百余年的宋金对峙中，金军虽数次以优势兵力南犯，杀得宋军丢盔弃甲、狼狈不堪，南宋朝廷风雨飘摇、屈膝议和，但却始终未能消灭南宋政权，其原因也在于在江淮水乡地带作战，南宋方面尚有一定的资本可以苦撑危局，苟延残喘。

元朝灭宋同样遇上了这个问题。当年成吉思汗曾依靠强大的蒙古骑兵横扫西亚、中亚与欧洲大陆部分地区，无往不胜，数世纪后还使得欧洲人惊呼"黄祸"，谈之色变，但是在东亚大陆，其威风则大打折扣。蒙古人在华北夺取金人占据的中原，是靠运用联盟战略，取得南宋的配合与支持，与南宋实行南北夹攻才得以达到目的的，而进攻江淮地区的南宋政权则用了半个多世纪方有进展，原因就是遇到了南宋水军的顽强抵抗。在时人眼中原武功"不振"的南宋王朝之所以使元军遇到了比征服中原等地艰难得多的挑战，就是南方江湖水泽的特殊地理条件限制了骑兵的作战优势，而对手依托坚城、利用水师步兵协同作战的顽强抵抗，更增加了骑兵军事行动的困难。

当时元军在战略上的最大劣势，就是缺乏一支能与南宋相对敌的水师部队，如其进攻长江上游四川、迂回大西南堪称世界战争史上极为罕见的大包抄战略，但是其战略价值却因为缺乏水军的协同配合而未能得到充分的体现。蒙军在窝阔台统率下第一次伐宋以无功而返告终，主要原因就是无法克服南宋水师的优势。当窝阔台入蜀后，蒙军仅能找到九人驾乘轻舟往来于长江之上，达不到由四川顺流东下，与中路战场进行战略协同的目的。其中路军在进军中，也只能于沿途伐竹木、拆房舍临时造船。至于蒙哥第二次南伐，也因宋朝军民能依托山寨城堡等防御设施发挥水战之长，而举步维艰，草草收兵。

这些情况都说明，在江淮地区作战，没有一支强大的水军，是无法建立战场绝对优势的，也是无法实现统一天下的战略目标的。所以，对于忽必烈来说，如果不战胜或抵消南宋水军的长处，不首先战胜南宋的水师，其统一南方、平定天下的事业将难以最终完成。而要战胜南宋的水师，就必须首先建立起自己的水师部队，并使之达到实力强大的地步。因此，建立一支能与南宋水军相抗衡的强大水军，彻底改变元军与南宋之间在兵种结构对比方面的优劣态势，就成为具有战略意义的统一战争军事准备的核心内容了。

忽必烈的高明之处，在于他经历了进攻襄樊迟迟未能得手的挫折后，能改弦更张，虚心采纳刘整等人建立强大水军的建议①，把它作为实施南下灭宋战役的军事准备的中心环节。在再次对襄樊城发起战略总攻击的前夕，刘整受命"造船五千艘，日练水军"，仅编练的水军人数规模就多达七万人，如果加上南宋方面投降过来的宋朝水军，则元军的水军更多于这个数目。而在这次战役之中，元军投入的战船多达一万三千余艘，水军约十五万人，才取得了理想的效果。可见，正是借助了水军的有力配合，元军在对南宋政权形成四面八方的包围数十年和围攻襄樊战略重镇六年之久后，终于攻破襄樊。而在南宋方面，襄樊之所以能在敌方重兵围攻下困守支撑达六年之久，也是凭借着一支精良的水军与优势的敌人长期周旋的结果。

（二）选拔主持统一战争的指挥人才

善于发现和任用军政素质优秀，能创造性地贯彻执行既定统一战略方针的人才，使之具体主持统一战争的指挥事宜，在国家统一大业中发挥着

---

① 《元史·刘整传》记载，刘整在与攻打襄樊的元军主帅阿术商计战略方案时指出："我精兵突骑，所当者破，惟水战不如宋耳。夺彼所长，造战舰，习水军，则事济矣。"这一战略建议也上报给忽必烈本人，得到忽必烈的赞许与批准，"乘驿以闻，制可"。

关键的作用，这是统一大业军事准备中又一个具有突出意义的内容。

得人才者得天下，失人才者失天下，这是古往今来一个颠扑不破的真理，这在国家统一战略目标的实现上也没有任何例外。一个政权、一股势力、一个集团之所以能够战胜对手、完成统一，一个十分重要的原因就是真正做到了"延揽英雄，务悦民心"①。刘邦对楚汉战争胜负的主要原因的总结，就非常典型地揭示了用人问题与天下统一之间的深刻内在联系："夫运筹帷幄之中，决胜于千里之外，吾不如子房；镇国家，抚百姓，给馈饷，不绝粮道，吾不如萧何；连百万之军，战必胜，攻必取，吾不如韩信。此三者，皆人杰也，吾能用之，此吾所以取天下也。项羽有一范增而不能用，此其所以为我擒也。"②

唐代军事学家李筌在其著作《太白阴经》中，曾就这一问题做过深刻的阐述，指出人才的流向，其实在很大程度上决定着战争的命运、国家的前途："伊尹，有莘之耕夫、夏癸之酒保，汤得之于鼎饪之间，升陑而放桀；太公，朝歌之鼓刀、棘津之卖浆，周得之于垂纶之下，杀纣而立武；伍员被发徒跣，挟弓矢乞食于吴，阖闾向风而高其义，下阶迎之，三日与语，任之不疑；范蠡生于五户之墟，为童时内视若盲，反听若聋，时人谓之至狂，大夫种来观而知其贤，叩门而请谒，相与归于地户；管夷吾束缚于鲁，齐桓公任之以相；百里奚自鬻于秦，秦穆任之以政；韩信南郑之亡卒，淮阴之怯夫，汉高归之于谋。"③并从中得出结论："废兴之道在人主之心，得贤之用。"④

"得士则昌，失士则亡"是一般规律，而遴选与任用其中的军事人才，则是用人问题上的重中之重。众所周知，将帅在军事斗争中处于非常重要

---

① 《黄石公三略·上略》。
② 《史记》卷八，《高祖本纪》。
③ 《太白阴经·贤有遇时篇》。
④ 《太白阴经·贤有遇时篇》。

的地位，直接关系到战争的胜负成败、政权的安危存亡，"夫将者，国之辅也，辅周则国必强，辅隙则国必弱"①，"夫总文武者，军之将也……得之国强，去之国亡，是谓良将"②。所以古代兵家历来主张用兵打仗"命在于将"，"置将不可不察"③，"用兵之要，在先择于将臣"④，认为"置将不善，一败涂地"⑤。由此可见，所谓任用人才，在从事统一战争时，重点是发现和任用军事方面的人才。因此，历代统一大业实施者在进行具体军事准备过程中，总是把知人善任、遴选优秀将帅担当指挥战争的主角作为首要解决的问题来对待，来落实。

例如，隋文帝杨坚为了实现平陈统一南北的战略目标，坚持将"首置军府，妙选英杰"置于整个军事准备的核心，委任心腹大臣高颎为准备发动灭陈统一战争物色人才，组建前敌指挥班子。高颎受命后殚精竭虑，不负所托，经过综合考察，反复比勘，全面评估，推荐杨素、贺若弼、韩擒虎等人出任前敌主将。随后的历史事实充分表明，这几位大员被"委以平陈之任"，是非常高明的选择与安排，他们深富韬略，多谋善断，骁勇能战，指挥若定，"甚为敌人所惮"⑥，果真在日后的灭陈统一战争中勇往直前，所向披靡，立下赫赫的功勋："自南北分隔，将三百年。隋文帝爱应千龄，将一函夏。贺若弼慷慨，申必取之长策，韩禽（擒虎）奋发，贾余勇以争先。隋氏自此一戎，威加四海。稽诸天道，或时有废兴；考之人谋，实二臣之力。其俶傥英略，贺弼居多，武毅威雄，韩禽称重。"⑦"申国威于万里，宣朝化于一隅，使东南之民俱出汤火，数百年寇旬日廓清，

---

①《孙子兵法·谋攻篇》。
②《吴子·论将》。
③《六韬·龙韬·论将》。
④《欧阳修全集内制集·除李端懿宁远军节度使知潭州制》。
⑤《史记》卷八，《高祖本纪》。
⑥《隋书》卷五十二，《韩擒虎贺若弼传》。
⑦《北史》卷六十八，《贺若敦传附贺若弼传》"传论"。

专是公之功也。高名塞于宇宙，盛业光于天壤，逖听前古，罕闻其匹。"①

又如明代开国皇帝朱元璋，也高度重视招揽人才，特别是任用智勇双全的大将充当军队统帅，形成了当时最杰出的军事领导集团，因而能随时作出高明的战略决策，去夺取统一战争的胜利。

这一点在实施北上伐元统一全国的战略方案时，表现得最为明显。当时，朱元璋在御前决策会议上所制定的北伐元朝统一全国的战略方针，是"撤其屏蔽，断其羽翼"，而后再"直捣腹心，席卷而下"。这是一个务求步步为营、稳健推进的战略，因此必须尤其注重在部署军队上的选将用人，即命将选帅需要慎之又慎，主帅必须是能认真领会和坚决执行统一战略方针的帅才。为此，朱元璋部署北伐之时，尽管是多路出击，但是在主帅的遴选上可以说是非常慎重，特意安排由老成持重、智勇双全的徐达担任主帅，而以勇猛著称的大将常遇春只能担任副帅。②这种人事上的稳妥安排，也属于军事上的充分准备之一，它使统一战略方针的贯彻和统一战略方案的实施有了必要的保证。

再如，清代康熙帝在进行收复台湾、完成国家统一的军事准备时，也将发现指挥攻台之役主帅的人选作为优先考虑的事务。他慧眼识珠，采纳李光地、姚启圣等人的推荐意见，力排众议，任用原郑成功部下施琅全权负责攻台统一大任。应该说，康熙帝对施琅的任用是非常恰当的。这是因为施琅本人具备充任攻台主帅的各方面条件：自幼随其父出海经商，熟悉海道气候情况，有着丰富的航海经验，又从师学习兵法，以智勇兼备闻名乡里，后投郑芝龙手下效力，屡立战功，因与郑成功有矛盾，遭到猜忌与

---

① 《隋书》卷五十二，《韩擒虎贺若弼传》。
② 《明实录》《明史》等文献记载，在伐元战略决策会议上，常遇春认为，南方业已平定，明军兵力充足，且是百战百胜之师，如果组织精锐进攻疲惫的元军，直捣元都，一定旗开得胜，马到成功，"都城既破，有破竹之势，乘胜长驱，余可建瓴而下"。因此，主张用兵直捣腹心，攻克大都。这一战略思路与朱元璋"先翦羽翼""后捣腹心"的方针不合，故遭到否决。在这种情况下，朱元璋自然不能将主帅重任交给用兵冒险有余但稳妥不足的常遇春了。

排挤，被拘逃脱后，家人多被杀害，降清后，因胆略过人，又熟知郑经集团内部情况，而受朝廷的重视。这些情况表明，施琅无疑是当时担当统一台湾重任的最佳人选。所以姚启圣、李光地等重臣都曾上书保荐，请求朝廷对施琅予以重用。其中李光地在上疏中具体提出了施琅堪任福建水师提督的四个条件：全家为郑经集团所杀，与郑经集团是世仇；在诸将中最了解郑经集团的内部情况，"无有过之者"；智勇双全、文武兼备，"不是匹夫之勇"；郑氏分裂割据集团平素"所畏，惟此一人，用之则其气先夺"①。

但是，施琅毕竟是一个降将，是否对他委以攻台统一的全权，当时清廷内部是有意见分歧的，不少大臣实际上对此持怀疑乃至反对的态度。这时，是靠康熙帝的雄才大略，拍板定夺，用人不疑，唯才是举，才使得施琅顺利走上福建水师提督这一重要岗位，并获得攻台军事行动上的"专征"之权。而施琅亦不负朝廷厚望，多次富于创造性地提出了解决台湾问题的战略思考与谋划，并在时机成熟后，亲统大军在澎湖海战中歼灭郑经集团水师主力，迫使郑经集团签订城下之盟，向清军缴械投降，从而实现了台湾回归、国家统一。可见，康熙帝对施琅的拔擢与任用，为日后清军顺利战胜台湾郑经集团的抵抗、实现国家的统一提供了人事上的基本保证。

其他像秦国君主任用白起、王翦、王贲为统帅征伐群雄，刘邦任用韩信、彭越、英布为将扫荡项羽，晋武帝任用羊祜、杜预、王濬等人翦灭东吴，唐代开国者李渊、李世民任用李靖、刘文静、李勣、侯君集等人统一天下，宋太祖任用曹彬、潘美等人平定南方，等等，都是类似的成功例子。由此可见，知人善任，正确择将，始终是统一大业军事准备充分、成熟的重要标志之一，历来为统一大略指导者所高度重视，并不遗余力地加以具体落实。

---

① 李光地：《榕村语录》卷十一。

除了进行充分的经济、政治、军事准备之外，统一大业的综合准备还包括外交、文化、民族等多个领域、多个方面。例如，确立文化本位，为国家统一设置明确的坐标；清除民族畛域，为国家统一开辟广阔的道路；开展外交斡旋，为国家统一争取有利的环境；等等。总而言之，我国历史上任何一次国家统一大业的最终完成，都是建立在综合准备全面扎实的基础之上的。换言之，各个方面的综合准备越是充分，国家统一大业的推进也就越是顺利畅达。①

---

① 黄朴民：《刀剑书写的永恒：中国传统军事文化散论》，第16页，国防大学出版社2002年版。

第三章　历代实现国家统一的战略运用（上）

　　所谓"战略"，从狭义的概念说，是指指导战争全局的方略；从广义的概念说，则是指综合运用军事、政治、经济、科技、文化、外交、自然和社会力量诸因素，达成既定目标的总体谋划，其中包括战略条件的分析、战略方针的制定、战略原则的确立、战略方向的选择、战略时机的把握、战略手段的运用、战略力量的投入、战略基地的建设等。历代统一战争都是具有全局性意义的军事行动，作为指导战争全局方略的战略，对于从事统一战争无疑起着提纲挈领、总揽一切的指导作用。统一战争的得失成败，在很大程度上，取决于统一战略的高明与否。

　　在战略诸要素之中，战略谋划占有特别突出的地位，这是与中国古典军事传统尚智贵谋的本质属性密切相连的。博大精深的中华文化滋润孕育了独具特色的东方兵学，刀光剑影的血腥战争掩盖不住中华战略文化尚智贵谋的主旋律。这一文化价值取向，使得统一战争的谋划者在制定其战略方针、运用其战略力量时，都把"经武之略，在于贵谋"的原则奉为圭臬，践行而不悖。众所周知，战争固然是力量的对抗与竞争，但也更是智慧的角逐与较量，而谋略则是智慧的储集、灵感的展示。中国传统战略文化向来崇尚羽扇纶巾的运筹帷幄，而贬斥鲁莽灭裂的血气之勇。在中国兵学的源头商周之际，姜太公首倡"本谋"，强调以谋为本。春秋是中国兵学的奠基期，"兵圣"孙武标举"庙算"，倡导"胜兵先胜而后求战"。秦汉以降，这一文化传统绵延不绝，而且被不断发扬光大，如汉代赵充国就主张"帝王之兵以全取胜，是以贵谋而贱战"①，而晋代大军事家杜预亦自信"以计代战一当万"②。可见，高明的战略家富有极其深邃杰出的战争智慧，既高度重视军事实力的建设，以此作为实现国家统一大业的前提和基础，又十分推崇战略上的运筹，着力于为实现国家统一，制定正确的指导方针和具体的策略措施，做到以谋制敌，以智取胜。于是，全面分析战略形势，认真制定战略方针，恰当确定战略目标，正确选择战略方向，具体规划战略步骤，妥善动用战略手段，便成为任何一个成功的统一方略之中必备的内容。

高境界的战略谋划和全局筹算，来自深刻的洞察力，来自对天下大事和敌我关系现状及其变化趋势的科学分析和把握。古人认为："不谋万世者，不足谋一时；不谋全局者，不足谋一域。"③因为一域不能代替全局，一域之得更不能弥补全局之失。换言之，全局决定着一域的存亡，所以统一战略谋划成功的关键正在于能否认识全局、驾驭全局。而谋全局需要的是高屋建瓴、宏观控制的大见识、大魄力，处处高人一筹，时时占得先机。秦汉历史上，那些成功的战略家总是善于从错综复杂的局面中清醒地分析敌我双方的优劣态势，充分考虑当时的战略地缘关系、综合实力以及战略布局与互动，在此基础上确定自己的战略目标，站在最高层次上寻求全盘皆活的战略转机，尤其是夺取和掌握战略主动，营造有利于未来发展的良好战略环境。像"汉中对"以"还定三秦"为关键，从而为局促于汉中偏狭之地的刘邦指出了"东向以争天下"的东山再起的契机；"隆中对"以"跨有荆益"为要点，为刘备指明了天下三分的前景。这些都是秦汉统一战略谋划者善于从大局着眼、积极把握战略目标这一关键的成功典范。它所反映的正是韩信、诸葛亮等人纲举目张、举重若轻的大局意识和深谋远虑、

---

①《汉书》卷六十九，《赵充国辛庆忌传》。
②《晋书》卷三十四，《杜预传》。
③［清］陈澹然：《寤言二·迁都建藩议》。

见微知著的预见能力。

总之，欲成就统一大业者，无不重视战略谋划，而历史上每一次统一大业的成功，也无不依赖于成功的运筹帷幄，所谓"一灯能除千年暗，一智能灭万年愚"。可以毫不夸张地说，成功的战略谋划正是历代统一大业得以实现的"灯"与"智"。换言之，中国历史奔腾向前、势不可挡的统一主流，对统一战争战略的形成、成熟和运用提出了急切的需求，而历史上层出不穷、蔚为大观、异彩纷呈的成功统一方略，则为统一大业的顺利推进提供了重要的智慧力量。

一、正确判断战略形势

综合准备充分是实现国家统一的基本前提，然而，它与统一大业的最终实现之间并不能简单地画等号。道理非常浅显：充分的综合准备只是为完成国家统一大业提供了巨大的可能性，而要把这种可能性变为现实，归根结底，是要通过正确的主观指导下的战争实践去实现，即从某种意义上来说，决定统一目标是否能够圆满达到的关键环节，在于统一战争的战略指导的正确与否。而战略指导是否高明、是否合宜，首先又取决于统一大略决策者对整个战略形势的判断。

（一）知彼知己，预见胜负

"知彼知己，胜乃不殆；知天知地，胜乃可全。"①这是孙子提出的一条极其重要的军事原则。统一战争和其他类型的战争一样，也是敌我双方的一种矛盾运动。要认识这一矛盾运动，驾驭这一战争，就必须全面了解和掌握敌我双方的一切情况，大至于"五事""七计"，小至于"众寡""强弱""饥饱""劳逸"等，都应该熟稔于胸，即所谓"夫决胜之策者，在乎

---

① 《孙子兵法·地形篇》。按：此为"武经本"的文字。"十一家注"本的文字为"知彼知己，胜乃不殆；知天知地，胜乃不穷"。

察将之材能，审敌之强弱，断地之形势，观时之宜利，先胜而后战，守地而不失，是谓必胜之道也"①。

孙子说："胜兵先胜而后求战，败兵先战而后求胜。"②这里的"先胜"，指的是在全面了解和掌握敌情的基础上，对统一战争的前景作出正确的判断，下定正确的决心，高明筹划战略全局，机宜实施战役指导，从而为实现国家统一大业奠定坚实的基础。

《管子·七法》有云："不明于敌人之政，不能加也；不明于敌人之情，不可约也。"对战略形势的分析与判断，关键在于要透过表面现象，看清问题的本质，就是说要"必见其阳，又见其阴，乃知其心；必见其外，又见其内，乃知其意；必见其疏，又见其亲，乃知其情"③，如此方能"谋胜于未胜，慎失于未失"④，方能使自己"立于不败之地，而不失敌之败也"⑤。

综观中国历史上那些大获成功的统一战略，其所具有的一个共同特征，就是战略决策者能够知彼知己，预见胜负，对统一战争的整个格局、形势以及前景有明确无误的判断。

例如，中国历史上第一个统一战略方案——"渭水对"作为周人翦灭殷商的政治纲领和战略决策，之所以高明正确并指导西周最终实现宗法分封制形式下的统一，就在于它正确地把握住了当时的战略形势，为偏居西方一隅的周人"凤鸣岐山"，乘机而起，翦灭商朝，夺取天下指明了具体的战略目标。

"渭水对"相传是姜太公面见周文王陈说灭商统一天下大计的文字记录，具见于宋代刘恕所著的《资治通鉴外纪》卷二，有一定的史实可信度。

---

① 《卫公兵法》上卷，《将务兵谋》。
② 《孙子兵法·形篇》。
③ 《六韬·武韬·发启》。
④ 《虎钤经》卷五，《逆用地形》。
⑤ 《孙子兵法·形篇》。

在这份对策中，姜太公系统分析了当时的天下大势，论证了周人起兵反商的胜利前景。

周国兴起于今陕西西部地区，相传在夏朝时还是一个"自窜于戎狄间"的小邦国，由于周围戎狄的侵扰，连自身的生存都存在问题。其后历经古公亶父、公刘的开拓，到太王周公亶父迁徙岐地的数代苦心经营，周人逐渐摆脱了周边游牧部族的影响和威胁，不断发展壮大，不仅将姜姓部落融入自己的部族，而且还兼并融合了周围不少部族。

对周人的兴起与发展，作为中央王朝的商室，其态度是很矛盾的：一方面它不得不承认事实，默认周人对西方的经营，"命周公亶父，赐以岐邑"，后来又进而册命周人首领为"西伯"，即西方地区的方伯；另一方面又对此保持一定的警惕，多方限制和打击周人的势力，曾先后谋杀季历，囚禁文王姬昌。由此可见，商周之间的矛盾乃是不可调和的，周人要摆脱羁缚，进一步发展，直至最后取代商室，成为新的天下统治者，就必须以新的视野重新考虑双方的关系，对当时的形势作出全面的分析，这正是"渭水对"提出的基本出发点。

姜太公的英明之处，在于他敏锐地意识到周人的崛起已是大势所趋，而商朝的走向衰弱也迹象明显且不可逆转，于是他通过分析商朝的内外情况，判断周人的机会已经来临，从而坚定了周文王灭商夺取天下的决心。《六韬·文韬·文师》记载，姜太公在渭水之畔与周文王相见之初，就提出："天下非一人之天下，乃天下人之天下也。同天下之利者，则得天下；擅天下之利者，则失天下。天有时，地有财，能与人共之者，仁也。仁之所在，天下归之。免人之死，解人之难，救人之患，济人之急者，德也。德之所在，天下归之。与人同忧乐，同好恶者，义也。义之所在，天下赴之。凡人恶死而乐生，好德而归利，能生利者，道也。道之所在，天下归之。"强调指出："今彼殷商，众口相惑，纷纷渺渺。好色无极，此亡国之征也。吾观其野，草菅胜谷；吾观其众，邪曲胜直；吾观其吏，暴虐残贼，败法乱刑，上下不觉，此亡国之时也。"①这就一方面全面分析了敌方形势，指出商朝统治已危机四伏、日暮途穷的现实，肯定周人代商乃是历史的必然，将武力推翻商朝，再造一统提上了议事日程；另一方面又强调改朝换代应该立足于"道""义"的立场，即要以"道""义"去夺天下与安天下。为此，姜太公鼓励周文王通过修德行善，顺应天命，统一天下："大明发而万物皆照，大义发而万物皆利，大兵发而万物皆服。"②这一番分析，帮助周文王完全看清楚了当时的战略形势，使其最终树立起统一天下的必胜信心："允哉，敢不受天之诏命乎！"③由此可知，史载"周西伯昌（文王）之脱羑里归，与吕尚阴谋修德以倾商政"④，其起点就建立在对天下战略大势的分析与判断之上，也表明统一战略的拟定前提是洞察形势、掌握全局。

如果说，"渭水对"尚属于后人的追述，许多史实细节有待进一步甄别考核，其可信程度多少应打上折扣的话，那么韩信的"汉中对"则完全属于信史的内容。它有关战略形势的分析与判断，充分证明了高明的战略决策首先取决于能够知彼知己、预见胜负。

轰轰烈烈的秦末农民大起义推翻了秦朝的残暴统治，全国范围内出现了群雄并起、逐鹿中原的局面，其中又以西楚霸王项羽与汉王刘邦两大集团实力最强。他们为争夺全国统治权，实现天下统一，展开了殊死的斗争，揭开了长达四年多的楚汉战争的帷幕。

其实，早在楚汉战争之前，刘邦集团和项羽集团就曾因掌控全国统治权而展开过斗争。当项羽率军北上与秦军主力做殊死搏斗之际，刘邦乘隙蹈虚，率先由武关入关中，并开进秦都咸阳，迫使秦王子婴投降。按照楚

① 《六韬·武韬·发启》。
② 《六韬·武韬·发启》。
③ 《资治通鉴外纪》卷二。
④ 《史记》卷三十二，《齐太公世家》。

怀王事前与诸将的约定"先入关中者王之"，刘邦应如约为关中王，而刘邦自己也已经以关中王自居。他身边的谋士们（如萧何之流），曾一边安定关中的社会秩序，一边为刘邦"王天下"建立政权做各种准备。但项羽挟巨鹿之战击破秦军主力的战功，耻于让刘邦钻了空子，得到先入关中的名声，所以决不容刘邦居于关中，于是便将在关中享有民望且最有争夺天下野心的刘邦分封于巴、蜀、汉中为汉王，同时将关中地区一分为三，让秦朝章邯、司马欣、董翳三位降将分别统辖一部，以监视、牵制刘邦的势力。刘邦鉴于项羽强大的军事实力，只好在鸿门宴上卑辞谢罪，承认项羽的天下霸主地位，被迫忍气吞声地离开关中，前往汉中地区。

但是，刘邦集团并不甘心困居于巴、蜀、汉中一隅，他暂时的退让是为了以屈求伸，以退为进，等待时机成熟，"还定三秦"，再图天下。而项羽集团的政策失误和战略上的麻痹，则给刘邦提供了死灰复燃、东山再起的机遇。因为项羽在刘邦低头后，错误地认为最具实力与他争夺天下统治权的刘邦已经真心臣服，不再具有威胁。所以他在分封十八诸侯后即放弃关中而浩荡东归，定都于彭城。但分封政策无疑瓦解了项羽自己的强大力量，同时，分封过程中的种种不公又造成了他与其他诸侯之间不可调和的矛盾，使自己成为众矢之的。

就是在这样的背景下，旷世名将韩信适时地向刘邦进献了千古战略名对——"汉中对"。

韩信是楚汉战争时期身系天下归属的关键人物。他身兼谋臣、良将二者之质，既是料敌决胜的军事谋略家，又是统率千军万马的军事指挥家。他辅佐刘邦，"连百万之众，战必胜，攻必取"[1]，为刘邦最终赢得统一战争的胜利、夺取天下立下了不朽的功勋。在战争决策上，韩信也作出了最重

---

[1]《史记》卷八，《高祖本纪》。

大的建树，他制定了袭取关中的战略计划，并参与制定了与项羽集团决战的具体战略方案。"汉中对"所反映的就是韩信所制定的关于袭取关中战略要地计划的基本内容。

"汉中对"的逻辑起点，是韩信出于转化战略优劣态势，帮助刘邦摆脱被动、争取战争主动权的现实需要。当时，项羽身为霸主，政由己出，兵多将广，实力雄厚，具有压倒性的优势。"汉中对"就是要在这种特定的历史条件下，从不利中发现有利，从被动中寻求主动，为刘邦指明发展的方向，奠定以弱胜强、夺取天下、完成统一的基础。

"汉中对"作为成功的战略决策，在分析判断战略形势、正确选择主要战略方向、及时把握战略进攻时机、勾画实施战略进攻的原则性手段等诸多方面，都达到了以一统万、炉火纯青、出神入化的境界。这中间，正确分析和判断战略形势，乃是整个统一战争方略得以实现的首要一招，具有特殊的意义。

"汉中对"对双方战略条件进行了综合比较，在此基础上正确预测了楚汉战争的前景。古人云："胜定而后战，铢县而后动。"[1]正确判断战争形势，是正确制定战略方针的前提。"汉中对"之所以脍炙人口，首先是韩信对整个形势以及发展趋势的正确分析判断和把握。韩信既看到了敌强我弱的客观现实，肯定项羽在诸多方面占有绝对优势，如骁勇善战、地盘广大、宽厚待下等，同时也从项羽貌似强大的表象中发现了其致命的弱点：其一，他刚愎自用，不能识拔和放手任用人才，而只凭借一己之勇；其二，爱惜爵禄，不知道如何笼络人心，因而无法调动部下的积极性；其三，排斥异己，任人唯亲，"以亲爱王"，结果导致诸侯愤懑不平；其四，缺乏战略远见，自动放弃关中形胜之地；其五，不讲信用，加之诛杀无度，残酷暴虐，

---

[1]《淮南子·兵略训》。

"所过无不残灭"，予天下人以暴君的形象，失去了民心。所以，项羽只是"匹夫之勇""妇人之仁"①。他表面上虽然强大，但随着时间的推移，必然会由强转弱，因而要想击灭他是颇有希望的。在"知彼"的同时，韩信也能"知己"，指出刘邦势力虽然暂时弱小，但却拥有独特而雄厚的政治资本，这包括入关后"约法三章"，秋毫无犯，赢得了民心归附，而未能如约王关中反而被项羽赶到汉中一事，又使得刘邦获得了广泛的同情。这就为最终战胜项羽提供了可靠保证。通过这样的比较，韩信预见到刘邦由弱转强、统一天下的乐观前景，"今大王举而东，三秦可传檄而定也"②，从而为处于逆境之中的刘邦树立起必胜的信心。这充分显示了韩信见微知著、洞察大局、高屋建瓴的战略预见能力，同时也为他进一步正确选择战略主攻方向提供了可能。

韩信的分析，合乎当时的军事战略形势，具有很强的预见性。事态的发展果然未出韩信所料。项羽东归不久，田荣于山东起兵反楚，陈余于河北、彭越于梁地也扯起叛乱的战旗向项羽挑战。项羽后院起火，到处奔波灭火不暇，顾此失彼，陷入了战略上的极大被动。而刘邦则遵循韩信在"汉中对"中提出的既定战略，乘机部署军队"明修栈道，暗度陈仓"，迅速平定了三秦，夺取关中形胜之地，为"争权天下"取得了战略前进基地，并为最终消灭项羽集团、完成国家统一创造了十分有利的条件。从这个意义上说，"汉中对"中有关楚汉双方战略基本态势的分析和判断，是刘邦实现国家统一大业的伟大起点。

与韩信的"汉中对"相似，东汉开国元勋邓禹进献光武帝刘秀的"图天下策"，也反映了如何在混沌未定的情况之下，透过现象看本质，把握天下大势，从而为制定正确的统一大略提供基础的显著特点。换言之，要顺

---

① 《史记》卷九十二，《淮阴侯列传》。
② 《史记》卷九十二，《淮阴侯列传》。

利开展实现国家大一统的斗争，先决条件是必须对纷纭复杂的战略形势谙熟于心、应付裕如。

南宋奇士陈亮曾说："自古中兴之盛，无出于光武矣。奋寡而击众，举弱而覆强，起身徒步之中，甫十余年，大业以济，算计见效，光乎周宣。此虽天命，抑亦人谋也。何则？有一定之略，然后有一定之功，略者不可以仓卒制，而功者不可以侥幸成也。"①明末清初杰出思想家王夫之也一再指出："光武之得天下，较高帝尤难矣……而光武之神武不可测也"；"而光武之规模弘远矣。"他称道刘秀："自三代已下，唯光武允冠百王矣。""三代而下，取天下者，唯光武独焉。"②而定此"一定之略者"，指的正是邓禹的"图天下策"。

邓禹是东汉开国的第一号功臣，宋代兵学家何去非曾将他视为刘秀成就帝业的关键人物，比之为西汉的萧何："昔者汉光武被命更始，安集河北，始得邓禹于徒步之中，恃之以为萧何者，其言足以就大计，其智足以定大业，且非群臣之等夷也。"③陈亮也认为邓禹"起身徒步，杖策军门，一见光武，遂论霸王大略，陈天下之大计，此其胸中固有过人者矣。连兵西讨，所当者破，既定河东，复平关中，威声响震，敌人破胆"④。这里，邓禹的主要功勋不在于攻城略地、斩将搴旗，而在于他提出了"图天下策"这个实现国家统一的根本战略。

作为刘秀统一战略最高指导原则的"图天下策"，其高明之处在于策中所筹划的战略方针，为刘秀理清了如何在乱世和身处弱势的情况下统一天下的基本思路，为刘秀的最后胜利指出了明确的努力方向。而其中的关键，则是整个策略贯穿着知彼知己、预见胜负的理性精神，体现了邓禹本人洞

①《陈亮集》卷五，《酌古论一》。
②《读通鉴论》卷三。
③《何博士备论·邓禹论》。
④《陈亮集》卷七，《酌古论三》。

察全局、把握枢纽，正确分析形势、及时捕捉良机，先立根本、徐图大业的恢宏战略意识。

"图天下策"的重点无疑是对战略大势的判断。在策中，邓禹为刘秀分析了王莽改制引起天下大乱后的形势，认为天下纷争、混战无主的局面，正可利用来建立大有为之业。当时，全国范围内独霸一方、称王称帝的有十多个势力集团。王莽垮台后，更始帝及其所属的绿林军，由湖北经河南进入关中，山东的赤眉也正由青州、徐州向中原和关中进发，因此中原及关中正是四战之地，各方势力势必在这一核心地带杀得你死我活，正所谓"四方分崩离析，形势可见"①。而刘秀在更始帝入关时，被委以"破虏将军"的名义，并利用刘氏宗室的身份前往河北各地招安，这虽使刘秀失去了随更始帝入关分享胜利果实的机会，但也使他得到了发展的良机。因为这恰恰使得刘秀可以独立发展自己的势力，避免在羽翼未丰时被他人打垮。邓禹的"深虑远图"与刘秀的志在一统天下可说是不谋而合。所以邓禹劝告刘秀珍视这一难得的机遇，重视河北这一新兴地区的战略地位。这显然是在全面分析了当时天下战略格局后所作出的正确战略判断，是刘秀统一天下的最高明的"一定之略"。陈亮认为刘秀正是因为采纳了邓禹的战略判断，实施以河北为基地的"致之有术，取之有方"的战略方针，才确保了自己的统一大业沿着健康的轨道一步步推进，否则将是一事无成，徒然蹉跎："使燕赵未平而光武西取关辅，则遂与嚣、述为敌，而赤眉无所骋其锋矣。与嚣、述为敌，则欲徇燕、赵而彼乘其虚；赤眉无所骋其锋，则已服郡县而惑罹其毒。是燕赵未可以卒平，关辅未可以卒守，河北、河内未可以卒保，而天下纷纷将何时而一也！"② 由此可见，正确判断战略形势对于统一大业的顺利开展具有何等重要的意义。

①《后汉书》卷十六，《邓寇列传》。
②《陈亮集》卷五，《酌古论一》。

这方面相反的例子是唐代平定安史之乱的战略失误。唐肃宗起兵灵武，不接受李泌"先图范阳"的上策，反而采取先收复两京之下策，"卒使盗据其穴，不能尽取，而河北裂为藩镇。终唐之世为大患者，皆藩镇也"①。原因就在于唐肃宗等人昧于对战略形势的了解与掌握，不能就战略前景作出正确的预见和判断，导致在平叛总体战略上产生严重的失误，即所谓不能立"一定之略"，也势必成就不了"一定之功"。

李际均将军指出："计划总是着眼于将来的事情，不管是长期计划还是当前计划，都是对尚未到来的事情进行安排。所以，就计划的认识特征来讲，它的本质是预见，其矛盾在于将来的情况是未知的，可以依据的只有过去的经验和当前已知的事情。任何计划都面临这个矛盾，但在战争中这个矛盾最突出，因为战争的未来行程不仅是未知的，而且是不断变动着的，包含着极大的盖然性即不确定性。"②所以18世纪法国元帅萨克森说，战争是蒙着一层阴影的科学，因为一切科学都有自己的原理，唯独战争没有这样的原理。克劳塞维茨也认为，在战争中"只有各种可能性、盖然性、幸运和不幸运的活动，它们像织物的经纬线一样交织在战争中，使战争在人类各种活动中最近似赌博"③。

战略判断与预见的认识职能是克服盖然性，由未知到已知，由不确实到确实。"知"的含义不仅是掌握情况，更重要的是依据得到的情况作出正确的判断与预见。由于战争双方都会隐真示假，避免让对方了解自己的实力与意图，而战争又总是在互动中发展，此时的情况到彼时往往会发生变化，所以，所谓"知"，其本质乃是在情况不够确实、不够完整且又随时改变的条件下进行尽可能准确的判断与预见。④

---

① 《陈亮集》卷五，《酌古论一》。
② 李际均：《论战略》，第165页，解放军出版社2002年版。
③ ［德］克劳塞维茨：《战争论》，第47页，解放军出版社1964年版。
④ 李际均：《论战略》，第166—167页，解放军出版社2002年版。

既然战争的盖然性之影响很难被消除，那么战略的判断和预见就很少是非此即彼的简单结论，而是包含着多种多样的可能性。这种盖然性的特征在历代统一大略决策者判断战略形势时同样有顽强的体现。他们对情况的掌握不论多么全面，对形势的判断不论如何精到，仍无法绝对保证不会出现百密一疏的可能。例如著名的"隆中对"，虽然正确判断了三分天下的战略前景，堪称卓绝千古的战略名对，但是，依然存在着许多不可捉摸的变数，并非完美无缺。其失误主要表现为对刘备一方发展前景的过于乐观，其"两路进兵"的长期目标的过于理想化，而未能判断到刘备取益州和收汉中之后，孙、刘联盟之间的关系必然会发生微妙的变化，存在着由盟友转化为对手的巨大可能性。这正如毛泽东所言："其始误于'隆中对'，千里之遥而二分兵力。其终则关羽、刘备、诸葛亮三分兵力，安得不败。"①这里讲的"二分兵力"，指的就是"隆中对"所设想的从荆州、益州发动钳形攻势，北伐中原统一全国的长远目标。的确，为大巴山、巫山相阻的荆、益二州，相互间很难进行支援和策应。尤其是在当时的通信、交通条件下，两军悬隔千里而要协调战场动作，使之互相配合与支援，实难做到，加之刘备兵力本来就单薄，"二分兵力"正犯了兵家之大忌。所以毛泽东的批评无疑是正确的。而"隆中对"提出既要"跨有荆、益"，又要"外结好孙权"，即希望刘备在保有荆州这一战略要地的前提下，维持与东吴方面的联盟关系，这多少也有一些一厢情愿，在现实中实难鱼与熊掌兼得，必然碰壁。由此可知，统一大略决策者虽然无不致力于正确判断形势、预见胜负，但是在现实生活中，要真正高明地做到这一点是极为不易的，即便聪明睿智如诸葛亮，在这方面也会或多或少留下战略上的败笔。

---

① 《毛泽东读文史古籍批语集》，第106页，中央文献出版社1993年版。

（二）韬光养晦，固本待机

吴如嵩先生认为，中国古典战略，虽说带有承传和扬弃，但是"它那占主导地位的传统战略自古至今并没有变化，这就是以弱胜强，以柔克刚的防御战略，古人称为'柔武'兵略。淘尽尘沙始到金，'柔武'二字就是中国古典战略的精义之所在"①。这无疑是很独到也很有价值的见解，对我们今天考察历代统一战略问题实不无启迪。

"胜国若化，不动金鼓；善战不斗，故曰柔武。"②以柔克刚、后发制人的战略策略思想显然是中国古典战略的一个重要特征。作为军事学上的一个重要命题，其实质就是指要善于巧胜而不硬拼，即积极防御，以防御为手段，创造有利条件，以实现反攻歼敌为目的的攻势防御。它与先发制人、刚强进取是辩证的对立统一。"天下有常胜之道，有不常胜之道。常胜之道曰柔，不常胜之道曰刚。"③先发制人重在先机之利，而后发制人重在待机破敌。古代兵家都重视隐忍静柔、后发制人在战争中的作用，早在《军志》中就有"后人有待其衰"④的论述。

《吕氏春秋·不二》有云："老聃贵柔。"《老子》一书无疑是中国历史上从军事哲学高度阐述以柔克刚、后发制人的作用与地位的第一部经典论著。《老子》思想的特色之一，是主张以退为进、以柔克刚。这反映在战略指导上，就是不争而善胜，就是欲取先予、后发制人，即所谓"善战者不怒，善胜敌者不与""将欲歙之，必固张之；将欲弱之，必固强之；将欲废之，必固兴之；将欲夺之，必固与之"⑤。其含义就是，要避免和敌人过早做正面的冲突，实施退却和防御，使对手骄傲自满，忘乎所以，然后再寻找

---

① 吴如嵩：《徜徉兵学长河》，第1—2页，解放军出版社2002年版。
② 《逸周书·柔武解》。
③ 《列子·黄帝》。
④ 《左传·昭公二十一年》引。
⑤ 《老子》第68章、第36章。

战机予以打击，一举破敌。在《老子》看来，如果主动进攻，便会陷于失败，"舍后且先，死矣"[①]。真正高明的战争艺术，乃在于"进道若退"，在于"不敢为天下先"。

《老子》的"贵柔"战略思想，对后世的影响是极其深远的，如范蠡在战略指导上同样重视持久防御，后发制人，主张避敌锋芒，防止出现过早决战的被动不利局面，"天时不作，弗为人客；人事不起，弗为之始"[②]，做到以静制动，以逸待劳，以屈求伸，以主应客。通过各种手段来转化双方的优劣态势，剥夺敌人有利的条件，暗中增强己方的实力，从而立于主动地位，用范蠡自己的话说，就是"尽其阳节，盈吾阴节而夺之"[③]。

这种以"柔武"为特征的中国战略文化传统，在历代统一方略的制定与运用上自然也有显著的体现。本来，统一战略的根本属性是刚强进取型的，它的主旨是进攻而非防御，然而在最初的阶段，统一大略的实施者大多处于弱小的地位，他们最后能成为优势的一方，往往经历了一个长期酝酿积累、发展壮大的过程，然后才逐渐完成双方战略优劣态势的转换，如周之于商，刘邦之于项羽，刘秀之于更始、赤眉，曹操之于袁绍，李渊之于瓦岗军，朱元璋之于陈友谅，等等，皆是如此。因此，在实施统一战略的最初时期，他们不能不隐忍静柔，韬光养晦，固本待机，以时间换取空间，以弱转强，以少胜多，最终走向国家的统一。由此可见，在历代统一战略的制定和运用方面，静柔隐忍、韬光养晦的精神宛如一条无形的红线，贯穿于其中，这是历代统一战略研究中必须考虑的一个重要因素。

的确，在群雄并立、多极角逐的复杂战略环境中，不少高明的统一大略指导者都能普遍注意收敛自己的锋芒，摆出静默守拙的姿态，韬光养晦，

①《老子》第67章。
②《国语·越语下》。
③《国语·越语下》。

以避免使自己成为问题的焦点，承受各方的压力。因为只有如此，才能够使自己远离强大对手的视线，才能够不露声色地积蓄力量，静观事态的变化，把握各种有利条件，选择最合适的时机，收取最大的战略利益，赢得统一战争的最后胜利。

应该说，这一战略运用早在周文王翦商兴周的斗争中即已开始。为了实现翦灭商朝、再造一统的战略目标，周文王采纳姜太公"渭水对"的战略建言，"阴修文德"，韬光养晦，积蓄起充分的力量，为最后的武王伐纣灭商创造了必要的条件。

当时，周国虽经季历开疆拓土而成为西方的最大势力，但与"大邑商"相比，它仍是"小邦周"，还是难以与商朝相抗衡的。同时，商朝建国数百年，在各地的统治根深叶茂、基础雄厚且地盘广大，控制着豫西、晋南等周人东进的战略要地，从整个战略态势上对周人占有压倒性的优势。所谓"商、周之不敌"①，乃是非常明显的客观事实。鉴于这一形势，姜太公提出"天道无殃，不可以先倡；人道无灾，不可以先谋"②的原则，定下"阴谋修德以倾商政"的政治谋略，主张韬光养晦，隐蔽自己的战略企图，消除商朝方面的疑心，从而给自己争取发展壮大的机会。在姜太公的建议下，周文王充分展示了自己收敛锋芒的功夫。

一是恭顺事商，麻痹商纣。周文王面对强大的对手，尽量装出恭顺的假象，以屈为伸，即所谓"鸷鸟将击，卑身翕翼；猛兽将搏，弭耳俯伏；圣人将动，必有愚色"③。比如在周原兴建商朝的宗庙，恭敬地按时祭祀商王的祖先。这从考古发现的周原甲骨卜辞中，已经得到了证明。又如，不断地率领诸侯朝觐商纣王，并在国都"为玉门，筑灵台，列侍女，撞钟击

---

① 《左传·桓公十一年》。
② 《资治通鉴外纪》卷二。
③ 《资治通鉴外纪》卷二。

鼓"①，装出一副腐化享乐、胸无大志的模样，诱使商纣王放松警惕，消除对周的疑心。在周文王高明的"表演"面前，商纣王果然上当受骗，误认为"西伯改过易行，吾无忧矣"②，遂赐周文王以专西方征伐的大权，自己则把主要注意力转向东部，用主要力量去对付东夷。这样一来，周文王就得到了难得的发展机会。

二是改变东进势头，"内修文德"，修德行善。周文王利用商纣无暇西顾之机，将自己的主要精力用于内部的整顿。一方面施行"善政"，安民为本，关怀照顾老弱鳏寡孤独，争取民心的归附；另一方面发展生产，裕民富国，增强国力。再就是礼贤下士，广罗人才，为日后武王伐纣灭商做了人才的储备。最后是树立自己"仁者"的形象，如将周的洛西之地献给商纣王，以此来请求纣王废除"炮烙之刑"，从而树立起自己为天下人请命的形象。通过这些"阴谋行善修德以倾商政"的举措，周文王巧妙地掩饰了自己真实的战略意图，稳固了后方，收揽了人心，结交了盟友，扩大了影响，壮大了周人的势力。这些情况表明，周人的全面崛起和最终一举灭商，完成新的统一，最终开创宗周礼乐文明全面繁荣的新阶段，不是偶然的，它既渊源于姜太公等人对战略形势的正确判断，也建立于韬光养晦、后发制人的战略选择的基础之上，是战略智慧与务实行事作风有机结合的结晶。

刘秀在势力初兴的阶段，同样采取了典型的以弱自处、以柔克刚的方略，其秘诀就在于沉潜不彰，甘于守雌，力避过早成为矛盾之焦点，沉着冷静地等待时机，广泛招揽人才，积极争取民心，致力于河北这一根据地的经营，"延揽英雄，务悦民心，立高祖之业，救万民之命"③。利用处于各种势力边缘的机会，发展壮大自己的势力，冷眼旁观群雄之间的火并，待

①《资治通鉴外纪》卷二。
②《资治通鉴外纪》卷五。
③《后汉书》卷十六，《邓寇列传》。

各方势力自相削弱之后，再出面收拾残局，转弱为强。到了公元25年，刘秀羽翼丰满，遂即皇帝之位，号召天下。其后赤眉进入长安，更始帝投降后被杀，绿林势力被排除。而赤眉在与绿林的争战火并之后，亦元气大伤，加之关中残破无粮，又西向陇右发展，及至无所得，乃不得已再返长安，已几成强弩之末。刘秀这时遂轻松收复关中，兵下洛阳，底定陇右，并吞巴蜀，席卷天下，实现统一，收取事半功倍之效。故当代著名历史学家黄仁宇先生对刘秀这一韬光养晦、待机而动的战略给予很高评价，以为这是"用南北轴心作军事行动的方针，以边区的新兴力量问鼎中原，超过其他军事集团的战略"[①]。

英国现代著名战略家利德尔·哈特在其名著《战略论》中总结自古代到第一次世界大战前西方的历次重大战争经验教训时，提出了"间接路线"的理论，以为战略是一种恰当分配和运用军事手段以求达到一定政治目的的艺术。战略的成功取决于对"目的"和"手段"的正确计算、结合和运用，并认为最完美的战略是"不经过严重战斗而能达成目的的战略"。综观刘秀统一战略的成功，其关键也正在于沉着稳健、韬光养晦、固本待机、后发制人。王夫之称其"以柔取天下"，正窥透了个中的奥妙。这可谓是孙子"以迂为直"军事原则在统一战略运用上的反映。

当然，韬光养晦、固本待机战略制定与运用得最精辟的，还得数朱升向朱元璋所献的"时务策"。

在元末农民大起义中，朱元璋际会风云，崭露头角，成为一股重要的武装势力。但面对群雄并起的局面，朱元璋采取什么战略，直接关系到起义军和他个人的前途。这时，朱升的"时务策"犹如雪中送炭，帮助他解决了如何明确统一战略的重大问题，为日后统一天下奠定了基础。

---

① 黄仁宇：《赫逊河畔谈中国历史》"光武中兴"篇，生活·读书·新知三联书店1997年版。

朱升的"时务策"十分简明扼要，不过是寥寥九个字："高筑墙，广积粮，缓称王。"①这九字真言作为一个战略对策，其核心宗旨，乃是韬光养晦，后发制人，先固根本，再求发展，即所谓"先为不可胜""胜兵先胜而后求战"，注重军事与政治、经济的综合平衡，俟时机成熟之后，再展现锋芒，削平群雄，完成国家的统一。

在九字真言中，第三条即"缓称王"具有非常重要的意义，它的主旨是主张尽可能缩小目标，给自己势力的发展提供最大的空间和时间。事实表明，朱元璋对朱升"缓称王"之策是奉为圭臬、始终遵循的。韩山童死后，其子韩林儿被立为皇帝，号小明王，成为南北各地起义军的共同领袖。同时，韩林儿所部义军又是当时最大的反元势力。在这种背景下，尽管朱元璋已拥有自己的独立武装，但"念（韩）林儿势盛可依藉，乃用其年号以令军中"②，坚持在名义上依然臣属于小明王，且一直沿用到至正二十六年（1366）。

这一策略之举，既可利用小明王为天下反元义军共主的旗号，号令军中，争取群众，又可以抵挡元军的压力。同时，不独树一帜，不过早暴露自己，能够避免其他割据势力的觊觎或成为众矢之的，从而缩小自己的目标，这诚属典型的韬光养晦之举，对自己是最大的保护，有利于保存和发展壮大自己的实力。因此，朱元璋始终小心谨慎，在改元称帝方面不慌不忙。一直等到1367年小明王死亡，攻克苏州，翦灭张士诚势力，宣布北伐元朝时，才"图穷匕首见"，正式荣登大宝，即位为新的明王朝的皇帝。这种"缓称王"的战略举措，实际上给他带来了最大的战略利益，使得他能够后发制人，确保其弭息战乱、实现统一的战略方针得以顺利推行。

---

① 《明史》卷一三六，《朱升传》。
② 《明史》卷一，《太祖本纪》。

二、高明把握战略时机

统一大业能够得到坚定实施和稳步推进的一个重要前提，就是要求统一大业的决策者善于捕捉有利的战略时机，以大无畏的胆略，及时下定决心，果断地展开战争行动以完成国家的统一大业。

善于正确做到"料敌察机"，是战争指导者不可或缺的基本素质，即如《管子·霸言》所言："善攻者，料众以攻众，料食以攻食，料备以攻备。"军事形势瞬息万变，战场格局变化多端，这就要求战争指导者能够排除各种各样的干扰，真正掌握"见利则疾，未利则止；趋利乘时，间不容息"[1]，做到"因机而立胜"[2]。

所谓"时机"，在战略的层面上就是对我方行动的最有利态势，是关系战局胜负趋势的基本条件，"势之维系为机，事之转变为机，物之要害为机，时之凑合为机。有目前为机，转盼即非机者；有乘之则为机，失之即无机者"[3]。它是战争是否可行、战争是否能胜的前提条件，用一句俗语作比喻，便是"时来天地皆同力，运去英雄不自由"。故《将苑·应机》云："夫必胜之术，合变之形，在于机也。"

在利用"时机"问题上，一方面自然应该持重，不可忘乎所以，轻举妄动，所谓"时不至，不可强生；事不究，不可强成"[4]，即"不明敌人之政者不加兵，不明敌人之情者不誓约，不明敌人之将者不先军，不明敌人之士者不先陈"[5]；另一方面更应该善于把握战机，一旦遇上有利的时机，就要求坚决利用，毫不犹豫，以避免贻误战机，葬送胜利的前景："得时无怠，时

①《武经总要》前集卷三，《叙战上》。
②《将苑·机形》。
③《兵经百言·智篇·机》。
④《国语·越语下》。
⑤《武经总要》前集卷三，《叙战上》。

不再来"，"从时者，犹救火，迫亡人也。蹶而趋之，惟恐不及"①，否则便会"失利后时，反受其殃"②。总之，时机不成熟时，绝不能过早地采取行动，"先之一刻则太过"；相反，时机业已成熟时，则绝不能犹豫不决、瞻前顾后、优柔寡断、患得患失，迟迟不采取具体的行动，"后之一刻则失之"。

中国历史上的统一大业完成者，在其从事统一战争的过程之中，对"苟势或因地而异便，则事宜量力以乘机"③这条反映克敌制胜基本规律的重要原则，始终是推崇有加、身体力行的。他们在积极从事各项战争准备的同时，也普遍强调如何正确捕捉和坚决利用有利的战略时机，将统一战争付诸实施。

（一）"时不至，不可强生"

由纷乱分裂走向天下一统虽是任何人都无法抗拒的必然归宿，是中国历史发展中不可逆转的主流，但这一过程是一个极为复杂的历史运动。合理的愿望并不能不顾主客观形势，超越历史条件而为所欲为，所以必须讲究时机。只有历史条件成熟了，统一大业的实现方可水到渠成、瓜熟蒂落，否则，只能是欲速则不达，甚至会导致整个统一进程受挫。

对时机的准确判断和把握是制定战略的更高层次的要求。常言道："识时务者为俊杰。"可见，是否"识时务"是判别统一大略决策者水平高下的试金石。战国时期黄老学派的经典著作《经法》曾强调："静作得时，天地与之；静作失时，天地夺之。"④这个"时"，就是历史发展的趋势、方向，人们可以认识它、顺应它，但却不能蔑视它、违背它。"时不至，不可强生"，对于不同的时势只能采取不同的策略，否则，只能是事与愿违，正如《经法·亡论》所说的"所伐当罪，其福五之；所伐不当，其祸什之"。可

---

① 《国语·越语下》。
② 《国语·越语下》。
③ 《王阳明全集》卷十，《议夹剿方略疏》。
④ 《经法·十大经·姓争》。

见，审"时"就是要认清时机，度"势"就是要把握历史运动的规律，把握历史的进程和发展趋势。因此，对于统一大业的实施者来讲，首先应该把统一作为远期或最终目标来加以认识和追求，要考虑到历史的发展有一个过程，时机的成熟也有一个过程，并不是说追求统一就应该马上付诸具体的军事行动，绝对不能只见到自己表面的强大而忽视了各种不利于统一的条件。

但"知易行难"，要真正做到正确认识和把握战略时机问题并不容易。历史上许多雄才大略的统一大略指导者，就是因为昧于"时""势"而在统一征途上遭受严重挫折的。当年曹操发动赤壁之战，结果让孙刘联军一把大火烧得惨败，遂使其"周公吐哺，天下归心"、一统六合的雄心付诸东流，就是很典型的例子。

统一战略决策者因昧于时势而惨遭失败，这方面的例子在历史上可谓比比皆是，不胜枚举。其中最具代表性的，也许可首推前秦苻坚于公元383年发动的平晋统一全国之役。在这场战争中，苻坚挥师仓促南下，攻打东晋，结果在淝水地区遭受东晋劲旅的坚决抗击。百万之众的前秦雄师顷刻之间土崩瓦解，溃不成军，"八公山上，草木皆兵"，狼狈北窜，"风声鹤唳"，遂使得战前苻坚所表达的"投鞭于江，足断其流"的万丈雄心成为痴人梦呓、千古笑柄。

其实，前秦王朝这次谋求统一的失败，除了其军事战略指导和临战用兵指挥上的种种失误外，关键是在大战略上的失误。苻坚的过错在于他违背了王猛的"临终遗言"①，急于求成，在统一的主客观条件尚不具备的情况下，便倾全国之力仓促发动统一战争，结果只能是为自己的昧于时势付出最沉痛的代价。

---

① 《晋书》卷一一四，《王猛传》载王猛临终前向苻坚进言："晋虽僻陋吴越，乃正朔相承。亲仁善邻，国之宝也。臣没之后，愿不以晋为图。鲜卑、羌虏，我之仇也，终为人患，宜渐除之，以便社稷。"

前秦在北方地区的崛起是骤然而至的。苻坚在收用汉人谋士王猛为相治理国政后，政治修明，经济繁荣，兵士精练，国力强盛，所谓"国富兵强，战无不克，秦国大治"①。在此基础上，他先后翦灭前燕、仇池杨氏、前凉、代国等诸多北方割据政权，统一了中国的北方，"平燕定蜀，擒代吞凉，跨三分之二，居九州之七"②，建立了东起高句丽，西至西域、梁、益（今甘肃、陕西、四川等地），南迄江淮的庞大国家。

在统一北方之后，苻坚就开始企冀顺势南下，吞灭东晋，实现国家的统一。应该说，苻坚对统一的向往是出于至诚的，原本无可非议。众所周知，自东汉末年以来周边各族在中原地区轮番登场，在中国北方地区这个民族的大熔炉中，胡汉交融、共同学习与互补成为普遍的现象。中国文化"天下一家""大一统"的思想观念逐渐为少数民族所接受。苻坚本人就深受儒学的影响，他以天下为怀，企求统一，正是文化大融合中汉文化长期浸润潜移默化的自然反映。所以尽管他的统一方略并不能得到大多数臣属的拥护支持，他还是最后作出决断：本人决不把消灭敌人的担子留给子孙后代，成为国家的一大忧患。所以，从这一意义上讲，苻坚的以天下一统为怀，并不是一种矫饰，其中包含着对历史必然性与合理性的理解，体现出强烈的历史使命感。

然而，苻坚的统一努力最终以失败收场，问题就出在他未能知彼知己、审时度势，在统一时机的把握上发生了严重的偏差。因为前秦虽然在较短的时间里逐一兼并了北方各割据政权，但靠的是强大的军事力量以征服手段完成的，内部的民族矛盾依然尖锐，那些刚刚归附的民族多怀二心，前秦的统治秩序远远未见稳固。因此，对苻坚来说，巩固北方的统一尚需一个较长的过程，只有在内部整合巩固的基础上，方可谋求用兵南方，致力

①《晋书》卷一一三，《载记十三·苻坚上》。
②《晋书》卷一一五，《载记十五·史臣评》。

统一，否则便是肆意妄为、操之过急，必然是欲速则不达。

就南方而言，晋室南渡后，一直面临着生死存亡的问题，同时，它虽偏安一隅，但却仍以中原正统自居，有北伐中原、重建全国政权的理想。谢安执政后，又进用贤才，团结大臣，擢拔了一批文武人才，在政治、军事方面"君臣辑睦，内外同心""百姓乐业，谷帛殷阜"。因中原战乱流寓到南方的民众，除有故国之思外，还有保卫新家园以求安定的愿望，并未对东晋政权失望。这就是当时的客观现实，也就是所谓的"时势"。所以王猛临终前"不以晋为图"的告诫是切中肯綮的。对苻坚来说，正确的战略抉择是暂时不要贸然发动统一战争，而应该与东晋保持友善的睦邻关系，赢得和平，赢得时间，俾可专心于内部问题的解决，为日后一统天下积蓄力量，耐心等待历史机遇，俟各方面条件成熟后，再挥师南下，实现统一。

显而易见，当时"时势"的根本特征是，南北统一的历史条件尚未成熟，这既包括当时北方和南方的经济条件，均难支撑起一个全国性的政权，也包括历史上传统的"南船北马"问题未遑在短时间内加以解决，在仓促发动统一战争的情况下，北方的步、骑在南方水泽地区和南方水军面前势必难逞其长。这正如田余庆先生所说："从政治、军事两个方面看来，淝水之战中的前秦显然是远逊于灭吴之战中的西晋，而淝水之战中的东晋却又强于灭吴之战中的孙吴。由于两次战争条件的不同，晋灭吴之战瓜熟蒂落，水到渠成，而苻坚淝水之战则否。淝水之战前，北方的统治秩序远未稳定下来。氐族贵族中的权力分配尚未基本完成；被统治民族激烈对抗氐族统治的形势尚未消失；新的一轮争夺北方统治权的斗争正在酝酿之中。"[1] 所有这一切，都表明了北方的民族融合并未发展到相当的水平，北方尚没有积蓄起统一南方的充足力量，北方统一南方的条件远远未臻成熟。在这种

---

[1] 田余庆：《东晋门阀政治》，第238页，北京大学出版社1991年版。

背景之下，苻坚过分迷信自己在军队数量上的优势，认为"有众百万"，便可以"投鞭于江，足断其流"，企图将统一国家的大业"毕其功于一役"，这就是十足的虚幻想象、昧于时势了，其结果只能是丧师辱国、贻笑天下。突然崛起的前秦，不仅未能完成统一大业，反而流星般从历史的舞台上消失了。

美国战略学家柯林斯指出，大战略是在各种情况下运用国家力量的一门艺术和科学，如果认为单纯凭武力就能打赢战争，那是愚蠢的。事实上，如果没有政治、经济、社会、文化与心理等因素的参与，予以有机的配合，军队是无法取得战争的胜利的。而大战略成功的先决条件之一，就是要善于判断形势，把握时机。苻坚在国家统一大略制定与实施上的碰壁，恰好从反面进一步证明了统一问题上正确把握与利用时机的极端重要性，他在这方面的教训，同样能给人们以深刻的启示。

（二）"得时无怠，时不再来"

在时机不成熟的情况下超前行动当然是错误的，但是当条件成熟时束手束脚、无所作为则尤为愚蠢，所谓"失利后时，反受其殃""用兵之害，犹豫最大；三军之灾，莫过狐疑"。统一大业实施者是否有魄力、有前途，往往取决于其有无高明的识见，是否善于驾驭全局、及时把握战略进攻的时机、迅速展开军事行动，使自己完成天下一统的最高战略目标尽快得以实现。道理很简单，统一大业一般都是通过战略进攻的方式来完成的，所谓"扫帚不到，灰尘不会自己跑掉"，因此，只有把握进攻的时机，才能出敌意外，给敌人以猝不及防的打击，以较小的代价换取最大的胜利。换言之，所谓捕捉战机，就是指战争指导者要在全面掌握敌我情况的基础上，善于发现和利用敌人的弱点，一旦有机可乘，即以迅雷不及掩耳之势，展开战略进攻行动，用《孙子兵法·九地篇》的话说，就是"敌人开阖，必亟入之"，从而使敌人措手不及，无暇抵抗，完全丧失主动，即所谓"后如脱兔，敌不及拒"。这就是《六韬》中谈到的典型的"兵胜之术"："兵胜之术，密察敌人之机，而速乘其利，复疾击其不意。"[1]

韩信的"汉中对"非常突出地体现了战略家正确判断和把握战略时机的卓越能力。这种能力主要表现在它具体指出了刘邦集团在战略进攻时机的把握上，所应注意和控制的几个关键环节：一是针对当时项羽后院起火，自顾不暇，无力向西制衡刘邦势力发展的有利条件，抓住这千载难逢的大好时机，揭开楚汉两大集团之间的战略决战；二是根据关中三位降王（章邯、司马欣、董翳）为"秦父兄怨""痛入骨髓"，乃至"秦民莫爱"的实际情况，利用其众叛亲离、丧尽民心的困境，立足于刘邦政治威望崇高，深受关中民众拥戴的优势，及时把握东进统一天下的时机，展开战略进攻；三是针对刘邦部众普遍"思东归"的心理状态，巧妙地加以掌控利用，使坏事转化成为好事，振作士气，鼓舞斗志，"以义兵从思东归之士，何所不散"[2]；四是利用汉军明烧栈道所造成的无意东进的假象，在项羽放松警惕、疏懈戒备之时，把握住"还定三秦"的战略时机。所有这些，都证明了韩信在"汉中对"中对战略进攻时机的把握，的确是"出乎其类，拔乎其萃"，完全达到了炉火纯青的理想境界。

对于统一大略实施者来说，展开战略进攻、完成国家统一的时机表现形态是多种多样的。但是毫无疑义，"侮亡取乱"乃是从事统一战争的最有利时机。因为这个时候敌人内部最混乱，最有空子可钻，一旦出兵攻打，往往可以收事半功倍之效。所以，如果一旦遇到这样的机会，便应该坚决地排除各种干扰，妥善制定方略，大举发动进攻，彻底消灭敌人，完全实现统一。而错失时机，则势必会给统一大业造成严重的破坏，后果不堪设

---

① 《六韬·文韬·兵道》。
② 《史记》卷九十二，《淮阴侯列传》。

想，"一日纵敌，数世之患"①。这一认识在西晋灭吴统一南北的决策中体现得堪称典型。

赤壁之战后形成的三国鼎立局面，经过数十年的和战更替，统一全国的形势渐趋成熟。公元263年，魏灭蜀汉，两年后司马炎通过"禅让"的方式，灭魏自立，是为晋武帝，建立起西晋王朝。这样，魏、蜀、吴三分天下的局面遂成为晋、吴两国南北并峙的战略格局。晋武帝即位伊始，在稳定国内政局、解决北方鲜卑族拓跋树机能部武力犯边的同时，也将灭吴统一全国一事作为最重要的战略任务提到议事日程。而这时整个形势对于实现这一战略目标已是非常有利。当时的东吴政权，事实上军事实力已经明显处于下风，"弓弩戟楯不如中国"②。更为致命的是，在孙皓的残暴统治之下，吴国内部勾心斗角、矛盾重重，上下离心、众叛亲离，社会危机已趋于全面激化："孙皓之暴，侈于刘禅；吴人之困，甚于巴蜀"③，"人人慑恐，皆日日以冀，朝不谋夕"④。明智之人皆能意识到大势所趋，而不愿为这个垂死的政权效忠殉葬，"上下离心，莫为皓尽力"⑤，"将疑于朝，士困于野，无有保世之计，一定之心"⑥。可以说东吴政权已完全处于风雨飘摇之中。在这种情况之下，一旦西晋大举出击，吴国方面必定难以组织起有效的抵抗，其情形必然是望风披靡，土崩瓦解，"兵临之际，必有应者，终不能齐力致死，已可知矣"⑦。相反，西晋则在政治、经济、军事上占有明显的优势："大晋兵众，多于前世；资储器械，盛于往时。"⑧所以，只要把握战机，制定出严密可行的战略方案，果断发动征伐，则毫无疑义能做到所向

---

①《左传·僖公三十三年》。

②《晋书》卷三十四，《羊祜传》。

③《晋书》卷三十四，《羊祜传》。

④《三国志》卷四十八，《吴书·孙皓传》。

⑤《三国志》卷四十八，《吴书·孙皓传》。

⑥《晋书》卷三十四，《羊祜传》。

⑦《晋书》卷三十四，《羊祜传》。

⑧《晋书》卷三十四，《羊祜传》。

无敌，一举而克，"军不逾时，克可必矣"，统一大业必定会凯歌高奏。可见，这时对西晋王朝发动统一之役的确是一个千载难逢的极好时机。

因此，当时西晋朝廷中具有战略眼光的大臣，如羊祜、杜预、王濬等人纷纷向晋武帝上疏奏表，请求充分把握战略时机，及时发兵征伐，一举混同南北，完成国家的统一："吴人虐政已久，可不战而克……宜当时定，以一四海"[①]；"且观时运，宜速征伐"[②]。他们一致认为，一旦错过了这样的时机，势必导致严重的后患，使统一大业的实现遭遇重大的挫折："今不于此平吴，而更阻兵相守，征夫苦役，日寻干戈，经历盛衰，不可长久"[③]；"如舍之，若孙皓不幸而没，吴人更立令主，虽百万之众，长江不可越也，将为后患乎"[④]；"自秋以来，讨贼之形颇露。若今中止，孙皓怖而生计，或徙都武昌，更完修江南诸城，远其居人，城不可攻，野无所掠，积大船于夏口，则明年之计或无所及。"[⑤]他们的共同心愿，就是希望晋武帝千万不可错过时机，蹉跎岁月："若今不伐，天变难预。今皓卒死，更立贤主，文武各得其所，则强敌也。臣（指王濬）作船七年，日有朽败，又臣年已七十，死亡无日。三者一乖，则难图也，诚愿陛下无失事机。"[⑥]正是他们在"乘机"问题上的一再强调，加上晋武帝心腹张华的奉劝[⑦]，才使司马炎最终下定决心立即进兵伐吴，揭开了西晋统一天下的崭新一页。可见，及时"乘机"，果断决策，始终是统一战争取得胜利不可或缺的环节。

朱元璋北伐元朝、完成统一决策的酝酿与确定，同样是历史上具有典范意义的善于"乘机"的事例。

---

① 《晋书》卷三十四，《羊祜传》。
② 《晋书》卷四十二，《王濬传》。
③ 《晋书》卷三十四，《羊祜传》。
④ 《晋书》卷三十四，《羊祜传》。
⑤ 《晋书》卷三十四，《杜预传》。
⑥ 《晋书》卷四十二，《王濬传》。
⑦ 张华时为中书令，在与晋武帝下围棋时进言："吴王荒淫，骄虐，诛杀贤能，当今讨之，可不劳而定。"武帝以为然，遂最终下定伐吴之决心。事见《晋书·杜预传》。

元至正二十七年（1367）十月十八日，朱元璋与其麾下高级将领徐达、常遇春等人一起，制定了北伐灭元的战略方案，而这一方案之所以合理可行，首先就在于其制定者准确地把握了北伐的时机。

战略时机的把握主要依据历史发展的趋势和敌我双方的情况。从历史发展趋势看，元末以来，元朝统治者政治腐朽，横征暴敛，尽失民心，军阀混战，民不聊生。所以朱元璋说当时的情况是："自元失其政，君昏臣悖，兵戈四兴，民坠涂炭。"①朱元璋本人也曾是离乱中人，他说自己刚起兵时并没想到要争夺天下，而仅仅是出于保全身家性命的考虑，"予与诸公仗义而起，初为保身之谋，冀有奠安生民者出"②。应该说，这不是矫饰之词，而是实情。一般民众所受乱离之苦，则更是可想而知。然而，事实表明，在全国未曾统一的情况下，安身自保只能是一厢情愿的想法。从红巾军起义爆发到朱元璋统一江南，天下大乱的局面已经持续了十余年，仍未归于一统，而元朝在北方也失去了权威，各割据势力的混战愈演愈烈，民众所遭受的困苦并未得到真正解脱。而改变这种局面的唯一正确的途径，就是尽快动用必要的武力，实现国家的统一。所以，早日北伐灭元统一全国，已是历史发展的必然要求。

敌我双方情况也是确定战略进攻时机的必要依据。朱元璋在至正十六年（1356）渡江攻取集庆（今江苏南京），建立起自己的政权后，十余年来，历经奋战，遵循朱升所建议的"高筑墙，广积粮，缓称王"战略方针，成功地建立了以南京为中心的根据地，积累了相当可观的实力。同时，他采取"先陈后张，各个击破"的战略方针，先后消灭了南方的陈友谅、张士诚、方国珍等武装割据集团，次第平定江南地区。此时，长江以南虽还有明升割据四川，但主幼国弱，无所作为；福建的陈友定、两广的何真虽依

---

①《明实录》卷二十六。
②《明实录》卷二十六。

然效忠于元朝，割据一隅，但慑于朱元璋的声威，也只剩下归附朱元璋一条道路可供选择，而且即便暂时不能平定，对于争夺中原的大局也不会产生太大的影响。朱元璋的手下谋臣良将云集，人才济济，兵强马壮，无论是数量还是质量，均占明显的优势。同时，因据有江南富庶之地，人力、物力、财力充裕，对北方残存的元朝发动总攻，以实现国家的统一，已经具备了必要的条件。

而在元朝统治中心的北方，则完全是另一番情况，用朱元璋的话说，就是"中原扰攘，人民离散"，即元朝的统治已是四分五裂，各自为政，分崩离析。具体而言，盘踞山东的王宣、王信父子对元朝中央若即若离，在投降明朝和继续效忠元朝之间踌躇徘徊、举棋不定。占有河南的扩廓帖木儿（王保保）名义上尊奉元朝，实际上尾大不掉，跋扈专权，割据一方。控制关、陇一带的李思齐、张思道两股势力，彼此猜忌，势不两立，而且与占据中原的王保保之间也矛盾重重。元朝的这几个统兵大将之间如此剑拔弩张，你倾我轧，根本不可能团结起来共保朝廷苟延残喘。而元朝中央的大臣也忙于争权夺利，各自拉拢一部分统兵将领，阴谋发动宫廷政变，根本意识不到大厦将倾、即将覆亡的命运。

鉴于敌我的这些基本情况，朱元璋作为最高战略决策者，敏锐地捕捉到这一可遇而不可求的历史机遇，判断"元之将亡，其机在此"[1]，所以果断作出大军挺进，北伐灭元的战略决策，其"乘机"意识之强、拿捏之准、决心之大、效果之佳是毋庸置疑的。从这个意义上讲，统一大业的成败，在很大程度上的确取决于能否"识机"，能否"乘机"。

（三）辩证看待战略时机的成熟问题

需要特别强调指出的是，历代高明的战争指导者在从事国家统一的斗

---

①《明实录》卷二十六。

争中，普遍主张辩证看待军事行动是否业已成熟的时机问题，注意避免因追求万全、一味稳妥而瞻前顾后、患得患失、优柔寡断，以致不敢进取，错失战机。

正如李际均将军所指出的那样："战争是充满盖然性的领域，必然因素和偶然因素交织作用于战场。指挥决心往往是在敌情不完全明了和许多不确定因素条件下作出的。战争情况瞬息万变，要求快速决策；而面对不确定因素，又必须慎重决策。及早下定决心，带有一定的风险性，但长时间准备也有丧失速度与突然性的危险。所以有时及时下达比较实际的决心，比明天下达更完善的决心也许更有效。坚持不打无把握、无准备之仗，并不排除指挥决心中的风险成分。"①这个道理，同样可以用来观照中国历史上的统一战略实践。追求万全，是中国古典战略的最高境界。这一传统，早在"兵圣"孙武那里便已奠定了。他提倡"全胜"，汲汲于对"兵不顿而利可全""自保而全胜"的向往与追求，这无疑是值得肯定的努力。孙子之后，历代兵学家大多也将"计出万全"作为其决策定谋的努力方向，如《六韬》所言"故善战者，不待张军；善除患者，理于未生；善胜敌者，胜于无形；上战无与战"，"全胜不斗，大兵无创，与鬼神通，微哉，微哉"②，力求做到"以威德服人，智谋屈敌，不假杀戮，广致投降"③。

然而，这种努力实际上存在着主观愿望与客观条件相脱节的问题，换言之，所谓"先作万全之计，然后图彼，得之则大克，不得则自全"④云云，从本质上说，或许仅仅是一种理想的追求，而在实际的军事实践中往往无法做到尽如人意，四平八稳。战前准备的充分从本质上讲，永远只能是相对的，而战机成熟的界定也同样是相对的。在任何情况下，军事行动都带

---

① 李际均，《论战略》，第241页，解放军出版社2002年版。
②《六韬·军势》《六韬·发启》。
③《阵纪·赏罚》。
④《魏书》卷六十五，《邢峦传》。

有一定的冒险性，即"在战略上，由于战争的不确定性难以完全克服的缘故，作出战略决策与战争计划往往面临一定的，甚至程度颇大的未知因素，因而在一定条件下是允许冒些风险的"①。更何况自己的对手也不会毫无作为，会静静地待在那里被动挨打，等着你去轻而易举收拾他。所谓"道高一尺，魔高一丈"，因此，准备的充分、计划的周详永远只能是相对的，完全明了敌情、拥有十成把握的指挥决心几乎是没有的，即使一时明了，但在我变敌变的动态运动过程中，也难以做到总是对敌情一清二楚，对战机万无一失，正如《何博士备论·霍去病论》中所指出的那样："法有定论，而兵无常形。一日之内，一陈之间，离合取舍，其变无穷。一移踵，一瞬目，而兵形易矣。守一定之书，而应无穷之敌，则胜负之数戾矣。"在这个问题上，统一大业的时机掌握也没有任何例外。

在这样的背景下明确战机与利用战机，正确的态度无疑应该是，立足于以己为主，排除干扰，主要情况大致搞清楚了，就应该制兵机之先，如果准备不够充分而战机有利，歼敌又有把握的，则应抓住战机，敢于冒一定的风险，在战争的过程中弥补准备上的不足。这就要求战略指导者能够准确掌握有准备和有把握的"度"，把勇敢而不鲁莽和大胆而不失谨慎有机地结合起来，去积极能动地争取一切可能的胜利。总而言之，要发挥主观能动性，在有七八成甚至是五六成把握的前提下，及时运用武力手段将统一国家的斗争推向前进。

这方面，西晋杜预与羊祜的做法非常合理，恰到好处，值得借鉴。杜预曾向晋武帝司马炎具体分析了从事灭吴统一全国战争的时机得失，认为："凡事当以利害相较，今此举（指征伐东吴统一天下）十有八九利，其一二止于无功耳。"②即便是万一遭受挫折，也并非什么大不了的事情，完全不

---

① 李际均：《论战略》，第169页，解放军出版社2002年版。
②《晋书》卷三十四，《杜预传》。

必裹足不前，以致错失良机："事为之制，务从完牢。若或有成，则开太平之基；不成，不过费损日月之间，何惜而不一试之！若当须后年，天时人事不得如常，臣恐其更难也。"①这无疑是辩证看待战略时机的正确态度，是"杂于利害"的高明识见。很显然，如果一味追求"万全"而在"十之一二"不利条件面前自缚手脚、患得患失，那么，西晋灭吴统一全国的大业必将是举步维艰、遥遥无期。

羊祜则对所谓的灭吴具体"不利"因素进行了认真深入的分析，认为这些表面上看上去对晋南下灭吴构成不利的因素，其实并不存在，或者是能通过主观上的努力而加以克服的，所以它们不应该成为确定统一大业战略时机是否成熟的相关标志。

当时，东吴政权之所以敢负隅顽抗，抵制统一，就在于其自恃长江天险和水师实力相对较强，"水师是其所便"，这也正是西晋内部相当一部分人觉得统一时机尚未成熟，对伐吴之举持消极抵触态度的重要原因之一。然而羊祜却能具体分析，辩证看待，认为这并不构成西晋灭吴的绝对障碍。他强调指出，险阻的作用也只是在双方实力基本相当的情况下才可以发挥相应的作用，"凡以险阻得存者，谓所敌者同，力足自固"②。但是，一旦进攻的一方拥有了"以镒称铢"的绝对优势，那么险阻也就不再是不可克服的障碍了，"苟其轻重不齐，强弱异势，则智士不能谋，而险阻不可保也"③。羊祜进而论证说，这一点业已为当年曹魏灭蜀汉的历史实践所证明了："蜀之为国，非不险也，高山寻云霓，深谷肆无景，束马悬车，然后得济，皆言一夫荷戟，千人莫当。及进兵之日，曾无藩篱之限，斩将搴旗，伏尸数万，乘胜席卷，径至成都，汉中诸城，皆鸟栖而不敢出。非皆无战

①《晋书》卷三十四，《杜预传》。
②《晋书》卷三十四，《羊祜传》。
③《晋书》卷三十四，《羊祜传》。

心，诚力不足相抗。至刘禅降服，诸营堡者索然俱散。"①从这个意义上说，山川形势的险要与否，并不是界定战略时机成熟程度的重要依据。至于吴军善于水战，确实应该引起重视，但只要战略上处理得当，同样也可以使它起不到应有的作用。晋军完全可以通过战略上突然袭击的方式，渡过长江，只要"一入其境"，那么，吴军就无法依托长江天险进行抵抗，只能退保城池。如此，则吴军等于是"去长就短"，所谓水战的优势也必然将荡然无存。孙子尝云："夫智者之虑，必杂于利害，杂于利而务可信也，杂于害而患可解也。"②羊祜就是依靠这种"杂于利害"的思维方式，对西晋灭吴统一全国的战略时机予以了正确的判定，这无疑是这场统一战争最后取得圆满胜利的基本前提。

北宋攻灭南唐，同样反映了赵匡胤等统一大业决策者在对待战机问题上的辩证态度。当时，北宋朝廷对南唐李氏政权虽然拥有一定的政治、经济与军事优势，但是却还未达到"以镒称铢""以碬投卵"的程度。南唐是当时南方诸多割据势力中实力最为强大的一支，其势力鼎盛时曾辖地三十六州，此时虽已尽失江北之地，但仍占地十九州，据有金陵、湖口、常州、润州、池州、宣州、武昌（均在今湖北、安徽、江苏一带）等战略要地；兵力众多，水师强盛，仅湖口一地即屯有大军十万，加上金陵、润州等地之兵，其总兵力有三十余万之众，而北宋初年，其兵力最多时亦不超过三十八万。③除去西防西夏、北防辽国及北汉之外，能够直接用于南下作战的兵力不超过二十万。可见单纯以兵力对比看，北宋方面并没有明显的优势。从地理条件而言，南唐据有长江天险，处于比较有利的防御地位，北宋的水师渡江作战并无十成的把握。更何况北宋侧后还存在着北汉

①《晋书》卷三十四，《羊祜传》。
②《孙子兵法·九变篇》。
③《宋史》卷一八七，《兵志一》。

及辽朝的强大军事威胁，稍有不慎，北方劲敌便会坐收渔人之利，乘虚南下，使宋军处于两线作战的被动局面。所以应该说，北宋用兵南唐，发起统一江南之役是冒有一定的风险的。然而，对于赵匡胤等战略决策者来说，问题的症结不在于承认不承认这些困难和风险，因为事实明摆在那里，风险是避免不了的，而在于如何正确看待这些困难和风险，如何抓住本质，对战机成熟与否有一个清醒的认识，必要时敢于果断出手，敢于果断"亮剑"，这正是军事辩证法所要求的："只有敢冒一定的风险，才会不至于坐视成功机会的丧失。"所幸的是，北宋君臣大局意识十分强烈，对时势的把握恰到好处。他们没有因存在着某些困难而放弃席卷江南的雄心大略，而是在经过较为充分的准备之后，遵循"先易后难，先南后北"总体战略原则，权衡整体形势，把握战机，及时发起攻击南唐之役，并通过正确的运筹，在高明的作战方针指导之下，克服种种不利因素，克敌制胜，最终翦灭了南唐小朝廷，在统一全国的道路上取得了一个阶段性的重要胜利。

三、周详制定战略预案

"先计后战"是中国军事文化的重要传统。古代兵家都普遍强调"先计"的重要性，孙子把《计篇》放在其兵法十三篇之首；《管子》也强调"凡攻伐之为道也，计必先定于内，然后兵出乎境"[1]；《尉缭子》同样主张计要"先定"，虑要"早决"[2]。秦汉以降，兵家对"先计后战"的论述更是不绝于书，如《陆宣公奏议》卷九中指出："两强相接，两军相持；事机之来，间不容息。蓄谋而俟，犹恐失之；临时始谋，固已疏矣。"宋代何去非认为"计必胜而后战，是胜不可以幸得也"[3]。明代著名军事家戚继光主张要

---

① 《管子·七法》。
② 《尉缭子·勒卒令》。
③ 《何博士备论·李陵论》。

打"算定战"，坚决反对打"舍命战"和"糊涂战"①。在他们看来，战前没有充分的筹划，势必会导致"战之自败，攻之自毁"②。

李际均将军认为："战争双方的对抗不仅渗透于战争行动过程中，即渗透于围绕着双方军队攻防作战的一切活动中，而且渗透于双方的战争计划中。战争计划固然是自己一方意志的表现，但在这个意志中包含着对敌人的估量。一切战略的方针与措施都是针对敌人的对抗而制定和部署的，自己采取的一切措施都会引起敌人的反措施，战争计划不单纯是考虑自己怎样做，而且要同时考虑敌人会怎样做。"③战争活动这一特点，决定了"先计"除了要做到尽可能的万全与周密之外④，更要考虑到深计远虑的问题。即战略预案要符合战争运动的可能发展，要观照到整个战争的全过程。因此，"先计"的要义之一是"谋所以始吾战也，战所以终吾谋也"⑤。并把这一思想坚定地贯彻于战争实践之中。真正做到不战则已，战则必胜。

统一战争是情况殊为复杂、样式颇为多样、意义最为突出的军事斗争，其指导者为了确保战争的顺利进行，圆满实现统一天下的战略目标，尤其要重视根据主客观形势和条件，制定切实可行的战争战略预案，使之作为自己整个行动的基本纲领，并且依据统一战争进程的实际及时进行必要的充实或调整。

（一）统一战略作战主轴线的转变

在中国历史上，统一战争的作战主轴线曾有过一个重大的变化，即由东汉之前的东西轴线转变为三国以降的南北轴线。这一转变表面上似乎与

①《练兵实纪杂集》卷四，《登坛口授》。

②《管子·七法》。

③ 李际均：《论战略》，第170页，解放军出版社2002年版。

④ 宋人许洞对"先计"之周全问题有系统的论述，要云："用兵之法，先谋为本，是以欲谋行师，先谋安民；欲谋攻敌，先谋通粮；欲谋疏阵，先谋地利；欲谋胜敌，先谋人和；欲谋守据，先谋储备；欲谋强兵，先谋正其赏罚；欲谋取远，先谋不失其迹。"（《虎钤经·先谋》）总之，要把与战争胜负有关的方方面面都先行考虑到，做到算无遗策。

⑤《兵镜或问·谋战》。

古代统一战略预案的制定无直接的联系，但是，实质上这两者之间的关系是相当密切的。所以，我们在具体讨论统一战略预案制定问题之前，有必要先介绍这个战略轴线转变的一般情况以及在战略预案设计方面所产生的种种影响。

魏晋南北朝以前的中国统一战争，其战略作战的轴线一般均为东西方向，而具体战役行动则环绕这一主轴线展开。比如公元前230年开始的秦统一六国的战争，就是从西部发动，首先灭韩、灭魏，完成了东渡黄河的战略展开，然后左翼朝东北方向灭赵、灭燕，右翼则指向东南方的楚国，用六十万大军经血腥战斗后平定了楚地，而最后的进攻方向则是一直向东，指向位于山东半岛的齐国，从而达成了统一全国的目标。公元前206年开始的楚汉战争，刘邦首先从巴蜀、汉中进入关中地区，得形胜之处，然后出函谷关，兵锋东指，直逼江淮地区的彭城，沿荥阳一线与楚军进行东西方向的对峙，同时左翼东渡黄河，攻魏、破赵、平代、下燕、灭齐，沿东北方向实行战略出击，右翼则以秦岭山脉为依托，沿东南方向出武关，直拊楚军的左侧背，而最后与楚军的决战仍然是在河南、山东之间的东西轴线上发生的。

进入魏晋时期之后，这种情况发生了重大的变化。战略作战的轴线不再是东西方向，而是转变成为南北方向，并且大多为自北向南的进攻；作战地区也不再集中于黄河流域，而是集中于淮河和长江中下游地带了。这一变化最初开始于三国时期，当曹操完成了北方地区的统一以后，便开始横渡长江对南方进行征服，于是孙权与刘备联合，在长江中下游地区和来自北方的攻击进行了对峙，著名的赤壁之战就是这样在公元208年期间发生的。西晋灭吴、隋朝灭陈以及北宋平定南方的统一战争，其战略作战方向，也都是横渡长江、自北向南的攻击①。当然也有其他的现象存在，如朱

---

① 蓝永蔚、黄朴民等：《五千年的征战：中国军事史》，第90页，华东师范大学出版社2001年版。

元璋伐元统一全国，便是中国历史上南方势力第一次成功的北伐并统一天下的事例，但是究其战略作战形式，依旧是南北轴线上的行动。

这种统一战争作战轴线的变化，对于统一战略预案的制定，无疑是会有所影响的。这首先是兵种发展与战法运用上考虑侧重点的转移。在东西轴线占主导的时期，西部从战略地理上讲，处于居高临下的有利态势，可以攻则取之，退则守之。同时由于战事主要集中于黄河中下游平原地带，所以有利于发挥骑兵及车、步混合兵团展开迅猛攻击的优势。所有这些都是战争指导者在制定统一方案时所必须考虑和关注的基本因素。

而到了南北对峙时代，由于作战轴线的转移，主战场大多是在江淮江汉之间的广大地域实施纵向作战。这一带多江河湖泊、丘陵盆地的地形条件不适于擅长野外驰骋的骑兵作战，而必须依靠水军突破江河天险来实施战略进攻。因此，统一战争的发动者在进行战略决策时，毫无例外要把水军力量的强弱视作战略预案是否可行的基本前提，普遍把建造战船、建设水军、提高江河作战能力作为战略准备的首要任务。如曹操的北方军队就是因为不习水战才大败于赤壁，使得统一战争半途而废；西晋王朝为了进行渡江作战，组建了强大的水师；而隋文帝为了实施向南方的战略攻击，更是不遗余力地建造"五牙""黄龙""平乘"等各类战船，沿长江北岸全线展开，形成了浩大的声势。这一作战样式的变化，使得统一战略预案的制定更为注重兵种的合理配置与战法的灵活运用。

其次，战略作战轴线由东西向南北的转移，也从天候方面对统一战略预案的制定施加了一定的影响，使统一战争指导者在制订与实施战争计划时更多地考虑到时令节气的因素。

由于南北地形各异，军队习惯不同，加之北方少数民族耐寒恶热，南方汉人耐暑恶寒，所以，在一般情况下，由南方地区所发起的北伐，大多是利用夏季河渠水盛之机，因为这样既可以利用水师开道，由江、淮而挺进颍、泗、汴、济诸水系而入黄河，又可以充分利用水道畅通而运输军粮物资，并尽可能发挥步、水、骑联合作战的优势。至于建立于北方的政权，其对南方实施反攻或征伐，却大多是选择在秋冬之际。因为秋高马肥便于骑兵展开进攻，而且入冬之后河水开始结冰，不利于南方舟师的行动，而恰恰利于北方的骑兵主力部队过河冲击。[①]这种因战略作战轴线转移而出现的战场行动时令季节制约性质，自然会使统一大业的决策者在筹划具体的战争预案时，注意设法去避免或克服不利于己方的天时地利因素，努力去争取或利用最适合于己方的客观自然条件，为确保达成战略目标创造机会，铺平道路。

（二）战略预案制定上的几个环节

战略预案的制定是否合理，战略预案的实施是否具有把握性，除了正确判断战略形势、高明把握战略时机等一般性要求外，还取决于一些关键环节处理或解决的具体情况，它们在相当程度上决定着统一大业的前途与命运，这乃是不容置疑的事实。

这些环节概括起来说，就是制定战略预案必须拓宽视野，立足于长远，放眼于全局，具有前瞻性；制定战略预案必须建立在最复杂的战略背景之上，致力于完成战略上的根本转折，能起到"山重水复疑无路，柳暗花明又一村"的绝佳效果；制定战略预案必须充分考虑到军事行动实施过程中的各种变数，立足于以战争手段扫除统一道路上的任何障碍，因此应该有很强的实用价值和可操作性。

首先，就前瞻性而言，是指制定战略预案时必须优先考虑到统一战争的基本前景，在此基础上预测形势，定下合理的决心，这是战略预案是否成功的先决条件。而在贯彻前瞻意识的时候，还必须具备全局观念，能够

---

① 朱大渭、张文强：《两晋南北朝军事史》，第15页，军事科学出版社1998年版。

做到以简驭繁、高屋建瓴，因为"制定战争计划是一个复杂的整体性和系统化过程，围绕着武装斗争这个中心任务，要把政治、经济、军事、文化、自然等各种因素考虑周到，并组织和利用起来，构成一个紧密联系的、强有力的战争系统。因此，战争计划所要解决的首要问题是形成全局的战略构想，而后按照这个构想筹划各个局部"①。这表明战略预案制定的思维程序是自上而下的，即是从大战略到军事战略，再到具体战术，它包括作出战略判断、明确战争意图、提出战略方针、拟制作战方案、筹划战争保障等。只有解决了战略上的全局问题，才可以相应地自上而下地制订下一层的计划。可见战争指导者的首要责任是以前瞻的战略眼光辨析利害、观照全局，未雨绸缪、掌控主动。

就中国历史的范围而论，在筹划与制定统一战略预案的过程之中，水银泻地般地渗透、贯彻前瞻意识与全局观念，并取得相当成功，为日后历史演进所基本证实的典范例子，莫过于诸葛亮在刘备"三顾茅庐"时所献的"隆中对"②。

"隆中对"为刘备集团勾画了求生存、谋发展、取天下、致统一的系统完整的战略方案，面世以来，一直脍炙人口，被誉为文人战略家战略谋划的典范，千秋独步的战略名对。

这个统一战略预案的高明之处，在于它具有全局观念，同时又充满长远眼光、前瞻意识。一方面，它高屋建瓴，统筹全局，提出了"跨有荆益""两路出兵"的"三分割据纡筹策"。众所周知，谋全局的核心，首在战略目标的确定。诸葛亮以恢宏的气度和思接千古的见识，指陈时势，在总结历史经验和分析现实形势的基础之上，指出在各种集团的消长纷争中，曹操集团是刘备的主要敌人。所以，刘备的现实目标应该是"跨有荆益"，

① 李际均：《军事战略思维》，第101页，军事科学出版社1998年版。
② "隆中对"的文字内容，见《三国志》卷三十五《蜀书·诸葛亮传》的记载。

即利用各种矛盾，夺取天下要冲荆州和天府之国益州作为自己的立足之地，以此为角逐天下的根本，从而实现三分天下有其一的霸业。对现实目标的这一定位，是对天下大势的洞察，对敌我关系现状和变化趋势的把握，同时也考虑到了战略地缘关系。

更为重要的是，"隆中对"的根本宗旨在于经过艰苦卓绝的努力，最终实现国家的统一，体现了战略决策上的前瞻意识。所以，它在制定现实目标的基础上，进一步提出了刘备集团的长远战略目标，这就是"待天下有变"，由荆州、益州两路出兵，互相配合、密切协同，构成钳形进攻态势，兵锋北上，席卷两京，收复中原，兴复汉室。这里，它虽然未明言孙权政权的前途问题，但言下之意，待消灭了主要敌人强曹，孙权集团之接踵而亡自不待论矣。一旦到了那个时候，实现全国的统一，也就成了瓜熟蒂落、水到渠成的事情。

另一方面，"隆中对"所反映的大局观念与战略前瞻意识，并不是诸葛亮本人的突发奇想、闭门造车。它的现实性与可行性，建立在诸葛亮所提出的一系列实现战略目标相应方法手段系统完善的基础之上。换言之，它的战略前瞻不是虚幻的"画饼"，而是很有可能实现的现实，目标的长远性与方法手段的有效性两者之间是协调一致的。这些方法手段大致包括了：第一，利用"天下思汉"的普遍心理，将刘备身为"帝室之胄"的优越背景作为政治资本，争取政治上的主动，以与曹操之"挟天子以令诸侯"做法相抗衡；第二，推行"西和诸戎，南抚夷越，外结好孙权"的方针，扎实做好"外交"工作，为自己争取到拥有安定的战略后方和比较可靠的盟友，从而保证自身的安全，使得自己能够左右逢源，创造出有利于自己发展壮大的外部环境和良机；第三，"内修政理"，整顿吏治，清明政治，和谐社会，发展经济，搞好内部建设，积蓄实力，文武并用，刚柔相济。由此可见，诸葛亮"隆中对"中有关战略长远目标的提出，绝不是偶然的，而是深思熟虑了未来战略发展趋势后的独到心得。它的战略前瞻意识是鲜明合理的，因为它以政治、经济、外交努力来与实现战略目标的军事手段相配套和呼应，这实际上已为战略前瞻意识的明确化和可操作化提供了必要的条件。

显而易见，"隆中对"是诸葛亮在形势最低迷之时慧眼识先机，为刘备集团所制定的完整统一战略预案。它"见微以知萌，见端以知末"的战略预见以及以少胜多、由弱转强的战略筹划，达到了前无古人的境界。"隆中对"实施之初，就使多年来被动挨打、不遑宁居的刘备取得了赤壁大战的胜利，并使刘备集团迅速起弊振衰，据有荆州大部，继而进一步拓展西川，攻取汉中，终于开国蜀汉，达于三国鼎立。尽管军事活动的动态性与不可捉摸性等因素，还是严重地干扰了"隆中对"战略计划的下一步发展，所谓"天下有变"，变来变去，是变得对刘备集团日益不利，终于使诸葛亮更为宏远的战略前瞻渐渐成为明日黄花，与占据中原、兴复汉室的目标渐行渐远，但它毕竟是以全局观念突出、前瞻意识鲜明为特征的卓绝的统一战略预案。正如前人所评价的那样，它是"孔明创蜀，决沉机二三策，遂成鼎峙，英雄之大略，将帅之弘规也"①。

其次，就及时性而言，是指制定战略预案之时必须充分关注到统一战争的具体进程，在此基础上把握关节点，适时完成具有战略意义的根本性转折，使统一大业进入阶段性乃至超越性发展的轨道。这是统一战略预案是否成功的突出标志。在中国历史上，秦统一六国的战略运用，就鲜明地体现了战争决策者在制定战略预案过程中注意时效性，把握转折点，最大限度创造有利战略态势的基本特色。换言之，秦国战略决策者的每一次战略预案的制定，都与统一战争的进程密切联系，若合符契，都是在总目标

---

① 王夫之：《读通鉴论》卷五，引王濬语。

不变前提下所提出的阶段性运作纲领。

秦统一六国，完成于秦王嬴政在位阶段。但是，秦始皇能够"秦王扫六合，虎视何雄哉。挥剑决浮云，诸侯尽西来"①，却绝非一朝一夕之功，而是秦国多代君臣长期奋斗的结果，秦始皇不过是为这一伟大事业画上最后一个句号的历史终结者，所谓"奋六世之余烈，振长策而御宇内"②，指的就是这一层意思。这意味着，秦国能在战国七雄的生死角逐中脱颖而出，笑到最后，是一个漫长曲折的历史过程，这中间曾有几个具有特殊意义的转折点，而它们又恰恰都被秦国战略决策者及时捕捉到了，都提出了相应的战略对策，从而确保秦国的统一大业不断地由一个阶段跨越到新的阶段，循序渐进，终于大获成功。

秦国致力于天下一统第一阶段的战略预案，是商鞅提出的"商君策"。它的核心是从地缘战略的高度指出了魏国为秦国的"腹心之疾"，提出秦国要挥师东进，争夺天下，就必须先行扫除魏国这一障碍，"非魏并秦，秦即并魏"，因为魏国雄踞中原核心地带，"独擅山东之利"，堵住了秦国东向发展的道路。对于秦国来说，除了以魏为主要打击对象，从其手中夺取中央核心地带之外，别无其他的选择。而一旦做到了这一点，则"秦据河山之固"，便可"东乡以制诸侯"③，在整个统一兼并事业中将占据十分有利的战略态势。

至于实现这一战略目标的条件，商鞅也作出了周密的论证。他指出，其一，秦国经数年变法，已见成效，这时应该继续实行富国强兵的国策，造就实现"东乡以制诸侯"这一既定军事战略目标的坚强实力和后盾。其二，以外交上的纵横捭阖配合军事斗争，谋求"诸侯畔之（魏）"的局面出

① 李白：《古风》之六，载《李太白全集》，岳麓书社1995年版。
② 贾谊：《过秦论》，载《汉书·贾谊传》。
③《史记》卷六十八，《商君列传》。

现。商鞅认为，要对付战国初期头号强国魏国，仅仅依靠秦国自己的力量还不行，"以一秦当大魏，恐不如"①，必须借助别国，最好是借力打人，坐收渔利。其三，充分利用自身有利的战略地理条件，尽快占据山河之险，"据河山之固"，为东出中原、角逐天下、完成统一创造必要的机会。

历史恰恰为秦国提供了实现这一战略目标的契机。一是当时魏国的西进势头在受到秦国的顽强抵制后暂缓下来，自设置西河郡之后再无大的动作，并一度因秦的反击和东、南两个战略方向的威胁上升而迁都于大梁（今河南开封），从而在相当程度上减轻了对秦国的压力。二是东方的战略形势也发生了重大的变化，迅速崛起的齐国成了魏国最强劲的竞争对手，魏国的霸权受到齐国的有力挑战。魏、齐两强利益的碰撞，使得双方面临着矛盾的激化，战争的爆发已箭在弦上，不可避免。三是魏国与传统盟友韩、赵两国之间的控制与反控制斗争正愈演愈烈，三晋一体的局面已濒于崩溃。凡此种种，都使得魏国顾此失彼，疲于奔命，无暇西顾，于是便为秦国的崛起与东进提供了良机。

秦孝公采纳了商鞅这个战略方案，坚决抓住魏国"大破于齐，诸侯畔之"，即马陵之战后魏国独霸中原战略格局被打破的大好时机，开始了秦国大举东进的军事行动。马陵之战的当年，商鞅便率领秦军攻打魏国。次年（前343），秦又与齐、赵等国会盟，共同伐魏，多次大败魏军。此后，秦对魏的战略进攻有增无减。周显王三十九年（前330），秦将公孙衍率军大败魏师于雕阳（今陕西甘泉南），俘虏魏将龙贾，歼敌四万五千人，魏国被迫将河西之地献给秦国。次年，秦出兵助魏国击楚，战后魏国为了酬劳秦国的助战，又不得不将河西西北的上郡十五个县全部献给秦国。秦国几代国君的夙愿至此终于如愿以偿，秦国由此完全控制了西河（今陕西与山西交

---

① 《史记》卷六十八，《商君列传》。

界处黄河南段）天险，从而能据崤函之利、大河之险，东向以临天下，获得了进可攻、退可守的战略主动。事实上百年后"秦王扫六合，虎视何雄哉"恢宏历史场景的上演，正是"商君策"合乎逻辑自然演化的必然结果、圆满句号。

如果说，"商君策"是秦统一六国起步阶段切合可行的战略指导方案，那么范雎向秦昭王进献的"客卿对"[①]，则可以视为是秦席卷天下、统一六国关键阶段用以指导统一大业实践的战略预案，是秦国在拥有强大战略优势地位背景下，恰到好处地发挥这种优势，使统一进程得以更健康更顺利发展的基本保证。

如果从公元前476年算起，至魏国人范雎入秦时，战国的群雄争战已经持续了二百来年。秦国的大国地位更加巩固，这是因为多极之间的互相攻伐，合纵连横，分化整合，使得关东六国或早已辉煌不再，或日暮途穷、后继乏力。如齐国在遭受乐毅统率的五国伐齐之役的重创后一蹶不振，丧失了角逐关东称雄天下的实力；楚国则因楚怀王误信张仪之言，"绝齐结秦"而自陷孤立，加之屡受秦国的军事打击，国势日衰；韩、魏两国地处中原四战之地，兵连祸结，尤其是伊阙一战，痛遭白起所统率的秦军打击，阵亡将士多达二十四万之众，实力丧失殆尽，国势风雨飘摇，自保尚且不暇，更遑论抵挡秦国虎狼之师，其最终灭亡，只是一个时间问题而已。而秦国自商鞅变法，夺取西河形胜之地后，一直根据天下形势和各国关系的变化，以外交配合军事，交替实施东进和南下的军事行动，并依司马错的建议，夺取了巴、蜀，另辟战略前进孔道，已是一枝独秀，雄视天下。因此由秦国担当统一全国，结束割据的历史重任的形势正日趋明朗。

秦国要实现其统一天下的既定目标，主要有两个战略方向：一是东进，

---

① "客卿对"的内容，载于《史记》卷七十九，《范雎蔡泽列传》。

出崤、函进攻三晋，直取中原，控制战略要地，切断诸侯间的联系，进而兼并六国；一是南下攻楚，解除侧后隐患，而后迂回中原，统一天下。为此，秦国在攻伐韩、魏、赵进展不大的情况下，调整战略方向，派司马错大举攻楚，得手之后，又派遣白起率秦军攻下楚都郢城以及鄢等要地，迫使楚迁都于陈（今河南淮阳）。至此，秦国的势力直接延伸到长江中游、汉水流域，统一的态势更为有利。

秦昭王时期的这些成果是在其舅父魏冉的主持下取得的。魏冉是秦昭王之母宣太后的弟弟，也是秦昭王得以继位的强大靠山。他借助这个得天独厚的优势，曾先后五次任秦相，主持朝政达二十五年之久。但魏冉并无一统天下的长远目标与崇高理想，仅仅将对外用兵作为巩固自己政治地位的手段。由此可见，一方面秦统一天下的时机正趋于成熟，另一方面由于权相个人意志的干扰，而不能使有利的战略条件在统一大业实现上发挥应有的作用，这个矛盾使秦统一天下的征程此时已面临得失成败的十字路口。而范雎在"客卿对"中构筑的统一方略的提出，则解决了这个复杂的矛盾，在统一大业往何处去的关键时刻，为秦国指明了正确的前进方向，确保了这一伟大事业不至于中途而废。

"客卿对"是一个系统严密的统一大业中期战略预案，其核心内容是远交而近攻。在该方案中，范雎向秦昭王指出，秦国据地利之便，国富兵强，已拥有了统一天下的战略优势："大王之国，四塞以为固……奋击百万，战车千乘，利则出攻，不利则入守，此王者之地也。民怯于私斗而勇于公战，此王者之民也。王并此二者而有之。夫以秦卒之勇，车骑之众，以治诸侯，譬如施韩卢而搏蹇兔也，霸王之业可致也。"[1]然而，实际情况却不是这样，秦国"至今闭关十五年，不敢窥兵于山东"，这实在是令人不能接受的事

---

①《史记》卷七十九，《范雎蔡泽列传》。

实。而秦之所以迟迟不能成就一统天下的大业，其根本原因在于"群臣莫当其位"，即执掌实权的穰侯魏冉不是忠心耿耿地为秦国谋取长远利益，而只是关心个人的得失，他所制定的攻伐政策，如越过韩、魏攻打齐国，就完全不符合秦国统一天下这最为重要的战略利益。另外，"大王之计有所失也"，即秦昭王本人也没有对统一大业做通盘考虑，并制定出合适的战略预案。

现在范雎把自己的战略构想向秦昭王和盘托出了，并指明了秦统一天下的唯一正确道路，乃是"远交而近攻"。理由是当时天下形势已越来越有利于秦国兼并关东六国，可以说是到了收功之时，所以战略方案必须切实可行，"得寸则王之寸也，得尺则王之尺也。今释此而远攻，不亦谬乎？"①范雎强调，这一战略有其可行性。其一，与秦相邻的韩、赵、魏三国地处天下中枢，"今夫韩、魏，中国之处而天下之枢也，王其欲霸，必亲中国以为天下枢，以威楚、赵。楚强则附赵，赵强则附楚，楚、赵皆附，齐必惧矣。齐惧，必卑辞重币以事秦。齐附而韩、魏因可虏也"②，所以兼并韩、魏是日后统一天下的关键，其他问题可因之迎刃而解。针对秦昭王暂时不忍舍弃秦韩联盟的顾虑，范雎认为"秦韩之地形，相错如绣。秦之有韩也，譬如木之有蠹也，人之有心腹之病也。天下无变则已，天下有变，其为秦患者孰大于韩乎？王不如收韩"③，即联盟靠的是同利而合，利尽而分，秦与韩的地缘关系，使双方的冲突不可避免。其二，远交近攻要以夺得土地和人口为主，"毋独攻其地，而攻其人"④，即夺取土地与消灭敌人有生力量并举。而进攻韩、魏，正是秦国既夺占其地又消灭敌人有生力量的唯一正确途径。

---

① 《史记》卷七十九，《范雎蔡泽列传》。
② 《史记》卷七十九，《范雎蔡泽列传》。
③ 《史记》卷七十九，《范雎蔡泽列传》。
④ 《史记》卷七十九，《范雎蔡泽列传》。

克劳塞维茨说过，通过战斗和会战消灭敌军，是达成战略目标的真正重心。在范雎拟定的这份战略预案中，他不仅提出了"远交近攻"的会战目标，也提出了达成这一战略目标的具体方法步骤，即首先要利用外交与军事威慑，迫使地处中央地带的韩、魏与秦结好，控制这两国，然后威逼楚、赵，使楚、赵屈服，进而威慑距离最远的齐国。齐国依附之后，再放手兼并韩、魏两国国土。而韩、魏两国相较，则应先取韩国，"卑辞重币以事之。不可，削地而赂之。不可，举兵而伐之"[①]。在此基础上，次第攻取其他各国，最终完成统一大业。

秦昭王对范雎这一统一战略预案至为推崇，明确表示"寡人敬闻命矣"，彻底修正了魏冉等人的战略方案，并拜范雎为客卿，主持军事谋划和兼并事宜，而且很快将范雎的战略谋划付诸实施，"卒听范雎谋，使五大夫缩伐魏，拔怀（今河南武陟）。后二岁，拔邢丘（今河南温县）"[②]。

被恩格斯称为"全世界公认的军事权威人士"的瑞士军事理论家若米尼（亦译作约米尼）曾说过，战略是在地图上进行战争的艺术，是研究整个战争的艺术。战略之核心在于抓住全部战争的锁钥，集中兵力攻击敌人的一翼或者一点，进行中央突破。范雎远交近攻的战略方案，作为对秦国"连横"战略的具体化和系统化，正符合这一战争艺术原理。其一，它从地缘关系思考战略问题，因为列强的争夺和实力的增强，在当时无非是土地。所以地缘问题对于军事、外交意义重大。远交近攻即是对远方之国，也即暂时的次要对手实行暂时的联合，以至少争取其中立，然后腾出手来对邻近之国，也即暂时的主要对手实施军事打击，蚕食土地，增强实力，"得寸则王之寸也，得尺则王之尺也"，不断扩大自己的疆域。其二，范雎的这一战略预案有其系统性，考虑到了每一战略步骤及实现之具体方法，其原则

①《史记》卷七十九，《范雎蔡泽列传》。
②《史记》卷七十九，《范雎蔡泽列传》。

是先弱后强、由近及远，先据有中原枢纽，再向四周扩展，稳步完成统一。其三，远交近攻照应了军事与外交的综合运用，强大的军事实力是外交慑服之坚强后盾，而高明的外交又是军事行动的准备、先导以及补充，这对最大限度地发挥军事力量的效果具有重大意义。所以，远交近攻战略方案是一个高度成熟的统一天下的军事外交战略，它在秦统一天下斗争的关键时刻起到了巩固已有成果、开拓新的局面的重大作用，为秦国最后一扫六合、完成中国历史上史无前例的统一事业指明了方向、作出了规划，其意义与价值之巨大，是不言而喻的。

至于秦王嬴政提出的"灭诸侯，成帝业"战略预案，则是秦统一六国历史进程进入最后阶段时的收官之作，是一切就绪后为统一大业画上的一个圆满句号。公元前262年，秦军主力在白起的统率下，在长平地区（今山西高平西北一带）同当时山东六国中唯一可以同秦国相抗衡的赵国军队进行战略决战，一举尽歼赵军主力四十五万之众，从而彻底清除了自己东进吞并六国、完成统一的最后障碍。

换言之，秦在长平之战中的大获全胜，标志着自己在统一道路上的畅通无阻，整个统一大业已到了水到渠成的阶段。在这样的形势下，秦王嬴政把握历史的机遇，于公元前238年，采纳李斯、尉缭、顿弱等人的建议，最终下定决心，"灭诸侯，成帝业，为天下一统"①。这标志着秦国的统一战略又一次有了根本性的转变，即正式放弃传统意义上的重创蚕食战略，而开始大张旗鼓执行兼并六国、统一中原的战略，同时更具体地制定了各个击破的作战指导方针。在此基础上，秦国又解决了确定重点打击对象的问题，把攻打赵国作为各个击破的突破口。战争的进程表明，秦国这一战争预案是完全正确的，它使秦国避免了陷入多线作战的被动局面，得以迅速

①《史记》卷八十七，《李斯列传》。

击破关东六国，最终顺利完成了统一天下的宏伟事业。由此可见，秦统一大业最后阶段的顺利推进，同样离不开正确的战略预案的指导。换言之，战略指导原则得到及时的转变，是秦统一大业不可阻挡的原因所在。

最后，就操作性而言，是指制定战略预案之时必须充分关注到统一战争的技术处理细节问题，不仅要有宏观的总体把握，更需要有技术层面上的驾驭控制。总之，这是战略预案要切合实际、致力于服务运用贯彻的客观需要，具有很强的可操作性，从而确保国家统一大业的理想能够以有条不紊、井然有序的方式一步步走向最终的实现。这是统一战略预案是否成功的衡量尺度。

如前章所述，中国历史上统一大业的实现，都不曾离开战争这个基本手段，都无法超越武力解决这个基本范式。通过战争活动以实现国家的统一乃是统一大略决策者重要乃至唯一的选择。众所周知，战争的具体运作更多是技术层面的内容，作为实践过程，它不尚空谈，完全以利害关系为依据，强调操作的合理化、细致化，注重主观指导在驾驭战争机器时的功能与作用，这正如毛泽东所言："军事家不能超过物质条件许可的范围外企图战争的胜利，然而军事家可以而且必须在物质条件许可的范围内争取战争的胜利。军事家活动的舞台建筑在客观物质条件的上面，然而军事家凭着这个舞台，却可以导演出许多有声有色威武雄壮的活剧来。"[1]战争既然具有这样的性质，主观指导在战争中既然具有这样的作用与意义，那么统一大略决策者在制定战略预案的时候，就自然而然要注重方案的细节化、程式化，使之具有最大程度上的可操作性；强调"定谋贵决，机巧贵速，机事贵密，进退贵审，兵权贵一"[2]，从而真正做到"凡军心之趋向，理势之安危，战守之机宜，事局之究竟，算无遗漏，所谓'运筹帷幄，决胜千里

---

[1] 毛泽东：《中国革命战争的战略问题》，载《毛泽东选集》第一卷，人民出版社1991年版。
[2]《虎钤经·胜败》。

也'"①。

历史上这样的事例是不胜枚举的。如西晋灭吴统一全国的战略预案，就是建立在认真筹划、正确部署的基础之上的，有相当程度上的可操作性，实用价值至为显著。它的基本内容是根据羊祜所上的"平吴疏"中的建议确定的。羊祜作为晋灭吴统一全国的头号功臣②，在其"平吴疏"中为晋军拟定了具体的作战部署，阐述了正确的用兵方略，为晋武帝发动平吴统一战争，提供了一份可供具体操作的军事进攻战略方案。在方案中，羊祜为了确保灭吴之役顺利进行，达到预期效果，根据晋、吴双方的战略态势，提出应多路进兵，水陆俱下，即从长江上、中、下游同时发起进攻，即所谓"引梁、益之兵水陆俱下，荆楚之众进临江陵，平南、豫州直指夏口，徐、扬、青、兖并向秣陵"③。羊祜认为这个极具操作性的战略预案一定能够应对复杂的战略态势、艰巨的战略任务。因为这样一来，本来就处于弱势地位的吴军自然是"无所不备，则无所不寡"，势必首尾不能相顾，其彻底失败的命运将注定不可避免："以一隅之吴，当天下之众，势分形散，所备皆急。巴、蜀奇兵出其空虚，一处倾坏，则上下震荡。"④如此，则"军不逾时，克可必矣"，必将结束自东汉末年以来分裂割据的局面，重新实现国家的统一。

很显然，"平吴疏"的确是一份高明的统一战争的战略预案。它的显著特征，是因势利导、符合实用、可操作性强，充分体现了羊祜作为杰出战略家求真务实的处事原则与态度。晋武帝司马炎正是按照这份讲求实用、可供操作的军事战略预案，进行全面系统的军事部署，并于准备充分、条

---

① 《草庐经略》卷二，《料敌》。

② 羊祜病卒于灭吴之役前夕，未能亲历"王濬楼船下益州，金陵王气黯然收。千寻铁锁沉江底，一片降幡出石头"那辉煌的历史时刻，但其作为西晋灭吴统一南北的头号功臣却是毋庸置疑的。故在平吴的庆功宴会上，晋武帝司马炎曾经"执爵流涕曰：此羊太傅之功也"。

③ 《晋书》卷三十四，《羊祜传》。

④ 《晋书》卷三十四，《羊祜传》。

件成熟之际，分派六路大军，大举伐吴，一举成就了混同南北、统一国家的大业。

隋朝灭陈统一南北的战略指导预案，同样具有鲜明的注重实用、注重可供操作的特征，而且较之于西晋灭吴之策尤为缜密，尤为完备。隋文帝杨坚广泛听取诸位军政大臣的战略建议，开诚布公，集思广益，特别是采纳了高颎的"取陈策"和贺若弼的"平陈七策"①，集中众人的智慧制定了细节具体、环环相扣的统一战争战略预案，将贺若弼、韩擒虎、源雄所统率的隋军主力，部署在主要战场长江下游地区，兵锋直指陈国的战略要地建康等处，直接威胁陈叔宝的偏安小朝廷，又将秦王杨俊、清河公杨素等部部署在长江的上游与中游地区，使之与隋朝长江下游诸军配合形成隋军沿长江北岸的整体作战部署，在战略上呈示出统一部署、全线出击、重点突进、主次策应、首尾协调的态势，"东接沧海，西拒巴蜀，旌旗舟楫，横亘数千里"②。

一切准备就绪后，隋朝廷即根据集中兵力、重点突破的原则，详尽制定了发兵八路、同时并进，实施宽大正面的战略突袭的进攻计划，俟时机成熟，即展开全面进击的行动。由于战略预案制定得细致具体、正确可行，便于各级军事指挥员的理解和操作，所以在具体的执行过程中，可以做得十分到位，其基本思路得以贯彻和落实。实际作战过程显示，在整个战争行动中，隋军战必胜，攻必取，摧城拔寨，搴旗斩将，雷动风举，所向披靡，迅速占领了陈朝沿长江一线的诸多战略要点，攻克京口，进逼建康。陈军则是在极其被动的形势下仓促应战，根本形成不了强大的抵抗力。在

---

① 《隋书》与《北史》等文献记载当时向隋文帝杨坚献平陈之策者有多人。其中高颎的"取陈策"是从事经济打击与实施战略突袭相结合的战略构想，重在大战略即政治战略的谋划。而大将贺若弼的"平陈七策"，则更多是从军事战略的角度提出对策。从平陈战争的战略实施来说，应该算是诸臣的献策中最重要和最有价值的战略指导预案。

② 《隋书》卷二，《高祖纪下》。

隋军雄师的英勇进击面前，陈军左支右绌，节节败退，望风而降。经白土冈一役，陈军主力与精锐悉数被歼，名将萧摩诃束手就擒，陈朝方面再也无法对隋军实施抵抗。隋军趁热打铁，再接再厉，一举攻入陈朝都城建康，生擒陈后主陈叔宝，很快实现了预定的战略目标。而这场隋灭陈统一全国的战争之所以进行得如此顺利、势如破竹，归根结底，在于其战前所制定的统一战略预案实事求是、操作方便、切实可行。

（三）战略预案的随时应变与充实调整

克劳塞维茨曾说："战争是充满不确定性的领域。战争中行动所依据的情况有3/4好像隐藏在云雾里一样，是或多或少不确实的。因此，在这里首先要有敏锐的智力，以便通过准确而迅速的判断来辨明真相……战争是充满偶然性的领域，人类的任何活动都不像战争那样给偶然性这个不速之客留有这样广阔的活动天地……要想不断地战胜意外事件，必须具有两种特性：一是在这种茫茫的黑暗中仍能发出内在的微光，以照亮真理的智力，二是敢于跟随这种微光前进的勇气。"[1]当代中国著名军事学者李际均将军也同样认为："不确定性是战争中最活跃的因素之一。"[2]所谓不确定性，是指战争中那些对一方或双方在一定条件下属于无法明确的因素，它对战争的进程与结局往往会产生微妙但又实际的影响。作为战略指导者，怎样认识这种客观存在，怎样利用这种客观存在，通过发挥主观能动作用，使有利于己不利于敌的因素成为现实，使有利于敌不利于己的因素消失或减弱，无疑是衡量其战略指导是否高超，是否成熟的一个重要依据。

"战略指导是战略家在敌我双方对立运动的动态中，在不断变化的战争形势和存在许多不确定因素的条件下进行的，因而很难始终如一地做到主

---

① ［德］克劳塞维茨：《战争论》，第51—53页，中国人民解放军军事科学院译，解放军出版社2012年版。
② 李际均：《军事战略思维》（修订本），第107页，军事科学出版社1998年版。

客观一致。"①当战争爆发后，人们会发现，原先的战略预案几乎没有一个是完全符合战前的客观实际发展的，这时必须做适当的调整乃是毋庸置疑的事情。换言之，从战争指导的认识论来说，依据战前诸多基本因素而制定相应的战略预案，仅仅是认识的第一个过程；战争展开之后，依据新的情况，构成新的判断，对原来的计划和部署进行相应的调整、补充、修正，使之适应新的形势和要求，乃是认识的第二个过程。它的重要性一点也不亚于第一个过程。

统一战争是全局性的战争，往往要经历漫长的战略准备与战争实施，长期性、曲折性、复杂性、变化性是其带有共性规律的问题。在这样的背景之下，战略预案随着战争的进程而做适当的充实或调整，便是非常正常且又十分必要的做法，因为只有如此，方能克服战争中的种种不确定因素，使战略预案更符合战争活动的实际，从而推动国家统一大业不断由胜利走向胜利。正如著名的英国战略学家利德尔·哈特在其名著《战略论》的"序言"中所说的那样："战略学告诉我们，最重要的，就是一方面经常保持着一个目标，而另一方面在追求目标时，却应适应环境，随时改变路线。"

中国古代历史上根据战争进程而充实、调整原先的战略方案，从而使统一战争得以更顺利进行的成功事例不在少数，如西晋灭吴之战的方略，在具体施行过程中就有过一定的调整充实。《晋书·文帝纪》记载，早在司马氏代魏之前，司马昭就制定了"宜先取蜀，三年后，因巴蜀顺流之势，水陆并进"，一举灭吴的战略方针。晋武帝司马炎代魏后，继续执行司马昭的这一方针，只是在时间上和战略手段运用上有过必要的调整与充实。晋咸宁二年（276），羊祜上疏晋武帝，分析当时形势，请求立即伐吴。晋武帝深以为是，准备采纳。可是就在这决断关头，形势又骤然起了变化，使

---

① 李际均：《军事战略思维》（修订本），第107页，军事科学出版社1998年版。

得西晋国家统一战略方案不得不随之稍作改变。当时，凉州（治今甘肃武威）的鲜卑拓跋树机能大规模起兵反晋，其势甚盛，给西晋王朝的统治带来极大的威胁，所以西晋朝廷只好把战略上的先南后北，临时调整为先北后南，暂时中止了灭吴统一战略的实行。次年三月，晋军在马隆的统率下攻灭树机能，西晋王朝原先的南北统一战略才重新被提上议事日程。

元人刘整向忽必烈所献的"平宋策"，则更是具有典范意义的一个。在这份战略方案中，刘整依据元灭南宋前期军事行动进行不够顺利的现实，有针对性地建议元朝统治者改变战略主攻方向，发展主力兵种，从而帮助元朝统一战争指导者认清形势，摆脱困境，终于顺利地灭掉南宋政权，完成了统一全国的大业。

在联宋灭金、荡平西夏政权之后，全国统一的趋势已日益明显。忽必烈继承窝阔台和蒙哥为大汗后，立即把握时机，利用十分有利的战略态势，将南下灭宋、最终统一全国一事及时提上议事日程。为此，他部署兵力，展开了对南宋政权的军事进攻。在南宋战场，元军再次施展大规模的战略包围，于黄淮平原间屡次大败南宋军队，向长江沿线作正面推进，占据战略主动。另一方面，元军西下陕西，先是由陕入川，直逼成都、重庆，夺取长江上游；次是南迁云南，向西南作大迂回，"以迂为直"，对南宋形成北、西、南三个方向的战略包围。但尽管如此，元军伐宋统一全国的战争依然进展迟缓，远远没有预想之中的那样顺利。曾经所向披靡、横扫中亚和东欧广大地区的蒙古铁骑，这次在南中国地区却出人意料地陷入了困境：1259 年，蒙哥大汗在进攻四川期间不体面地死于前线，使元军兵威大受挫折，而被赋予平宋重任的忽必烈在江淮地区也难以有太大的作为。所有这一切，都表明了元灭南宋原先的战略预案存在着不少的漏洞，它在一定程度上已严重阻碍了其统一大业的顺利推进，亟待作出必要的调整。

导致元南下灭宋战略进展不够顺利的原因有许多，这中间最重要的因素当然是南宋方面擅长水军步兵协同作战的战术，使元军铁骑的优势受到抑制和削弱，无法纵横驰骋，叱咤风云。比如元军进攻襄樊城的持久攻城战之所以难以成功，原因就在于未能拥有一支可以与南宋水师相匹敌的水军。换言之，武功"不振"的南宋之所以使元军遇到了比征服中亚等地艰难得多的挑战，就是南方江湖水泽的特殊地理条件限制了骑兵的作战优势，而对手依托坚城，利用水军步兵协同作战的顽强抵抗，更增加了骑兵军事行动的困难。

造成元军南下灭宋战略进展不顺的又一个重要原因，是其实施多路出击而又缺乏必要的协同配合，结果导致兵力分散，战略主攻方向不够明确。

上述情况表明，如何及时正确地调整整个战略预案，明确战略主攻方向，有针对性地解决兵种结构问题，实现兵力资源的合理配置，在当时已经成为元南下灭宋、实现全国统一的关键所在。刘整在此时献上"平宋策"，就是在这两个关键问题上提出了正确的对策，为元军摆脱困局指明了方向，从而为统一作出了贡献。而忽必烈对刘整建议的重视和接受，则意味着元灭南宋统一战略的预案得到了妥善的修正。

这里我们且不讨论刘整有关建立强大水师，彻底改变元军与南宋之间在兵种结构对比方面的优劣态势问题，而着重分析其关于调整战略进攻方向建议的意义所在。

刘整在"平宋策"中郑重建议对统一战略预案进行必要的修改和调整，重新确立战略主攻方向，即实施中路突破（集中优势兵力攻克襄阳）。刘整认为，先攻襄阳，可以"撤其捍蔽"[1]，击敌要害，制敌命脉，牵一发而动全身，夺取整个统一战争的主动权。

南宋朝廷方面的防御部署，主要集中于三个方向：一是在长江上游的

---

[1]《元史》卷一六一，《刘整传》。

四川屯驻五六万大军；二是在荆襄地区的鄂州、襄阳、樊城、江陵等地驻军十二三万；三是在两淮驻军十七八万，屯驻于扬州、真州、滁州、和州等地。这样便在长江上中下游构成了一个相对完整的防御体系。四川的重兵集中于川东山地，荆襄与两淮的重兵由沿江延伸到淮、汉流域布防。在整个防御体系中，又以襄阳和樊城为连接长江中下游的纽带，具有十分重要的战略地位。

蒙军于端平二年（1235）开始攻宋。窝阔台的战略是兵分三路，在西、中、东三面同时展开。西路指向四川（含今之重庆市），以横扫三峡以西地区；中路直指襄阳，兵围江陵；东路军则前出两淮，指向舒州、庐州，"谋捣江南"。但是，这一次进攻未能全面深入，也未达到一举灭宋的战略目标。其中的重要原因，就是主攻方向不明确，战线过长，东西绵亘数千里，难以互相策应，结果造成兵力分散，无法实施战略协同。窝阔台死后，南宋方面趁蒙军撤退之际，重新巩固了京湖、两淮、四川三个方向的防御，而且收复了襄阳、樊城，并在四川构建了更为坚固的城塞防御体系。

蒙哥汗继位之后，发动了第二次攻宋战争。这一次把战略主攻方向指向了四川，而由忽必烈率军进攻襄樊作为助攻和策应。四川控扼长江上游，是南宋的西部屏障，而且为南宋最重要的财赋供应基地之一，对南宋政权的存亡具有十分重要的战略意义。所以，从南宋立国以来，朝廷一直积极经营该地区的防务。窝阔台南犯之后，南宋方面委派名将余玠出任四川安抚制置使兼重庆知府，主持东西二川的防务。余玠上任后，根据四川的地形特点进行大规模的城防建设，先后修筑了钓鱼城等十余座城池，利用山势筑成坚固的城堡、城寨，防御力量大大加强。蒙军第二次入川后，屡被挫败，劳而无功。蒙哥汗所率蒙军主力四万余人遂陷于四川战场不能自拔，进退维谷。为扭转战局，蒙哥遂下令督促忽必烈所率的东路军进攻鄂州，然因宋军奋勇抵抗，忽必烈在鄂州城下攻坚数月却进展不大，反而师老兵疲，一筹莫展。尤其是当蒙哥汗死于四川前线的消息传来后，蒙军上下顿失锐气，军心涣散，而忽必烈本人也急于回北方同弟弟阿里不哥争夺皇位，于是仓皇撤军北归。可见，蒙古两次大举攻宋，皆因战略主攻方向不正确而收效甚微。所以，忽必烈自从鄂州退兵夺得皇位后，要平灭南宋统一全国，势必要汲取前两次的教训，在战略预案上作出重大的调整。

其实，早在刘整之前，郝经、郭侃等汉族谋士也曾就此提出过建议，希望忽必烈"先荆后淮，先淮后江"和"先取襄阳"[①]，但却皆被忽必烈视为书生迂阔之论未予重视。这时，出身南宋降将的刘整再一次向忽必烈详细陈词："攻宋方略，宜先从事襄阳"；"如覆襄阳，浮汉入江，则宋可平"[②]。这是因为襄阳和樊城地处汉水中游，两城隔水相对，互为依托。控制了襄阳、樊城，就等于控制了鄂、豫、陕的交通咽喉。可以北瞰汴、洛，南扼长江中游，向下可切断长江中下游的联系。当年岳飞为抵抗金兵南下和北伐收复中原，也是以襄阳地区为战略基地，可见其战略位置之重要。忽必烈以前一直忽视这一重要环节，置郝经等人的明智建议于不顾，结果自食苦果，在战场上受到惩罚。此时，他痛定思痛，深感有改弦易辙，调整战略预案，重新选择战略主攻方向的必要。所以，当刘整从军事战略角度再次建议先取襄阳时，忽必烈立即接受了这一旨在中路突破的战略主张，任命阿术为主帅，统率主力争夺襄阳，又命令汪良臣的西路军攻重庆，东路军攻淮西，配合襄樊之战。

南宋与元军双方在襄、樊一带激战六年有余，元军越来越占上风，它最后采用南宋降将张弘范的断绝襄、樊二城之间浮桥的办法，集中兵力用回回炮猛轰宋军城池防御工事，先克樊城，次下襄阳，终于夺占襄、樊这一战略要冲，在南宋的整个战略防御体系上撕开了一个大缺口。这样不仅

①《元史》卷一五七，《郝经传》所载《东师议》。
②《元史》卷一六一，《刘整传》。

取得了中路突破的主动，切断了南宋东西两大战略基地的联系，使之陷入了被动挨打的困境，而且经此一役，元军还发展壮大了自己的水军，使得南宋在长江下游的设防价值大为降低。

至此，元军水陆俱下，一举灭宋统一全国的条件才算完全具备。以忽必烈为首的元军最高统帅部，遂及时把握住战机，乘胜进击，委派伯颜统率元军雄师劲旅，实施横渡长江的作战，直下南宋王朝的首都临安（今浙江杭州市），一举灭亡了偏安江南的南宋小朝廷。至元十四年（1277），元军继续南下，占领了南方地区的重镇广州。三年之后，又在海南岛沿海的崖山地区，将南宋残余的部队彻底消灭，最终完成了中国历史上空前的大统一。

（四）整体性战略预案与局部性战略预案

在中国历史大舞台上，统一战争犹如重头戏，曾不断地反复上演。但每一出戏都不是简单的重复，而是有共性前提下的个性展现。因此，用于指导统一战争的战略预案也各有自己的特色，其适用对象往往是颇有差异。就服务于统一范围而言，它们中有的是服务于整个中华民族统一的方略，比如清代施琅的"决计进剿疏"；有的是服务于统一中原的方略，比如五代王朴的"平边策"、宋代赵普的"雪夜对"；有的则属于服务局部统一的方略，比如明代刘基的"平江南策"。这种情况的存在，恰恰反映了中华民族统一的多民族国家发展过程的阶段性特征和实现大统一的复杂性、曲折性，但无论如何，它们都是中华统一大略总体系中的有机组成部分，向人们显示了统一战略预案各有千秋、异彩纷呈的个性魅力。

这里，我们不具体讨论各个历史时期统一战争战略预案的差异性问题，而只关注同一场统一战争战略预案的不同表现。这种不同表现除了反映时间上的阶段特点与差异外，还体现为规模上的全局性与局部性的有机统一。换言之，统一战争的战略预案往往分为两个层次：一种是全局性的，它一般贯穿于该场统一战争的始终，起着纲领性的指导意义（尽管也经常存在补充、修改、调整的现象，但总体方向通常不会改变）；另一种是局部性的，它一般起作用于统一战争进程中某个特定的时期，在达成一定的战略目标后即会淡出乃至中止。前者体现的是全过程性与整体性，而后者体现的则是阶段性与不完整性。两者既有联系，又有区别，互为前提，互为补充，共同作用于统一大业的顺利推进。

在历史上诸多局部性的统一战略预案之中，东汉初年来歙为刘秀所拟制的以"联陇制蜀，各个击破"为主旨的"平陇蜀策"，最为鲜明地体现了局部服务于全局、阶段服务于全程的特色，成为刘秀完成统一战争大业的一个不可或缺的重要环节。①

来歙的"平陇蜀策"属于刘秀夺取两京后，如何再接再厉削平群雄，统一全国的阶段性战略预案。当时刘秀已击灭赤眉军，平定了西汉末年的农民起义，初步奠定了统一全国的基础。但是，削平各地割据势力，实现全国的统一还有漫长的道路要走。

刘秀从建武二年（26）开始从事消灭各个割据势力的斗争。当时全国的形势对刘秀并不十分有利。他仅控制黄河南北的中原地带，在全国十三个州中，仅据有冀、豫、并、司隶四州（今河北、河南、山西、陕西大部分地区），即所谓"今四方豪杰各据郡国，洛阳地如掌耳"②。其余各州则处于各割据者的控制之下。其中，东面有青州（今山东淄博）的张步、东海（今山东郯城）的董宪、睢阳（今河南淮阳）的刘永、庐州（今安徽庐江）的李宪，南面有南郡（今湖北江陵）的秦丰、夷陵（今湖北宜昌）的田戎，西面有成都的公孙述、天水（今甘肃通渭西）的隗嚣、河西（今甘肃兰州、武威、敦煌一带）的窦融等几股强大势力，北面的渔阳（今北京一带）则有

---

①《后汉书》卷十五，《李王邓来列传》。
②《后汉书》卷十七，《冯岑贾列传》。

彭宠。以当时的天下形势论,刘秀处于中原四战之地,被割据势力四面包围着。

根据当时的战略形势,刘秀在其谋臣的辅佐下,权衡利害,制定先关东,后陇蜀,先东后西、由近及远,集中兵力、各个击破的战略方案。应该说,这样的战略方案是符合当时的客观形势的,因而也是正确可行的。

其一,关东的刘永称帝于睢阳,与刘秀的势力中心洛阳近在咫尺,而且刘永本人也是西汉皇室近亲,与刘秀相比,与刘氏皇室有着更为亲近的血缘关系。尤其值得注意的是,刘永在起兵后,同样以"兴复汉室"为号召,有与刘秀争夺天下的实力与资本,必须先予以铲除自属理所当然的事情。而南方南阳、夷陵一带的邓奉、秦丰也直接威胁着洛阳与长安,同样是刘秀集团的腹心之患,如不及早消灭,势必动摇刘秀的地位。相反,陇右的隗嚣、四川的公孙述与中原遥相悬隔,一时难以危及刘秀。同时早在此前,刘秀已派大将冯异进据关中形胜之地,构成洛阳的战略前哨,更使刘秀处于战略主动的地位。

其二,要集中力量解决东方的问题,必须以保证西方无事为基本前提,否则关中不稳,中原的局势势必随之动荡。尤其需要重视的是,必须防止关陇与四川联盟,趁机夺取关中。所以刘秀非常关心这一问题,特意向熟悉陇右情况的来歙询问:"今西州未附,子阳(公孙述)称帝,道里阻远,诸将方务关东,思西州方略,未知所任,其谋若何?"①来歙对此胸有成竹,建议刘秀对陇西的隗嚣和四川的公孙述进行分化瓦解,"联陇制蜀,各个击破"。这一战略预案显然是可行的,因为隗嚣和公孙述各有各的小算盘。隗嚣对公孙述的主动拉拢疑信参半,曾派遣手下重臣马援出使四川打探虚实,可惜公孙述妄自尊大,对老友马援未予应有的尊重。马援对此十分不

---

①《后汉书》卷十五,《李王邓来列传》。

满，以"子阳井底蛙耳，而妄自尊大，不如专意东方"为辞，向隗嚣汇报，加之隗嚣本来就对近邻公孙述怀有戒心，生怕其北上侵吞自己的地盘，陇、蜀遂失去了联盟的机缘。隗嚣遂决定通过联合刘秀以压制公孙述，来保证自己独霸一方。而刘秀对隗嚣的使臣马援则竭诚相待，积极予以争取，进一步促成了洛阳与陇西的联盟。这样，联陇制蜀之战略预案遂成现实，其结果既使得陇蜀互相攻伐，有力地打击了公孙述，又削弱了隗嚣的势力，同时还保证了刘秀自己可心无旁骛，专力东向而无后顾之忧，坐收一石三鸟之效。

显而易见，来歙的"联陇制蜀"之策是刘秀从事统一大业过程中具有阶段性、局部性意义的战略预案。它的核心内容是，在面对各个对手的复杂情况下，区分轻重缓急，确定最主要的打击对象，暂时放过或稳住次要威胁、较小的敌手，而首先孤立和打击最具威胁的敌人，从而避免出现多面树敌、多个方向作战的被动，使自己循序渐进地对各方势力加以各个击破。在当时情况下，公孙述的政治野心较大，实力强盛，并已公开与刘秀为敌，自然要毫不留情地予以掣肘和打击，将其对刘秀从事关东、关中统一战争所构成的威胁降到最低程度。相对而言，西边的隗嚣实力稍逊，且热衷于陇西一隅的割据和自保，对刘秀暂不构成直接紧迫的威胁，加之他与蜀地的公孙述存在着矛盾和嫌隙，可资利用，所以可以暂且不作为打击的对象，而且还可利用一切机会，通过各种手段进行积极的争取，在予以安抚、稳住其势力的同时，借助其存在和力量来牵制和抗衡公孙述，从而使东汉方面左右逢源、上下其手，获取战略上的最大利益，确保刘秀在展开东线的统一战争时没有任何后顾之忧，为日后最终解决西线问题、完成全国统一赢得必要的缓冲时间。这就是所谓的用空间换取时间。应该说，在一定的时间内，这一"联陇制蜀"的战略预案是没有其他方案可以取代的。而历史发展也证明，刘秀正是按照这一战略预案，瓦解了陇蜀合作对付东汉的图谋，消弭了来自西线的直接威胁，为彻底平定东方创造了良好的战略环境。

当然，"联陇制蜀"这一战略预案不是刘秀统一战争的全局性战略，而只是特定时间内具有阶段性、局部性和特殊性的战略预案，属于整个统一方略中的有机组成部分，因而具有一定的时效性和相对的适应范围。当刘秀彻底平定东方之后，将主力兵锋西指时，"联陇制蜀"的战略预案就自然要作出相应的调整。这时，陇右与西蜀都成了要打击的对象。陇、蜀在战略地理上本是互为表里的，平陇即为灭蜀之前奏，不平定陇右而用兵西蜀，则面临侧背的极大威胁，若对陇、蜀同时用兵，则两面出击，兵力分散，加之山地作战，不便协同配合。而平定陇右之后，即可绕过秦岭南下，直趋阳平关，大军行动便利，可以确保统一全国大业的顺利成功。所以，对西线的战争必须根据形势的需要，作出由近及远、由弱及强、先陇后蜀的战略抉择。至此，来歙的"联陇制蜀"战略预案也就完成了它的历史使命，新的阶段性统一战略预案也随之制定和付诸实施。尽管如此，我们也应该充分看到，没有前期的"联陇制蜀"，便谈不上后来的"先陇后蜀"，"联陇制蜀"是整个东汉统一大方略中一个必不可少的环节，是最终彻底解决陇、蜀问题的必要铺垫，对于刘秀完成统一大业至关重要。

需要进一步加以指出的是，"联陇制蜀"战略预案中所体现的抽象原则，如"分化瓦解""集中力量""各个击破"等，在刘秀进行统一战争的最后阶段仍得到了充分的继承和发扬。从这一意义上说，"联陇制蜀"战略预案的生命力又不是暂时的，而是永恒的。

第四章　历代实现国家统一的战略运用（下）

一、扎实建设战略基地

战略基地，按现行军语的解释，是指据以遂行战略任务的基地，是军队生存、发展、积累力量和进行战争的依托。军队据此可以在人力、物力、财力上得到源源不断的补充，坚持长期残酷的斗争，达到克敌制胜的目的。总之，它是支持战争和取得战争胜利的重要保障。我们也可以把它称为战略根据地。

统一战争的长期性、艰巨性决定了必须有强大的战略基地作为依托，因为没有战略基地这一平台，统一战争就很难坚持和进行下去，而战略基地这一平台的不合适，则同样会影响到统一战争的成败得失。因此，历代统一大业的实施者都普遍重视建立巩固的战略根据地，把它作为统一战略运用上的重要环节来对待和落实。如周、秦、西汉、隋、唐等朝都是先据有关中，然后夺取天下；东汉、北宋等朝都以河北、河南为基地，逐步统一南北；明朝则是先占南京为根本，经过长期的征战，完成平定六合的大业。黄巢、李自成等农民军最后失败，亦与其缺少一个巩固的根据地有关。从这个意义上说，扎实建设稳固的战略基地，对于实现国家统一的战略目标具有至关重要的意义。

（一）地缘战略背景下的根据地选择

现代西方地缘政治学的开山之祖麦金德在其代表作《历史的地理枢纽》中曾系统地剖析了地理与国家战略之间的相互关系。他认为，地理与历史之间有着密切关系，世界舞台上各种特征和事件与地理之间有着因果关系，从中可以寻找到一些共通的东西，并借以透视当时国际斗争中的对抗势力。比如，只要粗看一下欧洲政治地图，就会发现自然环境与政治组织之间存在着一种明显的关系，即由俄国占据半个大陆的广阔地域和由西欧国家占有较小的领土的对比，而欧洲与亚洲连成一块大陆，所以欧洲的历史与亚洲的历史密切相关。如果把地理视野从欧洲移开，整体地考虑一下大陆就会更清楚，游牧民族驰骋的欧亚大陆核心地带，自古就是世界政治的枢纽地区。谁控制了这一地区，谁就真正掌握了世界事务。这就是西方大国制定军事战略时所依赖的经典理论。①

麦金德作为一名资产阶级战略学家，或许过分夸大了地理环境对军事战略的决定作用，其结论不无值得商榷之处。但是他从全球角度立足地理条件分析世界战略形势及其演变的方法却是新颖的，也是颇具启发意义的。

在中国古代社会，高山大川对一个政权的兴起、稳定和发展的作用不可低估，地理形势对统一战争的进行更是具有不容忽视的影响，因此从地缘战略的立场来规划一统天下的大业，乃是统一大略制定者在从事战略运筹时所一定需要关注的问题。其中，争取和利用有利的地缘战略形势，选择合适的地域区位作为统一大业的战略根据地，就成为整个战略运用中一个不可或缺的环节。秦国之所以能在战国七雄大角逐中后来居上，一枝独秀，最后统一六国，开创中国历史的新纪元，一个重要的原因，就是它处于有利的地缘战略环境，即凭借关中这个"四塞之国"作为战略基地，为统一战略的逐步实施创造了非常积极的条件。

"年年岁岁花相似，岁岁年年人不同。"伴随着铁马金戈、鼙鼓旌旗，历史进入了战国时期，同时战争也以不可阻挡的气势迈上了新的台阶。在

---

① 麦金德：《历史的地理枢纽》，第50—60页，商务印书馆1985年版。

当时，随着旧的生产关系的瓦解和倾覆，土地占有权也相对分散。有土地就有人口，有人口就有赋税，就能组建军队，也就意味着拥有了财富和权力。因此，对土地和人口资源的争夺和控制，也就符合逻辑地成为战国时期战争活动的根本宗旨。[1]换言之，对土地的争夺如同一条红线，贯穿于战国时期战争的始终。这一战争的属性，是与以往争夺霸主名分和地位的春秋争霸战争迥异其趣的。所以刘向说："万乘之国七，千乘之国五，敌侔争权，盖为战国。贪饕无耻，竞进无厌；国异政教，各自制断；上无天子，下无方伯；力功争强，胜者为右；兵革不休，诈伪并起。"[2]战争的目的决定战争手段，当时战争的激烈和残酷程度也要远远超过以往的争霸战争。孟子所说的"争地以战，杀人盈野；争城以战，杀人盈城"[3]，正反映了这一特点。

随着兼并战争的进展，在政治上，各诸侯国政治上的交流和联系日趋加强，统一的曙光已渐渐从东方地平线上升起。孟子在回答梁惠王时指出，天下"定于一"，十分确切地反映了这一历史发展趋势。在经济上，由于社会生产力的迅速发展，商业与交通的不断繁荣，各个地区在经济上的依赖与联系已相当密切。关于这一点，杨宽先生在其《战国史》一书中曾有翔实的论说。到了战国晚期，天下已出现了"四海之内若一家"的崭新气象。这种政治上、经济上的大一统社会发展大势，势必要在军事领域得到深刻的体现。通过战争完成全国的统一，遂成为历史前进的主流。

统一战争的进程，使得地缘战略环境对各国攻守形势的影响日益突出。这种影响集中体现为战国七雄在地缘战略环境中所处的不同地位。大致而言，秦、楚、燕、齐诸国处于战略外线的有利位置。三晋，尤其是魏、韩

---

① 吴如嵩等：《战国军事史》第五章，军事科学出版社1998年版。

②《战国策》。

③《孟子·离娄上》。

则处于战略内线的不利位置。具体地说，外线诸国拥有战略进攻或对敌包围的态势，其军队通常处于主动地位，力量优势，对战争的中心地带——中原（黄河中下游流域）保持着相对的距离，时常采取外线作战的行动，不复存在有"诸侯自战其地"的被动状态，而其所据的山河之险，又保证了军队能够攻守皆宜，进退主动。反之，魏、韩等国则处于战略防御或被敌人战略包围的态势。它们地处中原腹地，被称为"天下之胸腹"，四周大国环列，西有秦，东临齐，北接赵、燕，南邻楚，是十分典型的"四战之地"，很容易陷入多线作战的不利境地，地缘战略环境颇为恶劣，其军事行动的特点往往是陷于内线作战而不能自拔，被动挨打，成为失败的一方。比如魏国，尽管在战国初年率先崛起，一度称霸，但很快就衰落下去，一蹶不振。这中间固然有其决策者魏惠王本人战略指导严重失误的原因，但是地缘战略环境的不利也是一个重要的因素。这一点，时人张仪早就有所说明："魏地方不至千里，卒不过三十万。地四平，诸侯四通辐凑，无名山大川之限。从郑至梁二百余里，车驰人走，不待力而至。梁南与楚境，西与韩境，北与赵境，东与齐境，卒戍四方，守亭鄣者不下十万。梁之地势，固战场也。梁南与楚而不与齐，则齐攻其东；东与齐而不与赵，则赵攻其北；不合与韩，则韩攻其西；不亲于楚，则楚攻其南。此所谓四分五裂之道也。"① 在这种背景下，要建立稳固的战略根据地，并进而与群雄角逐，争夺统一天下的主导权，无疑是不切实际的想法。

当然，同是处于战略外线，拥有相对的地缘战略优势的几个诸侯国情况也各有不同。具体地说，燕国僻居北方，国力有限，所谓"燕固弱国，不足畏也"②。因此，在一般情况下，寄希望由它来平定六合，一统天下，是不切实际的。齐国处于中原争战之地的边缘，既可西进，雄霸诸侯，亦可

---

① 《史记》卷七十，《张仪列传》。
② 《战国策·赵策二》。

退守，固据山川形势，自成格局，即如古人所云："济清河浊，足以为限，背有渤海之利，地方二千里，持载百万，悬隔千里之外。"①这是它在地缘战略上的优势。然而，在一定的条件下，优势也会转化为劣势。正是由于拥有"悬隔千里之外"的地缘战略环境，齐国遂丧失了主动进攻的积极态度。尤其是在五国伐齐之役后，齐国的实力受到根本性损伤，再也无力重振雄风，只好做"自守之国"，其实等于是正式退出了统一天下大业的竞争。由于齐国兵要地理的重要特点之一是"以自守则易弱而亡，以攻人则足以自强而集事"②，因此，齐国的"自守"就意味着彻底的出局，等待它的只能是覆灭的命运。

至于楚国的情况，则又有其特点。楚国是战国七雄中疆域最大的国家，全盛时其地覆盖今湖北、湖南、安徽三省之全部以及贵州、陕西、河南、山东之一部，地大物博，人口众多，军力充足，同时其地缘战略环境也相对有利，"荆渚，江右上流也。故楚子自称归徙都，日以富强。近并毂郑，次及汉东，下收江黄，横行淮泗，遂兼吴越，传六七百年而止。此虽人谋，亦地势使然也"③。所以，楚国是当时最有条件完成统一天下大业的诸侯国之一，是能与秦国全面抗衡的唯一强国，"秦之害莫如楚，楚强则秦弱，秦强则楚弱，其势不两立"，有"纵合则楚王，横成则秦帝"之说。④然而，楚国在地缘战略上的优势，却随着其政治的腐朽、外交的失败而渐渐消磨殆尽，"楚王恃其国大，不恤其政，而群臣相妒以功，谄谀用事，良臣斥疏，百姓心离，城池不修，既无良臣，又无守备"⑤。在这样的背景之下，楚国地虽广，人虽众，兵虽多，地缘战略环境虽优越，也不能不江河日下，危亡必

---

①《读史方舆纪要》卷三十。
②《读史方舆纪要·山东方舆纪要序》。
③《读史方舆纪要》卷七十八。
④《史记》卷六十九，《苏秦列传》。
⑤《战国策·魏策一》。

至了。

可见，仅有地缘战略形势之胜尚不足以确保自己在统一战争中取得最后的胜利。楚、齐等国的覆灭即为明证。然而，如果拥有了地缘战略的有利环境，又能推行彻底改革，做到富国强兵，以强大巩固的战略基地为依托，兼之以实施高明的战略策略方针，那么就可以横扫六合，完成天下的统一。在这里，孙子所说"夫地形者，兵之助也。料敌制胜，计险厄远近，上将之道也"①的价值，也就真正得到了体现。秦国的情况正是如此。它"因四塞之固，据崤、函之险，跨陇、蜀之饶，听众人之策，乘六世之烈，以蚕食六国，兼诸侯，并有天下"②。

秦国自春秋中后期起，就是天下四强之一，据有今陕西省大部和甘肃省之一部，即东距黄河桃林、崤函之塞，南接秦岭，西依陇山，北抵平凉、泾川附近。但是由于强晋在崤函一带设防，扼其咽喉，使其长期无法东出逐鹿中原，"秦僻在雍州，不与中国诸侯之会盟，夷翟遇之"③。然而到了战国，历史为秦国提供了新的机遇。天下第一强盛之晋国分裂为魏、韩、赵三国，力量大大削弱，秦国遂把握时机，重新启动东进的战略。而秦孝公任用商鞅进行变法，废井田，开阡陌，致力耕战，推行"尚首功"的政策，遂使秦国迅速强盛起来，为秦国夺得对山东六国的战略优势，并进而统一天下打下了坚实的基础。在此基础上，秦国又实施连横策略以破合纵联盟、远交近攻以稳妥进取等一系列正确的策略方针，为达到其战略目标开辟了道路。至战国中期，秦国的实力已俨然驾乎山东六国任何一国之上："秦地半天下，兵敌四国，被险带河，四塞以为固。虎贲之士百余万，车千乘，骑万匹，积粟如丘山。法令既明，士卒安难乐死，主明以严，将智以武，

①《孙子兵法·地形篇》。
②《战国策》。
③《史记》卷五，《秦本纪》。

虽无出甲，席卷常山之险，必折天下之脊，天下有后服者先亡。"①尤其是秦国的民风尚武乐战，骁勇强悍，"怯于私斗而勇于公仇"，所以秦国的军队战斗力在七雄之中为最强，所谓"齐之技击不可以遇魏氏之武卒，魏氏之武卒不可以遇秦之锐士"②，"秦性强，其地险，其政严，其赏罚信，其人不让，皆有斗心，故散而自战"③。这样的军队在作战中自然是所向披靡，攻守皆宜了："山东之士披甲蒙胄以会战，秦人捐甲徒裼以趋敌，左挈人头，右挟生虏。夫秦卒与山东之卒，犹孟贲之与怯夫；以重力相压，犹乌获之与婴儿。"④

秦国战略优势地位的确立，是与其地缘战略环境优越密切相关的。班固有云："秦地天下三分之一，而人众不过什三，然量其富居什六。"⑤特别是秦统治中心关中地区的地理条件更是十分优越。关中作为四塞之地，"带河阻山，地势便利"，处于进可以攻、退可以守的有利地位。秦国占有了关中，对敌便拥有了主动和行动的自由。兼之关中土地肥饶，水利灌溉系统发达，特产丰富，"号称陆海，为九州膏腴"，"沃野千里，民以富饶"⑥，能够支持长期的战争活动，故一直成为秦国实施兼并统一战略的有力保障。尤其值得注意的是，秦国长期贯彻拓土开疆、扩展战略纵深、巩固战略后方、争夺战略要枢的方针，先后攻占河西、上郡、陕等地，完全控制黄河天险与崤函要塞，向南灭亡巴蜀，夺取汉中，向西北攻灭义渠，并进而占领黔中、陶邑、南阳、河内等战略要地，几乎将当时主要的兵家必争的战略形胜地区大部分都收入了自己的疆域，进一步占有并巩固了地理环境上的优势，为接下来展开席卷天下、统一六国的战略行动创造了非常有利的

---

①《史记》卷七十，《张仪列传》。

②《荀子·议兵》。

③《吴子·料敌》。

④《史记》卷七十，《张仪列传》。乌获，战国时秦国力士。

⑤《汉书》卷二十八，《地理志》。

⑥《汉书》卷二十八，《地理志》。

条件。这用苏秦的话说，就是"秦四塞之国，被山带渭，东有关河，西有汉中，南有巴蜀，北有代马，此天府也。以秦士民之众，兵法之教，可以吞天下，称帝而治"①。

秦国以关中这一战略基地为依托，按照地缘战略关系的基本原则，实施统一战略方案的措施是很多的，其中比较突出的，就是表现为战略纵深的延伸与对战略要地的争夺。

所谓战略纵深，既指战略部署的纵向深度，也指战略部署的纵深地区。战略纵深地区通常部署有大量的战争预备力量，设有重要的军事基地，是人力、物力资源的重要基地和前方作战的依托，对支持战争、保障战略全局的稳定具有重要意义。在战国七雄之中，秦国是最重视战略纵深的拓展与延伸的国家之一②。这种情况的存在，表明地缘战略环境对秦国统一六国军事战略的影响的确不容忽视。

秦国自春秋以来，始终重视对少数部族的进攻和兼并，以及对周边的拓展，从而巩固后方，扩张疆域，延伸战略纵深，积聚综合实力，为争霸中原创造条件，如秦穆公就曾"灭国十二，开地千里，遂霸西戎"③。进入战国之后，秦国在拓展战略纵深方面更为积极，其中吞并巴蜀、攻灭义渠就是这方面最具典型意义的例子。

对于进攻巴蜀的战略意义，秦将司马错曾做过精辟的分析："夫蜀，西僻之国也，而戎翟之长也，有桀纣之乱。以秦攻之，譬如使豺狼逐群羊。得其地足以广国，取其财足以富民缮兵，不伤众而彼已服焉。"④据此，司马错建议先攻巴蜀，以扩展秦国的战略纵深。秦惠王采纳了司马错的意见，

---

① 《史记》卷六十九，《苏秦列传》。
② 战国时期另一个十分重视战略纵深拓展的诸侯国是赵国。它曾灭亡中山，攘地北至燕、代（今河北蔚县东北），西至云中（今内蒙古托克托旗东北）、九原（今内蒙古包头市西）。大大延伸了赵国的战略纵深，改善了赵国的地缘战略环境，"北地方从，代道大通"。（《史记》卷四十三，《赵世家》）
③ 《史记》卷五，《秦本纪》。
④ 《史记》卷七十，《张仪列传》。

"起兵伐蜀，十月，取之，遂定蜀"①。后来，秦又多次出兵攻打西北的义渠，经过长年的战争，最终彻底征服义渠，进一步扩大了秦的疆域，延伸了秦的战略纵深。应该说，秦致力于扩展战略纵深的做法对于进一步改善地缘战略的环境意义十分重大，对秦的进一步强盛和统一战争的进行具有突出的作用，"蜀既属秦，秦以益强，富厚，轻诸侯"②。

地缘战略问题对战国七雄军事战略的制约，还表现在各国均重视对战略要地的争夺和控制。所谓战略要地，是指对战略全局有重大影响的地区，亦称战略重地。它包括重要的交通枢纽，地理上具有战略地位的要地、要塞等。在战国时期，战略要地的得失对于战争的进程乃至结局同样具有重大的影响，所以当时七雄都十分重视夺取和控制战略要地。

这里，我们仍以秦国为例，来说明战略要地的得失对战略地缘环境的变化、统一战争的进程所产生的重大影响。从当时整个攻守形势来说，魏、韩地处中原腹心，相当于现代战略地缘学说所讲的"心脏地带"，谁控制了这一"心脏地带"，谁也就控制了整个七雄格局，主导了天下的战略形势，"夫三河在天下之中，若鼎足，王者所更也"③。所以，秦国对战略要地的争夺，从大的方面讲，就是进攻和控制魏、韩两国，"以绝从（纵）亲之要（腰）"④。而山东六国合纵抗秦的重要目的之一，也是为了不让韩、魏这一"心脏地带"落入秦国的手中，"秦攻梁者，是示天下要，断山东之脊也，是山东首尾皆救中身之时也"⑤。然而，秦国毕竟棋高一着，通过外交上的纵横捭阖和军事上的凌厉打击，终于控制了韩、魏这一"心脏地带"，迫使韩、魏完全倒向秦国的阵营，"称东藩，筑帝宫，受冠

① 《史记》卷七十，《张仪列传》。
② 《史记》卷七十，《张仪列传》。
③ 《史记》卷一二九，《货殖列传》。
④ 《战国策·魏策四》。
⑤ 《战国策·魏策四》。

带，祠春秋"①，"出则为捍蔽，入则为席荐"②。

从具体的战略要地的争夺来看，在很长的一段时间里，秦国用兵的重点是指向河西（今陕西境内黄河西岸一带）、崤函、河内（今河南北部与河北南部地区）。秦与魏争夺河西这一战略要地历经多年，其间该地曾经数易其手。公元前330年，秦终于从魏国手中夺得河西，不久又攻占上郡以及河东的部分土地。从此，黄河天险便为秦国所完全掌握，秦国的声威震动一时，它随即开始了东进大扩张，把战火燃向六国。由此可见，秦国占领河西之地，为其实施兼并统一战略迈出了第一步。这一点，著名战略家吴起在当时即已意识到了。文献有载："吴起治西河之外，王错谮之于魏武侯。武侯使之召之。吴起至于岸门，止车而望西河，泣数行而下。其仆谓吴起曰：'窃观公之意，视释天下如释屣。今去西河而泣，何也？'吴起抿泣而应之曰：'子不识。君知我而使我毕能西河，可以王。今君听谗人之议而不知我，西河之为秦取不久矣，魏从此削矣！'吴起果去魏入楚。有间，西河毕入秦，秦日益大。此吴起之所先见而泣也。"③

对崤函的争夺和控制，是秦国改善自身地缘战略环境、从事统一战略活动的又一个重要步骤。早在春秋中期，秦晋之间就为争夺对战略要地桃林、崤函的控制而兵戎相见，大打出手。然而由于晋国始终将"崤函之险"牢牢掌握在自己的手中，因此使秦国终春秋之世也未能得志于中原，"二百年来秦人屏息不敢出兵者，以此故也"④。"贾生有言：'秦孝公据崤函之固，拥雍州之地，君臣固守以窥周室。'呜呼！此周秦兴废之一大机也。考春秋之世，秦、晋七十年之战役，以争崤函。而秦之所以终不逞者，以不得崤

---

① 《战国策·魏策一》。
② 《韩非子·存韩》。
③ 《吕氏春秋·仲冬纪·长见》。
④ ［清］顾栋高：《春秋大事年表》卷四。

函。"①正因为崤函具有这样重要的战略地位，所以秦国从公元前329年起便对那里全力进攻，志在必得。经过激烈的争夺，秦国终于全面控制了崤函，在那里设置函谷关，从而确保其退可以守住关中门户，使八百里秦川安全无虞，进可以出兵豫东，争雄天下，完成统一。

晋南豫北通道东端的河内之地属魏，为赵、魏、齐三国的交界之处，战略地位同样十分重要，所以也是秦国争夺的主要对象。秦军经过多年苦战，于公元前3世纪中叶占领此地，从而在黄河以北建立了一个揳入中原的桥头堡，截断了赵、燕与楚、魏、韩诸国的联系，并在东边陈兵迫近齐境，使之不敢轻举妄动，加入合纵联盟。秦国对这一战略要地的控制，其意义正如后人所评论的那样，是"以常山为天下脊，则此卫及阳晋当天下胸，盖其地是秦、晋、齐、楚之交道也。以言秦兵据阳晋，是大关天下胸，则他国不得动也"②。

当秦国占领了河西、崤函以及河内等战略要地之后，其地缘战略的环境遂得到了根本的改善，这于秦国而言，可谓是如虎添翼，其吞并六国、统一天下的前景也就变得平坦无阻、水到渠成了。

（二）统一战略轴线转移与战略基地的选择

如前所述，中国历史上统一战争的战略轴线，在魏晋南北朝之后，曾有一个重大的转移，即由原先的东西轴线逐渐演变为南北轴线。当然，这是一个漫长的过程，迄至隋、唐，统一战争的战略轴线实际上仍是东西向与南北向的交替出现，即先东西，后南北，先完成北方地区内的东西间的统一，在此基础上实现全国范围内的南北间统一③。如果从这个视野考察统一战争过程中的战略基地选择问题，那么我们可以清晰地看到，以隋唐为

---

① ［清］顾栋高：《春秋大事年表》卷四。
② 《史记》卷七十，《张仪列传》司马贞"索隐"。
③ 如隋统一南北，是依赖于北周先期对北齐的吞并（以西灭东），有北方地区先行统一的基础。唐统一全国，也是先关东（东西轴线），后江淮（南北轴线）。

界，统一大业实施者在根据地建设方面，是有一些共性的规律可供总结和揭示的。同时，这种战略作战轴线的转移事实，也能够帮助我们解开一个重大历史疑团：在隋唐之前，绝大多数的统一大业实施者总是以关中地区为自己从事统一战争的战略基地，据此而东向争雄，次第平定各个割据势力，最终完成国家的统一，而自隋唐以降，情况开始发生根本的变化，关中在统一大业进程中似乎不再扮演此前的角色，逐渐趋于边缘化，不再具有国家统一大业策源地的战略地位了。

东西方势力彼此消长，东西部关系对峙互动，是中国古代历史发展的基本特征之一。换言之，一部中国上古史，其实便是东西两大区域在政治、文化上长期对峙冲突并不断同化融合的文明进程。①早在黄帝时代，发祥于今陕西地区的黄帝部落、炎帝部落与以今山东大地为基地的东夷集团蚩尤部落，便为争夺中原核心地带展开了激烈的斗争，所谓"涿鹿之战"就是这场斗争的具体写照。战争的结果，是来自西方的炎黄集团战胜了代表东夷势力的蚩尤部落，西方势力控制中原核心地区，"合符釜山"，号令天下。然而东夷集团并未消亡，黄帝不得已而采取怀柔同化措施，"命少昊清司马鸟师，以正五帝之官"②，即在东夷集团中选择一位"德能附众"的氏族首长名叫少昊清的继续统领九夷部众，设法使东西方两大群体结为同盟。

这个格局一直沿袭了下来，所谓尧、舜、禹禅让，就曲折地反映出东西两大地区及集团势力此消彼长的实质关系。唐尧是西方势力的代表，虞舜则显然是东方势力的首领，因为《孟子》中已说得很清楚："舜，东夷之

---

① 自当年傅斯年提出"夷夏东西"说之后，从东西部族互动过程中考究中华文明起源（包括政治格局的变化、民族的冲突与融合、文化价值观念的交会与互补等等），遂成为人们认识和解答中国古代历史之谜的重要途径之一。尽管学术界对傅斯年的论点在结论可靠性与否上仍有分歧，但它作为一种考察古史的基本方法则为学者普遍承认。近年庄春波撰有《华夏东西说》一文（载《赵俪生先生八十寿辰纪念论文集》，《新华文摘》1997年第1期转载），更是通过对华与夏起源不同地区及其文化形态差异等问题的探讨，进一步申论了傅斯年的观点。
② 《逸周书·尝麦解》。

人也。"他们轮流成为这个同盟的领袖，这就是华（虞舜）与夏（唐尧）东西方融合的标志。虞舜失势后（所谓虞舜巡游九嶷，卒于苍梧云云，实际上是关于东夷一方失势的委婉说法而已），代表西方势力的禹再次成为同盟的领导中心。及禹衰老死亡，按东西方势力轮流坐庄的惯例，本应由代表东方的伯益替代，然而西方群体不遵守这个成规，企图继续拥有主宰权，遂有禹子启袭杀伯益事件的发生："古者禹死，将传天下于益，启之人因相与攻益而立启。"①建立在暂时妥协基础上的脆弱东西方同盟终于瓦解，双方之间又陷入相互排斥、相互冲突的旋涡之中。

启破坏规则，践踏传统，强势结束禅让制，东方势力自然不会甘心，于是有夏朝前期的太康失国事件发生。东夷有穷氏部落的后羿凭借武力从西方群体手中夺取了政权。寒浞杀羿自立，但代表的仍是东方群体。后来"少康中兴"，同样依靠武力夺回政权，这就是那一段持续了半个世纪之久的夷夏斗争的真相。

少康之后，夷夏关系仍处于既斗争又融合的状态之中：后芬曾征于东海，而后有"九夷来御"；后芒时，东狩于海；后泄时，加畎、白、赤、玄、风、阳诸夷以爵命；后发时，"诸夷来宾"。但是，东方势力的屈服只是暂时的，一旦条件成熟，他们仍要与西方势力进行角逐，以控制中原核心地带。这个任务在商人手中得以完成。商的先祖以鸟为图腾，"天命玄鸟，降而生商"，显然与东夷有关系，其根据地亦在东方。相传其第三世先公相土作"东都"，故有"相土烈烈，海外有截"的说法。商汤时，"十一征而无敌于天下"②，最终战胜后桀，灭亡夏朝，建立商朝。这表明东方势力再次在东西方的角逐中占据了优势地位。

不过，等到西方的"小邦周"在甲子朝一举"殪戎殷"，推翻"大邑

①《韩非子·外储说右下》。
②《孟子·滕文公下》。

商"后，东西方的政治格局又被重新改写了，西方又成了中原的主宰，东方势力受到沉重的打击。西方以"君子"身份趾高气扬、不可一世君临天下，东方之人则成为"野人"，被迫臣服于西方所谓"先进于礼乐，野人也；后进于礼乐，君子也"①。文化先进的殷遗民沦落为"野人"，而野蛮落后的周人因战争的胜利而一跃成为"君子"，这种巨大的身份变换隐约透露出这种东西方关系互置更换的消息②。

当然，东方势力对西方势力"伐纣灭商"的结果是无法忍受的，总是处心积虑争取局面的改观，于是便有接踵而至的"武庚叛乱"。东夷集团对叛乱的发生自然感到鼓舞，遂纷纷举旗响应，"三监及淮夷叛"③。当时周朝的实际执政者周公见叛乱严重威胁到新生政权的生存，遂果断出兵东征，先后平定三监，击破"九夷"，翦灭薄姑与商奄（其系东夷中势力最雄厚的两大方国），终于通过铁血手段，将西方对东方的征服画上了一个阶段性的句号。这种政治格局一直延续到了春秋时期。

这种上古史上东西方势力对峙融合的大势，也可从图腾崇拜的孑遗中有所反映。蛇为西方夏部落联盟图腾，后世遂演变为龙的崇拜；鸟为东方夷（华）族部落的图腾，少昊氏的后裔郯子曾向孔子讲述过该联盟的详细情况："我高祖少暤挚之立也，凤鸟适至，故纪于鸟，为鸟师而鸟名。"④商人以玄鸟为图腾，亦属同一性质，后世遂演变为凤凰的崇拜。龙、凤并为神物，"龙凤呈祥"，正曲折体现了东西方的畛域存在与融合趋势。

---

① 在这场东西方势力大角逐过程中，周人对东南吴地的经营是其灭商战略中重要步骤之一。史称太伯、虞仲兄弟在王位继承问题上"以让季历"，奔赴吴地（今江苏南部），其背后的真实动因，当是周人的深谋远虑之举措，即把自己的势力揳入商人的后方，以实现周邦翦商的迂回包抄战略（罗琨、张永山：《夏商西周军事史》，第219页，军事科学出版社1998年版），故徐中舒先生有言："余疑太伯、仲雍之奔吴，即周人经营南土之始，亦即太王翦商之开端。"（《殷周之际史迹之检讨》，载《"中央研究院"历史语言研究所集刊》第7本上卷）
② 《论语·先进》。
③ 《尚书·大诰》。
④ 《左传·昭公十七年》。

上面有关中国上古历史的简单回顾，至少给我们三个基本认识。第一，东西方地区势力的对峙、冲突以及消长，是中国古代历史演变上的一个重要特征，这对日后统一战争长时间以东西向为战略作战轴线的局面之形成，是有一定的渊源关系的。第二，在东西关系冲突融合过程中，西方在整体上占有一定的优势，处于主动进攻的地位。这多少能够解释，为何在东西统一战略轴线时代，统一的主导者大多是起自于西方的力量，即往往是由西部的势力来统一东部，恰如司马迁所说的"夫作事者必于东南，收功实者常于西北"①。第三，至少在商周时代，关中地区已成为重要的战略基地，在战争中发挥着特殊的作用。因此，在日后的统一大业实施过程中，关中长期都是走向国家统一的主要根据地（在东西战略轴线时期尤其是如此），这正是隋唐之前大多数统一大略指导者乐意选择关中地区作为自己的统一战争战略基地的缘由之所在。

战国以降，随着地缘关系基本取代血缘关系，行政结构基本取代宗法结构，国家形态遂逐渐走向成熟的阶段，而严格意义上的国家统一趋势也开始成为历史发展的主流。

从当时的历史背景来看，由于黄淮海平原和泾渭平原生产、贸易的迅速发展，形成了山东和关中两大基本经济区。山东地域广阔，自燕山以南到长江以北，东达海滨，西抵晋陕边界的黄河和崤函山区。春秋以来生产力的不断提高，使黄河下游两岸的农耕区迅速向北、东、南三面推进。除了雁北、冀北和渤海沿岸的部分地段，华北大地到处是良田沃野，各地的盐、铁、纺织等手工业和物资交流，使交通干线和城市建设也随之发展起来。

关中地区虽然面积要小得多，"以天下之地图案之，诸侯之地五倍于

---

① 《史记》卷十五，《六国年表序》。

秦"①，但自然条件却很优越，"有鄠杜竹林，南山檀柘，号称陆海，为九州膏腴"②。秦在当地兴修水利，发展农业，使关中经济出现空前的繁荣，可以与山东地区分庭抗礼。凭借这一雄厚的物质基础，"秦据河山之固东向以制诸侯"；山东六国迫于危亡也屡次合纵联盟，来反击秦的兼并。这样，中国的政治格局和军事斗争在地域上就继续呈现出东西对立的基本特征，遂由春秋战国之际的群雄割据混战渐渐演变为山东与关中两大集团相互争雄的局面。③但是从统一战略全局考察，我们可以发现，山东虽然地域辽阔，但是其分散性、多中心性的特定格局，决定了其在大部分时间里不能成为统一战略实施上的主动者或主导者。古人云："纷纷之际，豪杰竞起，未见能以兖州集事者。"④这里虽是就鲁国而言，但对照整个山东的战略格局，又何尝不是如此？因此，在当时的战略背景之下，以山东地区的某一区域为统一战略的战略基地并据此完成国家的统一，无疑是一种不切实际的企冀。

而关中地区的情况却与山东截然不同，它实际上更多呈示了地缘上的整体性、集中性，而这种整体性与集中性，对于它能够成为实现国家统一大业的主要战略基地，无疑是一个不可忽视的优势条件。

在传统意义上，关中地区大致包括今陕西中部的泾渭流域、甘肃东南部及宁夏之一部，即函谷关（今河南灵宝东北）以西、武关（今陕西商南）以北、萧关（今宁夏固原）以南、散关（今陕西宝鸡西南）以东之地理范围。自古以来，关中之地便号为"金城千里"，为兵家所必争。以兵要地理形势考察，关中地区地理条件优越。它作为四塞之地，"带山阻河，形势便利"⑤，"左崤函，右陇蜀，沃野千里。南有巴蜀之饶，北有胡苑之利，阻三

①《史记》卷六十九，《苏秦列传》。
②《汉书》卷二十八，《地理志》。
③ 宋杰：《先秦战略地理研究》，第24页，首都师范大学出版社1999年版。
④《读史方舆纪要》卷三十二。
⑤《资治通鉴》卷十一，汉高帝五年。

面而守，独一面东制诸侯。诸侯安定，河、渭漕挽天下，西给京师；诸侯有变，顺流而下，足以委输。此所谓金城千里，天府之国也"。①处于进可攻、退可守的有利地位，一旦拥有，便可获得对敌行动上极大的战略主动，并为日后伺机东进、并吞天下创造积极的态势，对于争夺全国的统治权具有重大的战略意义，故清人顾祖禹有言："陕西据天下之上游，制天下之命者也。是故以陕西发难，虽微必大，虽弱必强，虽不能为天下雄，亦必浸淫横决，酿成天下大祸。"②

正因为关中具有如此重要的战略优势地位，所以它成为统一大略实施者心目中的统一策源地也就十分自然了。换言之，隋唐以前的统一大业指导者，除少数情况之外，大多皆以先据有关中这一天下枢纽而制御中原，最后一统六合为统一战略运用的出发点③，由此而将争夺或巩固关中这个重要战略基地摆在尤为突出的议事日程之上。

秦、西汉与唐代的统一大业走的皆是先据关中再制天下的道路。秦能够最终兼并六国，统一天下，其基础就在于它拥有一个牢固而强大的战略基地。道理很简单，只有"据河山之固"，方可"东向以制诸侯"。而从统一天下的高度从事对关中战略基地的经营，则是自秦孝公统治时期开始的。贾谊《新书·过秦上》已特别指出了这一点："秦孝公据崤函之险，拥雍州之地，君臣固守，以窥周室，有席卷天下，包举宇内，囊括四海之意，并吞八荒之心。"就这个意义而言，公元前221年秦王嬴政一扫六合，完成统一，追本溯源，不得不承认，拥有关中这一战略要地，是秦统一战争势如破竹、所向无敌的优势所在。

---

① 《资治通鉴》卷十一，汉高帝五年。
② 《读史方舆纪要·陕西方舆纪要序》。
③ 刘秀的国家统一总方略为"略定河北，问鼎中原"，诸葛亮"隆中对"所设想的统一方略之基础是"跨有荆益，鼎足三分"。两者似乎都未把争关中作为统一战略运用上的重点。这其实是由于在当时他们并不具备这方面条件，所谓非不为也，实不能也。

汉王刘邦与西楚霸王项羽争夺天下，同样是以关中地区为主要战略基地的。秦末农民战争中，刘邦率先进入关中，按楚怀王事先与诸侯的约定，他应"王关中"。为此，他废除秦朝苛法，与秦民约法三章，收揽人心，取得了关中地区缙绅人士的拥护，也得到当地普通民众的支持，秦人都唯恐他不"王关中"。然而，项羽入关后，挟兵势将刘邦排挤出关中，迫使他忍愤去汉中就国，这对刘邦的政治雄心自然是一大打击。不过，刘邦是不甘心就此屈服，抑郁不得志僻处于巴蜀、汉中之地的。他养精蓄锐，处心积虑，企图与项羽一争高下，实现其统一天下的战略目标，而要做到这一点，就必须有赖以生存和发展的战略基地。这个基地不是别处，就是"四塞之固"的关中。这个统一战争成败得失的关键点，萧何、韩信、张良等人皆已清醒地意识到了。如萧何早在刘邦前往汉中就国之初，就建议刘邦绝不可轻易放弃关中这块重要战略基地，应该做好充分准备，伺机东出，"收用巴蜀，还定三秦，以图天下也"①，即把还定三秦作为刘邦东出以图天下、再造一统的第一个步骤。又如韩信所进献的"汉中对"，其中的重要内容也是讨论如何正确选择主要战略方向、夺取战略前进基地，为赢得楚汉战争的胜利创造充分条件的问题。在韩信看来，要确保战略进攻达到预期目的，关键在于正确选择主要攻击方向，建立战略进攻的前进基地，掌握战争的主动权，从而达到乘隙蹈虚的效果，实现战略目标。韩信认为，这乃是指导战争活动的通则，更是决定战略进攻成败的要害，所以他明确提出，应当以夺取关中、还定三秦为刘邦首要的战略任务。事实上，刘邦也正是听取了韩信等人的建议，还定三秦，夺取关中作为自己的主要战略基地，才使得其能够"东向争雄"、角逐天下，转弱为强、反败为胜，最终迫使曾经不可一世的对手项羽兵败垓下，自刎乌江的。关中战略基地的拥有对于刘

---

① 《资治通鉴》卷九，汉高帝元年。

邦统一天下的意义正体现在这里。

李唐开国的成功，同样是以夺占关中为统一战争战略基地为起点的。早在太原起兵之前，李渊就表示要先据关中，作为日后角逐天下的根本，"得关中后，据险养威，徐观鹬蚌之势，坐收渔人之利"。在向关中进军过程中，李渊等人所率的大军曾遭遇阴雨连绵，道路泥泞不便行军，军队乏粮，以及隋军阻击等困难。此时，作为最高统帅的李渊不禁对既定战略方案产生动摇，萌生了退师晋阳、再等机会的念头。在这种情况下，李渊次子李世民挺身而出，切谏李渊，重新论证了先入关中方略的正确性，最终使李渊下定决心，重新实施既定的战略方案。

李世民的"取关中策"的核心，是充分论证了先入关中、夺取长安对日后统一天下所具有的重大战略意义。在李世民看来，关中八百里秦川地势险要，物产丰富，人口众多，历来为国家的统治中心区域，如果先敌占领，一是可以据形胜之地积蓄力量，壮大自己的势力，为进一步统一全国打下基础；二是可以利用拥隋的旗帜，取得政治上的优势，号令天下，"挟天子以令诸侯"；三是可以防范其他割据势力捷足先登，对李唐统治者所预期的统一大业造成阻碍。[1]

以可行性而论，唐军起自河东，地近关中，便于入据，而且隋军主力大多远在关东，关中相对空虚，外无救援，唐军正可利用各地群雄混战和隋军主力陷于关东不能自拔之良机，一鼓而下长安。可见，先入关中，建立牢固战略前进基地，是李渊集团当时最应优先考虑和实施的战略方案，所以李世民在"取关中策"中特别强调要"先入咸阳，号令天下"[2]。这充

---

[1] 当时，隋朝都城所在的关中长安，业已成为北方尤其是西北地区割据者争夺的重点地区。从太原南下的李渊与由金城东出的薛举，几乎就是在同时从东西两个方向朝关中进发。当李渊顿兵于贾胡堡，在阴雨中等待粮草和援军的时候，在长安的西面，薛举于同年7月自称秦帝，并向东发展。其子薛仁果顺利攻克秦州（今甘肃天水），将西秦国都城由兰州东迁至天水，正准备东向进据长安。对李唐而言，机会稍纵即逝，只有迅速攻占关中，才有将薛举势力排斥出局的可能。

[2]《资治通鉴》卷一八四，隋纪八，恭帝义宁元年。

分体现了李世民在统一天下的过程中着重注意先据根本、建立牢固战略基地的战略前瞻眼光。

李渊采纳了李世民"取关中策"的相关建议，指挥唐军胜利攻入长安，平定关中，取得了强大的战略前进基地，为以后逐鹿中原打下了基础。在此基础上，唐军最高统帅部又实施先西后东、先北后南的战略方针，逐步扫清了陇右与河东的对手，然后用兵东方，决战中原，下东都洛阳，取河北要地，进而平定两湖，抚定江南，最终完成了全国的统一，迎来了中国历史大发展的辉煌盛世。

隋唐以后，随着国家经济重心向东南地区转移，关中地区在全国的战略地位也逐渐有所下降，而粮食转输的困难，更增加了关中作为国家统治中心的局限性。这一点在《新唐书·食货志》中已有所体现："唐都长安，而关中号称沃野，然其土地狭，所出不足以给京师，备水旱，故常转漕东南之粟。"[1]同时，由于统一战争的战略作战轴线已由东西向转变为南北向，关中地区作为统一战争的主要战略基地已不再有继续存在的可能性。因此，隋唐以后的统一大业实施者一般都不以取关中为根本，也不再将其作为自己优先考虑的战略问题。

然而，夺取重要的战略基地作为角逐天下、完成统一的根本依凭，隋唐以后仍是每一位统一大业实施者从事统一战争时所重点关注的问题，只是在具体地区的选择上有所差异而已。这方面朱元璋选择南京作为自己战略根据地的做法，是具有典型意义的。

元末农民大起义爆发后，贫苦农民出身的朱元璋参加了郭子兴部义军。在战争过程中，他的羽翼渐渐丰满，成为诸多义军中一支较有势力的力量。

---

[1]《新唐书》卷五十三，《食货志》。又可参见史念海《河山集》第243页的论述："如果这些困难（指解决关中地区的粮食供应问题）都要泾渭流域的农业区域来解决，自然不是轻而易举的事情，也是当时统治阶级不可能办到的事情，所以他们只好仰给于关东的漕运粮食了。"（生活·读书·新知三联书店1963年版）

此时他听取谋士李善长、刘基、冯国用等人的建议，萌生和确立了谋取天下、统一六合的理想。

要实现这一理想，首先必须取得一个巩固的战略根据地，并以此为平台与依托，逐步扩展势力，芟夷群雄，平定天下。那么，应该选择何地作为自己的战略根据地呢？朱元璋接受了部下冯国用、冯胜兄弟的意见，把南京列为首选的对象，"金陵龙蟠虎踞，帝王之都，先拔之以为根本。然后四出征伐，倡仁义，收人心，勿贪子女玉帛，天下不足定也"①。

至正十三年（1353），朱元璋成为濠州起义军政权的领导者。次年，他挥师跨过长江，将势力越出狭窄的濠州地面而伸向经济富饶的长江南岸。这一地区基本上没有受到元末战乱的浩劫，人口繁庶，资源丰富，具有重要的战略价值，是固本自保并进而夺取天下的理想根据地。朱元璋于是按照朱升所提的"高筑墙"——建立稳固的根据地，谋求有利于未来发展的战略环境这一思路，展开了对该地区的全面经营。至正十六年（1356），朱元璋一举攻克集庆，改名应天，这一重大战略进展标志着朱元璋"高筑墙"既定战略目标的基本达成。

南京为六朝古都，其北面和西面为长江天堑，东南有紫金山麓，从战略地理形势上讲，"西有荆楚之固"，东则"控引二浙，襟带江淮，漕运储谷，无不便利"，阻山依江，控御东南，虎踞龙蟠，形势险要。对势力正处于发展壮大阶段之中的朱元璋集团而言，南京无疑是十分合适的战略基地。而朱元璋对该地的占领，也表明了他从此真正拥有了巩固的根据地，为日后的迅速发展与全面崛起奠定了坚实的基础。

在夺取南京之后，朱元璋又向南发展，夺取了长江三角洲的镇江、常州、长兴、江阴、常熟、扬州等重要地区，与南京连成一片，进一步拓展

---

①《明史》卷一二九，《冯胜传》。

了战略根据地，后又趁北方红巾军北伐，元军焦头烂额、无暇南顾之际，率军东进和南下，夺取了安徽的大部分地区及浙东地区，截断了元王朝的南北交通线，使得元军南北不能接应，同时扩大了自己的地盘，取得了战略发展的主动权，而后先陈后张，翦灭陈友谅、张士诚、方国珍等割据势力，最终以南京为大本营，兴师北伐，推翻元王朝的统治，统一了全国。而这一切的实现，归根结底，乃是朱元璋慧眼识先机，夺占与经营南京这一战略根据地，建立稳固的战略后方，为长期持久的军事斗争提供充裕的人力、物力、财力支持的结果。

二、合理选择战略方向

战略方向，按现代军事学理论的释义，是指对战争全局有重要影响的作战方向。它是指向战略目标，有一定纵深和宽度，包括地面及相关空域、海域、太空的多维空间，通常是根据敌对双方的军事、政治、经济、自然地理、群众条件等因素的对比和相互关系以及所要完成的战略任务而确定的。这中间，主要战略方向是指对战争全局影响最大或具有决定意义的方向，是敌我双方矛盾斗争的焦点，是战略力量集中使用的重点和从事战略指导的关键点。因此，战略方向，尤其是主要战略方向的选择正确与否，直接影响着战争的进程和结局。[1]

中国历史上的统一大略指导者，在从事国家统一战争的过程中，同样普遍重视合理地选择战略的主攻方向。在他们看来，在同一时间内，统一战争的主要战略方向只应有一个，而主要战略方向则是敌对双方斗争的焦点，也是力量使用的重心，对于最终达成国家统一的战略目标起着决定性的作用。因而他们坚定不移地认为：确定主要战略方向是统一战争中战略

---

① 《中国军事百科全书》"战争、战略分册"，第300页，军事科学出版社1997年版。

指导上的关键问题，而选择与确定主要战略方向的基本依据，就在于是否能给敌人以决定性的打击，是否对统一战争全局具有震撼与制约作用，是否便于己方集中优势兵力，是否有利于当前作战和以后发展等具体因素。换言之，历代统一战略实施成功与否的标志之一，就看其决策者在主要战略方向选择上的表现如何。

（一）单纯对峙背景下的战略方向之选择

这种情况下对主要战略方向进行选择，相对比较简单，也比较容易操作。它的关键环节，在于统一战争的指导者能够根据敌我双方的实力对比等基本态势，区别主次缓急，明确战略打击的突破口，从而牵一发而动全身，争取全局的主动，以点带面，以一统万，从而挫败敌人的战略企图，赢得统一战争的最终胜利。

西汉前期，周亚夫等人制定的平定"七国之乱"战略中有关战略主要方向的选择，就是这方面成功的事例。

众所周知，平定"七国之乱"是汉初消灭地方割据，维护国家统一的一次重要军事行动。汉高祖刘邦战胜项羽，夺取天下，建立西汉政权后，片面地总结历史教训，认为秦朝的二世速亡在于没有分封宗室子弟为王，结果当天下纷纷起兵反秦时，就没有人真心实意地为朝廷卖命，皇室"茕茕孑立，形影相吊"，孤立无援，以致土崩瓦解。所以，西汉王朝建立后，刘邦即在全国实行郡国并行制，除了分封异姓功臣为诸侯王以外，还分封刘氏宗室子弟为同姓诸侯王。但是，事与愿违的是，虽然刘邦和吕后处心积虑、不择手段铲除了韩信、彭越、英布等异姓王，可刘邦一死，仍是祸起萧墙，变生肘腋，先有吕后长达十五年的专权与诸吕谋乱，后有各诸侯王的违法乱政，对抗中央，统治集团内部的矛盾并未因裂土分封和血缘上的同宗共祖而稍有减缓。

汉文帝在位时，由于地区的不平衡和区域经济的发展，各诸侯王的羽翼已趋丰满，足以与朝廷分庭抗礼，中央与地方诸侯王关系遂进入高度紧张的阶段，双方的矛盾冲突处于一触即发的状态，故贾谊上《治安策》，忧心忡忡地指出，同姓诸侯的不遵纪守法，野心勃勃，对抗朝廷，阴谋叛乱，是天下"可为痛哭"的危险，因而建议"欲天下之治安，莫若众建诸侯而少其力"，以便"令海内之势如身之使臂，臂之使指，莫不制从"①。但汉文帝宅心仁厚，自感威信未孚，老臣掌权，所以一味软弱宽纵，不敢贸然采取果断的行动。

汉景帝即位后，以皇帝为代表的中央政权与以诸侯王为代表的地方割据势力之间的矛盾更趋于激化，所以晁错提出"宜削诸侯事"，主张"削藩"。他敏锐地指出："今削之亦反，不削亦反。削之，其反亟，祸小；不削之，其反迟，祸大。"②汉景帝感到事态严重，为了汉朝的长治久安，听从了晁错的建议，开始从事削藩。朝廷的这一政策，动了诸侯王的"奶酪"，严重损害了地方割据势力的核心利益，因此立即激起了各诸侯王的强烈不满，吴王刘濞首先决定起兵反叛，并纠合了胶西王、胶东王、菑川王、济南王、齐王、楚王等诸侯，并约请闽越、东越等出兵相助，以"请诛晁错，以清君侧"为借口，策动叛乱。汉景帝屈服于压力，杀死晁错，以求与诸侯王相妥协，但叛乱并未因之而平息。前元三年（前154），吴王刘濞公开举起反叛旗帜，起兵三十万，从广陵出发，北渡淮河，向西汉统治中心进发。他计划渡过淮河后，与楚军会师，夺取梁地，解除西进的后顾之忧，西向攻取荥阳，然后与北路的赵国叛军和南路的南越叛军会师于洛阳，接下来，再合力西取长安。当时出兵者共有吴、楚、胶西、胶东、菑川、济南、赵七国，故史称"七国之乱"。局势的发展表明，中央再无退缩妥协的余地，只有从军事上彻底击败叛军，才能战胜地方割据势力，维护中

①《汉书》卷四十八，《贾谊传》。
②《汉书》卷四十九，《晁错传》。

央权威，再造全国一统的局面。为此，汉景帝任命太尉周勃为汉军总指挥，统率大军平定这场来势汹汹的武装叛乱。

周亚夫临危受命后，即认真制定了平叛斗争的总战略。在这个总战略方案中，除了确定避敌锐气、伺机反攻的战略指导外，重点是对战略主攻方向作出了正确的选择。从战争指导上讲，无论是进攻或防御，战略方向都有主要方向和次要方向之别。作为高明的战略家，周亚夫是深谙这个基本军事原理的。所以他自出兵之日起，便以打击吴王刘濞所率的吴、楚联军作为自己的战略主攻方向。这无疑是非常正确的选择。因为"七国之乱"虽有七个诸侯国参加，但核心是吴国。从当时的形势看，叛乱的主谋和核心人物吴王刘濞所统率的吴楚联军，是叛军中的主力，在各路叛军中实力最为强大，对西汉中央政权的威胁也最为巨大，因而自然是汉军主要的打击对象。而在山东的胶西、胶东、菑川、济南四国虽起兵反叛中央，但却将主要兵力用于围攻齐国的临淄，一直未敢向汉朝统治的腹心地带进攻。至于河北的赵王，则实力有限，尽管其在观望中向中原进兵，但朝廷只需派遣偏师即可予以遏止。同时，吴王刘濞虽事先计划三路进兵、分进合击，但是计划赶不上变化，由于作为策应的其他两路均未按照计划行动，所以实际上只是以吴王刘濞率领的吴楚联军一路突出，孤军作战。在这样的情况下，如果率先将叛军的主力吴楚联军一举击败，那么便可底定大局，其他的叛乱势力无足轻重，不足为虑，可轻易化解。[①]由此可见，周亚夫视"制"东方的吴、楚为自己最重要的使命，在战略部署上以东出洛阳、荥阳为击败叛军之要招的做法，是料敌察机、稳操胜券的关键所在。

战略主攻方向明确之后，周亚夫在具体的战略指导上，坚决贯彻了避短用长、抢占战略要地的基本原则。他听从谋士赵涉的建议，改变行军路

---

① 譬如，汉景帝派出钳制赵、齐叛军的，仅仅是二流将军郦寄和栾布等人，而且兵力也相当有限。这从一个侧面进一步说明汉廷始终是以吴王刘濞为战略打击的主要对象的。

线，指挥平叛大军避开潼关、崤渑和函谷关的险道，改行长安东南，出蓝田、武关，迂回至洛阳，顺利抢占洛阳的武库，以迅雷不及掩耳之势，一举夺取荥阳要地。荥、洛是叛军进入关中的唯一通道，也是叛军战略计划中西进关中的必经之地。周亚夫占据荥、洛，就使汉军处于可攻可守的主动地位，不利时，可以在此与叛军相持，拒敌于无险可守的黄淮平原，一旦形势有利，便可以利用汉军车兵的优势，迅速东出，歼敌于平原旷野之上，① 从而在战略上站稳脚跟，陷敌于全面的被动。这个战略意义，周亚夫本人也有过清晰的表述："七国反，吾乘传至此，不意自全。今吾据荥阳，荥阳以东，无足忧者。"②

当吴楚叛军急攻梁地的情况下，周亚夫按照预先设计的战略③，并不急于率兵奔赴东南，去救援正被吴楚联军进攻的梁国，而是听从了邓都尉的建议，避吴军之锐气，进据昌邑，与梁国睢阳的守军形成掎角之势。这样，既可威胁吴楚联军的侧背，又可防止吴军绕过梁地西进荥阳。进据昌邑后，周亚夫又深沟高垒，对叛军守而不战。结果，吴军尽遣精锐以攻梁，尽管梁王求救，景帝也亲自下诏命令周亚夫率军援梁，但周亚夫不为所动，而是按既定战略，待吴楚联军久攻梁地不下，力疲志殆，陷入进退维谷的处境后，才派遣弓高侯等率轻骑兵径出淮泗口，迂回到叛军的后方，切断叛军的粮道，使叛军陷入粮尽兵疲的境地。当叛军粮食断绝又久攻梁地不下，急于寻找汉军主力决战时，周亚夫仍坚壁固守于下邑（今安徽砀山），进一步疲敌。到了最后，吴楚联军智穷力竭，无计可施，不得不无功而退。这

---

① 事实上，吴楚叛乱之初，吴军将领桓将军即向吴王刘濞献策："吴多步兵，步兵利险，汉多车骑，车骑利平地。"建议挥师快速西进，沿途不要将精力用于攻城略地，而当以最快速度抢占洛阳的武库，据有荥、洛之间的山地和黄河渡口。这样，即使不能西入关中，仍可以号令天下，"虽无入关，天下固定矣"。遗憾的是，吴王刘濞并未听从这一高明的建议，错失了捷足先登天下之中枢的机会。

② 《资治通鉴》卷十六，汉纪八，景帝前元二年。

③ 周亚夫预先的战略方案，便是《汉书·周亚夫传》所载的"楚兵剽轻，难与争锋，愿以梁委之，绝其粮道"云云，即避敌锋芒，不计较一城一地得失，以空间换取时间，牵制与迟滞叛军的行动，待敌人疲惫，再相机反攻破敌。

时周亚夫认为决战时机已到，遂率精兵实施战略追击，终于以逸待劳、以整击乱，一举消灭了吴、楚疲惫之师，平定了"七国之乱"。①

周亚夫平定"七国之乱"的举措，是中国历史上维护统一、再造统一的辉煌事业，有大功于中国历史的发展。而周亚夫之所以能建树这个丰功伟业，除了其军事指挥高明卓越之外，一个不可忽略的因素就是能正确地选择战略主攻方向，并使自己所有作战指导方针都能紧密围绕这一中心环节而逐次展开，迭相推进。

（二）多面受敌形势下的战略方向之选择

统一大业实施者在其事业起步阶段，所面临的战略形势往往是十分混沌的，错综复杂且充满变数。他所要对付的敌手通常不是一个，而是多个。这时候如何正确区分主要对手和次要对手，确定优先所要打击的对象，对于统一战略决策者而言，无疑是非常严峻的考验。因为在多个武装势力并峙对立的局面下，用兵的最大忌讳便是四面出击、多线作战，平均使用力量，导致"无所不备，则无所不寡"②的被动，因为面面俱到，等于面面不俱到；什么都是重点，就没有了重点。它的严重后果往往会葬送统一战争的前程，使自己在中原逐鹿的残酷斗争中丧失主动权，早早出局、成为命运的失败者，所谓"夫钝兵挫锐，屈力殚货，则诸侯乘其弊而起，虽有智者，不能善其后矣"③。

这方面战国时期魏惠王在战略主攻方向的选择上发生严重失误，导致魏国霸权的中衰，早早地在战国七雄兼并统一战争中黯然出局，是很有警示意义的反面例子。

公元前453年，韩、魏、赵三家分晋，揭开了战国历史的帷幕。在当

① 《汉书》卷四十，《张陈王周传》。
② 《孙子兵法·虚实篇》。
③ 《孙子兵法·作战篇》。

时的七雄之中，魏文侯第一个实行改革，"尊贤使能"，礼贤卜子夏、田子方、段干木等名流贤达，重用吴起、李悝、西门豹等才俊能士，行"地力之教"，施"平籴之法"，创"武卒之制"，建"《法经》之治"，励精图治，富国强兵，充当三晋老大，联合韩、赵诸国，先后西伐秦，占秦河西之地，南击楚，夺楚中原之地，东攻齐，入齐长城，北伐中山，一度奄有其地，使得魏国在当时率先崛起，称霸中原。继起的魏武侯"萧规曹随"，保证了魏国的霸业得以平稳维持并有所发展。等到魏惠王即位时，魏国已是战国七雄中的头号强国，如果战略决策正确，俟以时日，未尝不能成为统一天下的承担者。

然而，魏惠王的好大喜功心态，以及随之而来的在战略主攻方向抉择上的失误，最终使魏国的大好战略形势发生逆转，其进一步发展并进而统一天下的机遇彻底丧失。

从战国兵要地理考察，魏国北邻赵，西接秦，南连楚、韩，东毗齐、宋，其地四通八达，多面受敌，无险要可供守御，处于四战之地的战略内线地位，这决定了魏国的中原霸权有着一定程度上的内在脆弱性。所以，魏惠王上台后最应该做的是，如何凭借已有的实力地位，恰当正确地选择战略主攻方向，避免四面出击，到处树敌。就当时的实际情况看，他的正确选择无疑应该为东守而西攻，即据有河西之地，乘秦国退守洛水的有利形势向西发展，夺占泾、渭，控制崤、函，争取战略上的主动，为日后兼并列强、统一全国创造条件。

遗憾的是，魏惠王本人是彻头彻尾的战略短视者，他所追求的是表面上的风光，贪图的是虚幻的荣耀。在他看来，秦国"僻在雍州，不与中国诸侯之会盟，夷翟遇之"，完全不配当自己的对手，胜之不武，服之无名，激发不起自己的兴趣；相反，控制三晋，压服齐、楚，才是煌煌伟业，才是号令天下、颜面上大有光彩的象征。在这种自高自大的心理的驱使下，他轻率地作出了战略方向东移的选择，西守而东攻。为此，他干脆把都城从安邑（今山西夏县西北）搬迁到了大梁（今河南开封），自以为居天下之中，便理所当然地成了天下的领袖。

意识深处的霸主心态越是强烈，表现在行动上的乖张轻妄也就越是极端。它使得魏惠王在当时的军事外交上变本加厉推行"单边主义"，动辄对其他诸侯国诉诸武力，用戈戟而不是用樽俎来发言。这样一来，长期形成的魏、韩、赵三晋联合阵线迅速破裂了，与齐、楚等大国的关系严重恶化了，至于与秦国的矛盾也丝毫未因迁都大梁而有所缓解。一句话，魏惠王终于因自己的踌躇满志、好大喜功、锋芒毕露、四面出击、战略方向选择错误而陷入了战略上的极大被动。

尤为可悲的是，魏惠王始终不曾意识到自己处境的危殆，反而沾沾自喜，继续在那里营造"慕虚名而取实祸"的"形象工程"。而他的对手恰好利用这一点，推波助澜，诱使他在失败的道路上"死不旋踵"地走下去。自视甚高而实际头脑简单的魏惠王果然中计，进入了人家预设的圈套之中。

这方面的典型事例，就是魏惠王头脑发热接受商鞅居心叵测的献策，释秦而攻宋，自称为王。商鞅入秦主政之后，敏锐地看到秦魏争霸中互为死敌的本质，认为魏是秦的"腹心之疾"，是秦国在统一战争道路上第一个要克服的对手，"非魏并秦，秦即并魏"，于是处心积虑"借刀杀人"，以图削弱乃至摧毁魏国的实力地位。为此，他出使魏国，实施祸水东引，坐收渔利之策。一到魏国，他便当面给魏惠王戴高帽子，猛灌迷魂汤："大王之功大矣，令行天下矣。"①爱面子的魏惠王当然听得满心舒坦，整个身子飘飘然起来。

商鞅见计谋奏效，进而居心叵测地建议魏惠王"先行王服，然后图齐、

①《战国策·齐策五》。

— 164 —

楚"①，即鼓动魏惠王公开称王，然后联合秦国，用兵齐、楚。"王"是当时的最高称号，地位在诸侯之上。魏惠王对这个名号早已朝思暮想、垂涎三尺，只是担心他国的反对才不敢仓促行事，现在既然得到秦国的"鼎力支持"，那也就不必再半抱琵琶，讲什么客气了。于是乎，魏惠王兴致勃勃地按照周天子的礼制准备舆服仪仗，修筑宫殿，在周显王二十五年（前344）正式加冕称王，同时以霸主的身份召集诸侯会盟，把场面撑得大大的：宋、卫、邹、鲁诸国国君应邀与会，秦国也派使节到会捧场。这时候的魏惠王真的是挣足了面子，摆够了威风。殊不知这种利令智昏、肆无忌惮的举动，恰恰使自己成为众矢之的，陷于孤立的困境，到头来为一时面子上的光鲜付出惨重的代价："于是齐、楚怒，诸侯奔齐，齐人伐魏，杀其太子，覆其十万之军。"②以桂陵之战、马陵之战为标志，魏国的霸权宣告终结，由魏来统一天下的可能性被彻底地排除。

《老子》上说："知人者智，自知者明。胜人者有力，自胜者强。"③魏惠王的可悲，正在于他既不知人，又不自知，好高骛远，忘乎所以，自我膨胀，得意忘形，稍有资本便要炫耀，一旦得势便要摆谱，在战略主攻方向的选择上犯了无可弥补的大错。更让人可叹的是，他至死也不曾悟出自己之所以倒霉、魏国之所以中衰的原因，而只知道一味抱怨命运的不济，怪罪天道的不公。这从他和孟子的谈话中反映得非常清楚："晋国（此处指魏国），天下莫强焉，叟之所知也。及寡人之身，东败于齐，长子死焉；西丧地于秦七百里；南辱于楚。寡人耻之……"④一点也没有自我批评的精神，根本不曾反省那明摆着的事实：魏国的中衰，根源在于他本人在战略主攻方向选择上的根本性错误。魏惠王不虚心、不自重到了这种地步，魏国国

---

① 《战国策·齐策五》。

② 《战国策·秦策五》《战国策·秦策四》《战国策·齐策五》。

③ 《老子·三十三章》。

④ 《孟子·梁惠王上》。

势的下坠，也的的确确是"无可奈何花落去"了。

魏惠王因战略方向选择错误而导致全盘皆输的事例，从反面证实了正确选择战略方向对于夺取统一战争最终胜利的重要意义。因此，历史上任何一位成功的统一大业指导者，他之所以能从众多竞争者中脱颖而出，笑到最后，尽管有种种因素和机缘，但是正确判断战略形势、合适选择战略方向则是他统一战略实施启动时具有决定性意义的一个步骤，直接关系着他未来的政治命运与战略前途。这一点，在朱元璋统一天下的斗争中有着富有说服力的反映。具体地说，在元末群雄并起的形势下，朱元璋能够把握主动，次第平定各地割据势力，北上伐元取得成功，最后统一全国，就在于他在战略局面呈现微妙、复杂状态的关键时刻，虚心听取谋士刘基等人的建议，正确选择自己的战略主攻方向，提出并坚定不移地实施了"先陈后张"的战略指导方针。

朱元璋的崭露头角，迅速崛起，削平群雄，乃至推翻元朝统治，完成统一大业是一个漫长的历史过程。在这一过程中，不同的战略谋划各有其相应的阶段性对象，以及所要解决问题的不同侧重点，但它们互相联系，构成一个共同的整体，从而确保了其统一事业不断地从胜利走向胜利，最终圆满达成了既定的战略目标。

如果说朱升的"高筑墙，广积粮，缓称王"九字真言是在原则上指明了朱元璋事业发展的基本途径，从宏观上解决了其逐鹿中原、夺取天下的战略方针问题，为其迅速崛起并立于不败之地奠定了坚实基础的话，那么，刘基进献的"平江南策"，则是从具体的战略运筹和实践操作的角度，为朱元璋如何削平群雄、一统六合指点了迷津。尤为重要的是，它帮助朱元璋在形势混沌未明、胜负难料的关键时刻，选择了一条唯一正确的求生存、谋发展、成就统一大业的道路，而这中间的核心便是确定了战略发展的主要方向。至于日后制定的"平元策"，则反映了在统一大业的完成已成定局的背景下，以朱元璋为首的战略指导者是如何际会风云，顺应潮流，把握时机，运用高明的军事谋略，实施卓越的战略指导，而将统一战争推向最后的阶段，并画上一个圆满的句号的。这三者之间既有区别又有联系，既相对独立、不可替代又彼此呼应、融为一体，共同构成了朱元璋统一大略的主干体系。①

刘基的"平江南策"在上述三者中尤其具有特殊的意义。因为，只有先明确战略主攻方向，求得生存和发展，才谈得上日后的统一天下。从这个意义上说，刘基的战略谋划是三策中的重中之重，起着承前启后、观照全局的关键作用。

仔细分析刘基的对策，我们认为其核心的内涵是结合地缘战略关系，在群雄角逐的背景之下，判断和选择自己战略发展方向，明确首要的打击对象，抓住关键、纲举目张，突出重点、搞活全局，从根本上改变自己所处的战略态势，为日后芟夷群雄、最终实现国家的统一铺平道路。用哲学术语来说，就是在多个矛盾存在的情况下，抓住并解决主要矛盾，从而使次要矛盾迎刃而解。

朱元璋率军攻取集庆后，将其改名为应天，取得了一个重要的战略基地，实现了"取金陵为根本"的第一步战略计划。满怀壮志的朱元璋当然不会以此为满足，很自然地，他要积极寻找下一步战略发展方向，制订并实现第二步战略计划。当时，北方的元军正处于与刘福通红巾军的激烈厮杀、拉锯胶着之中。南方及西南地区则是多股割据势力各霸一方，自谋发展。除了朱元璋势力外，湖北、安徽的大部分以及江西一部分处于陈友谅的控制之下，江苏与浙江北部属于张士诚的势力范围。他们的军事实力与朱元璋相比，可谓是伯仲之间。此外，方国珍盘踞浙东一隅，陈友定占有

---

① 黄朴民、孙建民：《中华统一大略》"先陈后张，逐一扫荡"节，解放军出版社2002年版。

福建，明玉珍称雄四川，也都是朱元璋北上伐元、完成统一之前必须先行予以翦灭的。根据地缘战略的一般原则，朱元璋要完成统一大业，只能是由近及远，远交近攻，先扫除卧榻之侧的敌人，而后再伺机北上中原，犁庭扫穴，灭亡元朝，完成统一。因此，朱元璋的第二步战略计划合乎逻辑地必须是率先平定江南。这样，一是可以避免过早与强大的元军进行正面交锋；二是可以乘机及早地翦除与自己争夺天下的潜在对手；三是可以利用江南富庶之地的人力、物力、财力资源，进一步扩大自己的实力，为日后北上伐元、最终实现统一创造必要的条件。

要顺利实现平定江南的战略目标，在当时的战略格局之下，成败的关键无疑又在于率先寻找到正确的战略突破口，选择合适的战略进攻对手。刘基的"平江南策"战略谋划的核心就是明确战略主攻方向问题，目的正在于为朱元璋定下正确的战略决心提供充分的依据。

毫无疑问，朱元璋要平定江南，所面临的主要对手自然是陈友谅和张士诚。至于方国珍、陈友定等势力，因为实力较弱，加上与朱元璋悬隔遥远，并不构成现实的直接威胁，而且在当时还可以成为朱元璋实现远交近攻可资利用的卒子，故可以暂时排除于打击对象之外。在这种背景下，所谓战略主攻方向的选择，实际上就是朱元璋集团在陈友谅与张士诚之间选择谁为第一个打击的对象。

对此，朱元璋集团内部曾有过热烈的讨论，有种种不同的意见，可谓众说纷纭，莫衷一是。有人认为张士诚距离近，而且比陈友谅弱，按"攻取之道，先易后难"的原则，应该率先予以打击。[①]刘基对这类看法不以为然，认为这不是正确的战略主攻方向。所以当朱元璋征询攻守之计时，他提出了经深思熟虑后所形成的战略主张，这就是"平江南策"中有关"先

①《明史纪事本末》卷三。

陈后张、各个击破"的战略主攻方向的选择。

刘基认为，就陈友谅与张士诚两股敌对势力来说，对朱元璋构成最大威胁的当首推陈友谅。因为，陈友谅地处南京上游，控制着安庆、九江、武昌三个战略重镇，另外还据有龙兴（今江西南昌）、瑞州（今江西高安）、抚州（今江西抚州）、赣州（今江西赣州）、汀州（今福建长汀）、信州（今江西上饶）等要地，在南方各个武装集团中，实力最为雄厚。他地广兵强，如果顺江而下，势难遏阻，尤其是陈友谅的水军力量十分强大，兵力是朱元璋的十多倍。另外，与张士诚的贪图享乐、了无大志而专意于守土自保相比，陈友谅则素有野心，始终以消灭朱元璋为要务，即使朱元璋不先行进攻，他早晚也会主动打上门来，所以，两强之间必会一决雌雄，"地据上流，其心无日忘我"①。

与此同时，刘基也指出了陈友谅存在的重大弱点，即其内部矛盾重重，缺乏凝聚力。陈友谅是通过阴谋夺权手段才爬上集团首领的位置的，其所作所为违背最基本的道德，导致上下猜忌，军心涣散，所谓"劫主（指徐寿辉）胁下，名号不正"②。这就为朱元璋以弱胜强提供了可乘之机。至于张士诚，刘基认为其虽然据有淮东、浙西富庶之地，势力也很雄厚，但志向不大、战略保守，不可能有太大的作为，"士诚自守虏，不足虑"③。

在深刻分析了陈、张两大集团各自的优劣情况之后，作为敏锐的战略家，刘基清醒地指出，陈友谅的存在是朱元璋平定江南的最大障碍，双方之间的争夺是箭在弦上，不得不发，所以"宜先图之"④。道理很简单，双方之间的战争不仅关系到彼此的生死存亡，也将影响到谁可以夺得南中国地区的统治权，更影响到日后统一天下的战略决战。不过，刘基对朱元璋战

①《明史》卷一二八，《刘基传》。
②《明史》卷一二八，《刘基传》。
③《明通鉴》前编卷二，元至正二十年五月。
④《明通鉴》前编卷二，元至正二十年五月。

胜陈友谅还是充满信心的。他认为，只要先行剿灭劲敌陈友谅，再用兵于较弱的张士诚，则可轻而易举地达成目标。陈、张既灭，则北伐中原、统一天下也就水到渠成了，所谓"然后北向中原，王业可定也"①。这就是刘基为朱元璋所筹划的"先陈后张、各个击破"的战略。

对刘基的意见，朱元璋深表赞同，他也认为张士诚专意保守现有地区，不足为虑，而陈友谅正在扩张势力，又轻骄喜功，乃是自己的心腹大患。如果先攻打张士诚，陈友谅必会全力来救，届时己方势必"疲于二寇"，陷入两线作战，这是殊为不利的。②于是遂按刘基的建议，确定了先陈后张的战略主攻方向，在此基础上制定了先统一江南，然后北上灭元、统一全国的战略方针。

朱元璋按照这一方针，集中主力先与陈友谅摊牌，而对张士诚则采取守势，控制江阴、常州、宜兴、长兴、吉安等战略要点，阻止张军向西发展，并拉拢方国珍，借以牵制张士诚，稳定侧后，减轻后顾之忧。元至正二十年（1360），陈友谅企图凭借自己水军的优势进行战略突袭，一举攻下应天，摧毁朱元璋的势力，但是他的水军在应天附近中了埋伏，元气大伤。而朱元璋经此一役夺取了对手一支完整的水军，增强了自己水师的实力，从而有力量主宰长江中下游水域。元至正二十三年（1363），朱元璋亲自率军在江西鄱阳湖一带击败陈友谅的主力，取得了决定性的胜利。当双方决战正酣之际，处于朱元璋东邻的张士诚却没有充分利用这一契机，对朱元璋实施战略夹击，反而按兵不动，坐失良机。陈友谅失败后，张士诚方才如梦初醒，认识到自己和朱元璋之间必有一争。然而，一切为时已晚。朱元璋此时已可腾出手来专力对付张士诚了。明军本来已对张士诚势力形成战略包围之势，这时遂以破竹之势展开外围进逼，采取集中兵力"翦其两

---

①《明史》卷一二八，《刘基传》。
②《明史纪事本末》卷三。

翼"、后捣腹心之策，先夺占长江以北地区，迫使张士诚局促于长江之南。淮东得手后，再从浙西迂回，很快就将张士诚的老巢平江（今江苏苏州）加以包围。在围城过程中，又采纳谋士叶兑的"锁城法"①，使张士诚彻底陷于粮尽兵疲、束手待毙的困境。十个月之后，明军一举攻陷苏州。不久朱元璋又迫降了浙东的方国珍，基本上统一了江南，在南方地区取得了最后胜利，以后就只待北伐已奄奄一息的元军残余了。至此，朱元璋统一大业的完成已是指日可待了。

（三）战略进攻条件下的战略方向之选择

如果说元末明初之际刘基的"平江南策"所反映的是如何正确解决统一战争战略相持阶段的战略方向选择问题，那么，五代时期后周王朴的"平边策"以及北宋初年赵普的"雪夜对"所体现的便是在统一战争的战略进攻阶段合理选择战略主攻方向的要领。

统一战争的战略相持与战略进攻，是两个不同的概念。两个阶段之间有共性，更有个性：就同时面对多个对手而言，两者往往有相同处；就己方战略态势而言，两者又有明显的区别。在统一战争的战略相持阶段，己方的战略优势尚未形成，整个战略形势仍处于混沌模糊状态，存在着多种战略发展前景的可能性。而在统一战争的战略进攻阶段，己方或许仍然会面临多个对手，但是就总体而言，战略优势已明显确立，战略形势业已基本明朗，统一大业的发展趋势已不可逆转，实现全国的统一实际上只是一个时间问题而已。尽管如此，为了更顺利地实现国家统一的战略目标，作为统一大业的指导者，依然有必要全面考察和衡量整个战略形势，正确选择合适的战略主攻方向，先主后次、有条不紊、循序渐进地克服统一道路上的一个又一个障碍，最终实现"九州共贯、六合同风"的崇高理想。

---

① 《明史》卷一三五《叶兑传》记载："城固难以骤拔，则以锁城法困之。于城外矢石不到之地别筑长围，分命将卒四面立营，屯田固守，断其出入之路。"

唐朝灭亡后，中国历史进入了大动乱、大分裂的五代十国时期，但分裂的局面以及由之而造成的严重恶果，更使得有雄心的统治者树立起统一六合、平乱安民的理想追求。他们希望运用武力的手段，削平其他割据者，尽快结束政治动荡、国土分裂的局面，再造太平一统的盛世。这个统一大业的肇始者，自然是后周世宗柴荣。[1]

周世宗即位之初，就以"汉晋以来，契丹屡寇河北，轻骑深入，蹂躏幽燕"为忧，认为群雄割据、国家分裂的局面必须结束，否则中国将忧患不已。而在当时形势之下，后周对其他割据政权（契丹除外）已拥有比较明显的战略优势，统一中原及南方地区的条件已基本成熟。因此，周世宗锐意于统一事业，不仅是合理的，而且也是可行的。

然而周世宗的统一努力一开始便遭遇了不小的挫折。高平之战大胜后，他立即挥军进攻北汉巢穴太原，欲趁热打铁，一举灭亡北汉，为统一全国奠定基础，可是结果却是在太原之战中损兵折将，劳而无功。这一事实，有力地印证了一个具有普遍意义的军事规律，那就是统一大业的得失成败，不仅仅取决于统一一方的实力优势，更取决于其统一方略的正确与否。换言之，要在当时结束国家分崩离析的局面，关键是能提出一个切实可行的统一战略方案，而该方案的核心则是正确选择统一战略的主攻方向。在这种背景之下，王朴的"平边策"应运而生，成为周世宗统一天下的战略指导方针。

"平边策"的核心与价值，是其立足于后周政权整体优势的基础上，为周世宗选择了正确的战略主攻方向，提出了军事上"先易后难、先南后北"的战略方针。

王朴建议周世宗实施"先易后难、先南后北"的统一战略方针，是基

---

① 南宋朱熹对周世宗柴荣的历史地位做了很高的评价，认为"世宗胸怀又较大"，"可谓有天子之量"，指出"五代时甚么样！周世宗一出便振"。（《朱子语类》卷一三七，中华书局标点本，第3251页）

于对当时整个战略形势的清醒分析与判断。在五代后期，全国分裂为后周、辽国、北汉、后蜀、荆南、南唐、吴越、南汉等多个政权。以中原正统自居的后周，虽然最具备完成统一的条件，但是在具体实施统一战争步骤时，也绝不可能同时出击，"十个指头一齐打"，而必须有轻重缓急和先后次序。在他看来，北方的北汉虽然地盘不大，但由于其战斗力强大，骑兵剽悍善战，加上有契丹为强大的后盾，所以切不可列为首要打击的对象，只能暂时搁置在那里，俟日后时机成熟时再加以解决，"唯并（并州，此处指北汉）必死之寇，不可以恩信诱，必须以强兵攻之，但亦不足以为边患，可为后图，候其便则一削以平之"①。

既然向北发展不能作为优先考虑的步骤，那么战略的主攻方向合乎逻辑地也只能首先确定为南方地区了，只能是"先南后北、先易后难"，即所谓"攻取之道，必先其易者"②。

在南方诸多割据势力中，由于其距离中原远近不一，对后周的威胁程度也有所不同，因此后周在向南方地区用兵时，也应该贯彻逐一解决、各个击破的战略方针。王朴认为，在当时南方各割据势力中，南唐和后蜀是实力最强的。这两个割据政权都想结交契丹，以图中原，对后周最具威胁，是后周统一天下时的两个巨大障碍。周世宗想要恢复燕云，就不得不先对付这两个势力。而在这两个割据政权中，又应以南唐为首先用兵的对象。因为后蜀远离中原，关山阻隔，交通不便，远征困难重重。历史上，后唐两征后蜀，一次得而复失，一次半途而废，前车之鉴，教训深刻，值得吸取。相形之下，南唐与后周为邻，经济富庶，后周如能先灭南唐，得其人力、物力资源，便可以增加后周的综合实力。同时，夺取南唐，对南方地区的其他割据势力，也可以起到敲山震虎的威慑作用，"既得江北，则用彼

---

① 《旧五代史》卷一二八，《王朴传》。
② 《资治通鉴》卷二百九十二，世宗显德二年。

之民，扬我之兵，江之南亦不难而平之也。如此，则用力少而收功多，得吴，则桂、广皆为内臣，岷、蜀可飞书而召之，如不至，则四面并进，席卷而蜀平矣"①。等到南方地区平定，那么回头对付北方，则相对容易多了，"则燕地必望风内附；若其不至，移兵攻之，席卷可平矣"，"吴、蜀平，幽可望风而至"②。如此，统一大业何患不成！

显而易见，王朴"平边策"的主旨是确定"先易后难、先南后北"的战略方向，其基本步骤是：先并吞江南，继而平定整个南方，然后转锋北上，收复燕云十六州，最后消灭北汉政权完成全国的统一。周世宗慧眼识珠，部分接受了王朴的战略建议，一举攻占了南唐的江北十四州，从淮河流域取得大量的人力、物力支持，为后周大军转锋北上、直指幽燕做好了较为充分的准备。但遗憾的是，周世宗英年早逝，死于北伐途中，使其统一事业不得不终止。

显德六年（959），赵匡胤发动陈桥驿兵变，"黄袍加身"，取代后周政权，建立起北宋王朝。他虽然很快地平定了内部的叛乱，稳定了整个政局，但是和周世宗一样面临着一个统一全国的使命。

当时，在中原以外，尚有七个割据政权存在，其中最难解决的就是以契丹为后援的北汉。因此摆在北宋君臣面前的问题是：先南后北还是先北后南，先易后难还是先难后易。换言之，"赵匡胤的统一战略的制定，核心的问题是战略方向的选择"③。

赵匡胤即位后，曾企图先攻北汉，但遭到一些大臣的反对。武胜（治邓州，今河南省邓州市）节度使张永德认为，北汉兵力不多但却精悍善战，又有契丹为援，不易攻取。主张每年多出一些游兵，破坏其农业生产，并

---

①《旧五代史》卷一二八，《王朴传》。
②《旧五代史》卷一二八，《王朴传》。
③《中国古代战争战例选编》第三册，第7页，中华书局1984年版。

设法离间其与契丹的关系，断绝其外援，然后再相机进兵。①华州（治所在今陕西华县）团练使张晖也反对过早进攻北汉。这些反对意见使赵匡胤颇费踌躇，一直很难作出最后决断。但是这一关乎统一大业的战略方向选择问题不能无限期地拖延下去，统一战争必须展开，"一天下之策"必须确立。为此，赵匡胤夜访宰相赵普，最终定下战略决心，明确了战略方向。

赵普"雪夜对"的主旨是提出了"先南后北，先易后难"的战略方向选择："太原当西北二边，使一举而下，则边患我独当之，何不姑留以俟削平诸国。彼弹丸黑子之地，将何所逃。"②话说得很委婉，但意思是很明确的，即反对先北后南，主张先南后北。赵普认为，一旦先北后南、先难后易，以北汉为战略方向，北宋就容易陷于战略被动。因为北汉是以沙陀人为主体的政权，他们自唐中后期以来居于山西，以骑兵精锐、武力强悍左右中原政局，五代时曾三次入主中原建立政权。就唐末五代以来的历史教训而言，中央政府一弱或内部一乱，总是有山西的以晋阳为根据地的一个新势力的崛起并割据，进而争雄于中原。从战略地理上讲，割据政权因居于山西高原，对河南、河北和关中而言，都是处于居高临下之势，可以攻则取之，退则守之，这在古代的军事条件下，是颇具优势的。③

同时，北汉问题的背后是契丹。契丹是耶律阿保机于贞明二年（916）建立的政权，早已与长城以南的五代十国对峙多年。自石敬瑭献纳燕云十六州后，更扩大了其农业区域。作为一个兼有游牧民族骑射之长和农业经济基础的势力，它的本部是契丹族的部落体制，而燕云等地则实行中原的政治、经济组织方式，所以不同于此前的任何游牧民族政权。当时契丹又灭了渤海国，征服了室韦，向西征服了党项、吐谷浑直到河西回鹘，成

①《宋史·张永德传》。
②《续资治通鉴长编》卷九，"开宝元年秋七月"。
③ 谭其骧：《山西在国史上的地位》，《长水集》下册，人民出版社1987年版。

为一个横跨整个中亚至东亚的大国，其实力之强大，为当时并存的其他割据政权所不能比肩，对中原政局施加着非同寻常的影响。石敬瑭取代后唐靠的是契丹的军事支持。辽太宗时，契丹大军甚至深入中原，攻下大梁。此后凡是意欲问鼎中原的割据者，大多要寻找契丹当自己的靠山。如江南的南唐和四川的后蜀，都于暗中结交契丹，以期争夺中原。而郭威代汉建立后周时，后汉高祖之从弟刘崇也于同日在太原称帝，建立北汉政权，称侄于辽。在这种背景下，宋军率先进攻受契丹保护的北汉，不仅缺乏取胜的把握，而且还会使得刚刚建立的北宋政权过早地陷入与强辽旷日持久的对抗和战争，徒耗国力，同时也影响到对南方的统一战争的进行，并进而影响统一大业之全局，即使攻下也得不偿失。所以北宋王朝要完成统一大业，对于最强大的割据势力（也是一个最顽固的堡垒）——北汉政权，只能是暂时守而不攻，静待时机。

相反，若先从南方着手，符合当时南弱北强的客观情势，成功有极大的把握。当时，南方各个割据势力正处于衰落的状态之中，其力量相对弱小。北宋以优势兵力专力南指，则较为容易各个击破，取得成功。而且南方地区经济富庶，自中唐以来，渐为财赋之地，成为全国经济中心，中原馈饷多仰赖江、淮得以解决，所谓"军国之费多出于江南"①。一旦平定南唐，实现南方地区的局部统一，就可以充分利用江南、巴蜀的人力、物力与财力，增强整体国力，为日后转锋北上奠定丰厚的物质基础。

鉴于对整体战略形势的深入分析与高明判断，赵普为赵匡胤进一步明确了北宋统一大业的战略主攻方向，建议缓伐北汉，专力南方，"先南后北、先易后难"，在完成南方地区的统一后，再寻机转锋北上，翦灭北汉，最终实现整个中原地区的统一。

---

① 《续资治通鉴长编》卷四十六。

赵匡胤采纳了赵普、张永德等人的建议，放弃了先攻北汉的意图，最终决策实行先南后北、南攻北守的战略。选择这一战略方向的着眼点是先弱后强，取得南方雄厚的人力、物力之后，再集中力量对付北方的强敌。为此，一方面，赵匡胤加强了对北方的防御，于建隆三年（962）四月，选派一批得力将领，率兵守卫北部战略要点，在延州（治所在今陕西延安）、环州（治所在今甘肃环县）、原州（治所在今甘肃镇原）、灵武（治所在今宁夏灵武西南）屯兵，以防备党项人；在关南①、瀛州（今河北河间）、常山（治所在今河北正定西南）、棣州（今山东滨州一带）等地驻兵，以防备契丹；控制西山（今恒山）、晋州（治所在今山西临汾）、隰州（治所在今山西隰县）、昭义（治所在今山西长治），以防御北汉。另一方面，赵匡胤集中主力，按既定的战略方向开展对南方地区的军事行动，先以假途灭虢之计袭占南方六国中势力最弱的南平与武平，将北宋的势力延伸至天下要冲的荆湖地区，从而左顾南唐，右瞰后蜀，南逼南汉，使己方处于战略上最为有利的态势。随后，宋军分进合击，一举灭蜀；声东击西，平定南汉；五路出师，击灭南唐。开宝九年（976），吴越国纳土归降，南方地区完全统一。

太平兴国二年（977），宋太宗赵光义大举北伐，围城打援，志在必得。北汉在抵抗无果后，被迫投降。宋军浩浩荡荡开进晋阳，灭亡了北汉政权。这时距北宋立国已过了十九个年头，至此北宋才真正完成了中原核心地区的统一大业，结束了自唐朝中叶安史之乱以来的藩镇割据和五代十国的分裂局面，为社会经济文化的恢复和发展提供了必要的条件。而北宋之所以能实现南北方主要地区的统一，关键就在于其在从事统一大业时，能够做到正确地分析判断形势，合理地选择了"先南后北"的战略方向。

---

① 北宋所指"关南"，即高阳关（又名草桥关，今河北高阳东）之南。

当然，由于赵宋政权始终未能解决燕云十六州问题，未能恢复汉唐旧疆，留下无穷的后患，以致在与辽、西夏、金战略相持时处于战略下风，因此后人认为其并未完成真正意义上的大一统。为此，有关北宋在统一战略方向的选择上的得失，从宋代起就众说纷纭，莫衷一是。比如陆游、王夫之就认为先南后北固然可行，但待收拾南方后，北宋兵力已疲，结果难以彻底解决北方问题，即所谓"昔之收巴蜀，入两粤，下江南，皆以众凌寡，乘其瓦解而坐获之。一试之白草荒原，控骑鸣镝之地，边声一起而气已先夺"[1]。我们认为这类观点是值得商榷的。宋太祖、赵普等人所确定的"先南后北"战略方向，虽说是无奈之举，但也的确是"杂于利害"、反复筹算后的稳妥选择。因为道理很简单，所谓战略，无非是在众多选择中明辨得失、趋利避害，对未来的发展趋势作出尽可能精确合理的评估，作出最合乎实际、最切实可行的选择。从这个意义上说，宋太祖、赵普等人所确立的以先南后北、南攻北守为中心的统一方略是合理切实的，也是相对正确的。至于宋代积贫积弱，边患迭至，军事屡挫，国势不振，则另有其更深层的政治、军事方面的原因，而不可简单地归咎于"先南后北"这一开国之初所选择的统一大业战略主攻方向。[2]

三、高明运用战略手段

战略手段，是指为达成一定战略目标而运用战略力量的方法与途径。在实施统一大业的过程中，要求其决策者善于高屋建瓴、总揽全局地提出实施战略进攻的原则性手段，以确保统一战略目标得以顺利的实现。具体

---

[1] 王夫之：《宋论》卷三，真宗。

[2] 关于赵普"雪夜对"的具体时间，史书没有明确记载。李焘《续资治通鉴长编》系于开宝元年（968）秋七月。但据文义，显然是在记述赵匡胤处理北汉问题时的追叙文字。《宋史·赵普传》系于乾德二年（964）之后与乾德五年（967）之前。但赵匡胤乾德元年正月已开始用兵荆湖，故此说显然是靠后了。南宋人邵伯温的《邵氏闻见录》称是"太祖即位之初"，赵匡胤即位后第一个年号为"建隆"，共三年（960—962），这一说法似较接近实际，也与张永德诸人进言在时间上相一致。

地说，统一大业指导者在确定了战略目标之后，必须针对实际情况，制定并执行一定的方法、手段，以循序渐进地接近既定的战略目标，这是战略决策构筑过程中的必要步骤，也是整个统一战略方针的有机组成部分。例如“汉中对”中有关调动汉军积极性的阐述，就属于韩信为刘邦所进献的怎样达成战略意图的具体手段：“任天下武勇，何所不诛！以天下城邑封功臣，何所不服！以义兵从思东归之士，何所不散！”[①]即：一要广泛招揽贤能，放手使用人才，发展壮大自己的实力，凭借武力打击并最终消灭项羽集团；二要利用厚封重赏这个有力的杠杆，调动广大将士杀敌制胜的积极性，驱使他们为赢得战争胜利而奋勇杀敌、效命疆场；三要掌握和运用部队的士气，充分发挥部队将士的战斗潜能，战胜攻取，以弱胜强。这是韩信对战略手段的高度归纳和概括，也是刘邦集团赢得统一战争最终胜利的重要保障。

历史上的统一战争表现形态是多种多样的。因此，有关统一战争战略手段的运用也是各有千秋、各具特色的。这里我们不能就统一战争中异彩纷呈的战略手段运用进行具体细化的描述，而只能对其中带有共性的规律做扼要的总结。这种具有共性的特点，我们认为有两个方面值得特别予以关注：一是统一战争中有关联盟战略的运用，二是政治与军事的密切协调、双管齐下。它们或许就是服务于统一大业顺利展开的两种最为见效的战略手段。

（一）联盟战略原则在统一大业中的运用

明清之际揭暄所著的《兵经百言》指出：“胜天下者用天下，未闻己力之独恃也。”统一大业的指导者要实现统一国家的战略目标，首先自然要立足于自身的力量，但与此同时也需要尽可能借助于第三者（一般为次要

①《史记》卷九十二，《淮阴侯列传》。

对手）的支持，以对付和打击最主要的对手，从而最大限度地减少统一道路上的阻力，更顺利地赢得统一战争的胜利。因此，运用联盟战略的原则，争取最大的帮助，也就成了确保统一大业逐步推进的一个十分重要的战略手段。而历代兵家对此的详尽阐述和反复强调，则充分表明了人们对这一战略手段重要性的高度重视，"善用国者，因大国之重，以其势小之；因强国之权，以其势弱之；因重国之形，以其势轻之"①；"勾敌之信以为通，勾敌之勇以为应，与国勾之为声援，四裔勾之助攻击"②。应该说，人们对此予以重视不是偶然的，因为稍加考察，我们就能发现，历史上的统一战争大多都是联盟战争，或至少包含联盟的因素。

决定缔结联盟的因素很多，但最重要的因素是利益和力量，而利益又是基本的和主导的因素。换言之，利益的有无或大小决定着战略联盟是否可能形成的前景。"天下熙熙，皆为利来；天下攘攘，皆为利往。"利益关系是战略联盟得以形成并存在的基础，而各方的利益关系相互交织在一起，就会产生一定的互动性，从而使联盟战略在整个战略形势发展中发挥独特的作用。力量的强弱或大小则决定着己方在战略联盟中所处的地位及其所扮演的角色。在利益与力量两者之中，"利益决定力量的组合，而力量则决定利益的分配"③。联盟战略的这一基本属性，规范了国家统一大业指导者在运用联盟战略这一战略手段之时，总是立足于两个基本原则：一是己方在这个战略联盟中牢牢处于主导的地位，其力量足以控制驾驭其同盟者；二是结盟的目的是直接为自己统一大业服务，从根本上符合自己追求统一的利益要求，即所谓"合于利而动，不合于利而止"④，"非利不动，非得不用，

---

①《管子·霸言》。
②《兵经百言·法篇·勾》。
③ 李际均：《论战略》，第205页，解放军出版社2002年版。
④《孙子兵法·火攻篇》。

非危不战"①。

在中国历史上，运用联盟战略的手段，促成国家统一大业顺利推进的最成功事例，除先秦时期秦国连横破纵、远交近攻最终吞并六国、一统天下之外，莫过于成吉思汗联宋灭金的战略举措。成吉思汗作为世界历史上最著名的征服者，东征西讨，纵横驰骋，建立起历史上最大的国家，乃是与其伟大的军事天才分不开的。他的军事战略一言以蔽之，即联盟战略②，而这一战略最精彩的表演，则是他的"临终灭金遗言"。该"遗言"文字不长，谨移录如下：

> （二十二年）秋七月壬午，不豫。己丑，崩于萨里川哈老徒之行宫。临崩谓左右曰："金精兵在潼关，南据连山，北限大河，难以遽破。若假道于宋，宋、金世仇，必能许我，则下兵唐、邓，直捣大梁。金急，必征兵潼关。然以数万之众，千里赴援，人马疲弊，虽至弗能战，破之必矣。"言讫而崩，寿六十六，葬起辇谷。③

这的确是一个很完善又很精练的联盟战略运作的方案。为了更好地认识它的价值，我们还有必要从成吉思汗的生平说起。

成吉思汗原名铁木真，原是蒙古高原上众多部落中一个较小的部落首领的儿子。他的童年生活至为不幸，十二岁时父亲中毒身亡。他在艰难的磨炼中，精通了部落斗争这门复杂的艺术，将忠诚、狡猾和无情的背信弃义及自身的勇猛善战等各种素质创造性地融于一身，所以能在草原诸部落

---

① 《孙子兵法·水攻篇》。
② 黄朴民、孙建民：《中华统一大略》"假道于宋，直捣大梁"节，解放军出版社2002年版。
③ 《元史》卷一，《太祖本纪第一》。

的争斗中脱颖而出，纵横捭阖，联此制彼，将所有对手逐一消灭，于1206年在蒙古各部落酋长大会上被推举为成吉思汗。

统一的蒙古部落把握和利用了千载难逢的历史机遇。13世纪初期，欧亚大陆的力量对比与汉、唐时代已完全不同了。当时，中国分裂成西夏、金、南宋三个地方政权。女真人建立的金朝统治着北方，党项人建立的西夏政权控制着中国西北，而南宋则仅仅拥有淮河以南的半壁江山。在中亚、西亚地区，喀喇汗国、花剌子模、阿拔斯王朝也均处于衰退时期。这就为成吉思汗从事统一与征服事业提供了难得的机遇。成吉思汗统一蒙古各部的经历，为其日后对世界各大文明区域的征服提供了丰富的经验，其军事战略被炉火纯青地运用到了征服事业中。成吉思汗的战略独具一格，即在进攻强大的国家之前，十分注意征服其游牧邻邦。他非常熟悉中国历史上"分而治之"的战略传统，对历代中原王朝对待周边游牧部落的"以夷制夷"的思想及其行为方式熟稔于胸、无师自通。

成吉思汗对中原的征服，娴熟地运用了联盟战略这一手段。公元1205年至1209年，他首先征服了西夏政权，将其收纳为自己的附属国。

公元1211年，他又率军进攻金朝统治的北方，占领了长城以北地区，不久又突破长城防线，进入华北平原和黄河流域。进入中原后，他首要的进攻目标自然是金朝。因为消灭金朝不仅可为自己西进时解除来自战略后方的掣肘，而且也可利用中原的经济、技术为西征大业服务，同时还可为日后平宋统一中国打下坚实的基础。所以，首先灭亡金朝可谓是决定成吉思汗的统一与征服事业成功与否的关键环节。

但是，女真人与蒙古人一样，同为游牧民族，在当时仍然具有较强的军事实力，而且经营中原多年，据有潼关等战略要地。单独依靠蒙古军队对其发起正面攻击，虽说也有成功的希望，但毕竟是强强对抗，以硬碰硬，其伤亡之惨重可想而知，而且在短时期内很难取得突破性进展，这样将势必影响到整个统一大业的顺利推进，属于事倍功半，得不偿失。为此，成吉思汗将联盟战略这一基本手段加以改造，服务于自己总体的统一战略。具体地说，就是将过去以游牧部落为联盟伙伴的经验，创造性地应用于对中原王朝的征服上，而《临终灭金遗言》正是这一战略指导思想的集中反映。

成吉思汗的联宋灭金战略之要点有三。第一，假道于宋、联宋击金。这是他在分析对金作战整个战场形势之后所作出的高明决策，也是其统一战略的核心所在。在成吉思汗看来，金朝精兵"尽在潼关"一线，控制着潼关这一战略要塞，据有山河之险，处于进可攻退可守的有利位置。蒙古军队要自西进入中原，很难迅速突破这一防线。同时，习惯在平原旷野进行机动性野战的蒙古骑兵，在城池攻坚战中也难以发挥出优势，正面进攻肯定会付出极大的代价。所以，这就要求战略制定者必须开阔思路，避实击虚，寻找敌人的虚隙，予敌以出其不意且致命的打击。成吉思汗不愧为精于韬略谋算的高手，他制定的联宋之策，提出了绕过敌人正面，假道于南宋，出兵唐、邓，进而直捣金朝国都大梁（今河南开封）的战略。这一战略一旦得手，那么金军所据的潼关天险也随即失去了战略防御上的意义，蒙古击破金兵、灭亡金国也就指日可待了。

第二，从历史渊源以及现实战略环境分析，肯定了假道于宋、联宋灭金是可行之策。在成吉思汗看来，蒙古与南宋的联合是有现实基础的，因为金人曾灭亡北宋，将赵氏政权驱逐至江南偏安一隅，并不断对南宋发动战争。金、宋之间世代征伐，结怨甚深。作为弱势一方的南宋，对金朝怀有不共戴天的仇恨。如此，宋人对蒙古提议联合灭金之策，必定会倾心呼应，积极配合，即所谓"宋、金世仇，必能许我"。联盟战略的秘诀之一就是双方必须有共同的战略利益，所谓"敌人的敌人就是自己的朋友"。所以，只要蒙古方面开出合适的价钱，设下诱饵，南宋方面一定会不知轻重地来吞食。这样一来，联宋灭金之策推行起来便可得心应手、畅通无阻了。

第三，对金方的后续性军事动态作出了十分正确清醒的判断，并针对金军可能采取的军事行动提前作出了妥善的因应之策，这就是围城打援，于战略机动中尽歼金军的主力。很显然，成吉思汗的高明还在于他预测到"假道于宋，直捣大梁"之策实施后，金军所将作出的合乎逻辑的战略反应："金急，则征兵潼关"，即金军主力闻讯都城被围，必定会移师东去赴援。成吉思汗认为，这对于自己一方来说，其实正是于机动中歼敌的绝好机会。因为金军是被动奔波千里回救都城；长途跋涉，日夜兼程，势必立足未稳，人困马乏，处于斗志疲惫、士气低落、战斗力锐减的状态，蒙古雄师恰好可以以逸待劳，于运动中予以迎头痛击，乘机将金军主力一举歼灭，从而为最终平定金国扫清障碍。由此可见，成吉思汗的联宋平金之策是"伐谋"、"伐交"与"伐兵"的多管齐下、刚柔相济，能真正达到借刀杀人、一石多鸟、以迂为直、事半功倍的战略目的，更好地服务于自己一方的统一总体战略。

成吉思汗制定的联宋灭金战略具有可行性，因此是看得见、摸得着、可操作性很强的战略手段。

一是宋、金确为世仇。靖康二年（1127）金军分两路南下，攻克汴梁，俘虏北宋的徽宗、钦宗二帝，将二帝与赵氏宗室三千余人押解北方，消灭了北宋政权。宋室在南方重建后，又屡遭金军追击。南宋由于在军事上多次大败于金，不得不与金国签订了屈辱的"绍兴和议""隆兴和议"，向金朝称臣纳贡。可以说，宋、金之间一直处于敌对状态。所以，恢复北方河山，消灭金朝，一直是南宋志士仁人的梦想与追求。此外，宋朝因受制于北方游牧民族，也一直有借助联盟制服主要对手的战略考虑。例如，北宋时朝廷曾经致力于东联高丽制辽，扶植西羌制西夏；南宋宁宗"开禧北伐"时，又寄希望于北宋时代的劲敌西夏，"下诏"让西夏配合宋军北伐。可见，南宋也有结盟制金的企求，故能与蒙古方面一拍即合。

二是南宋远离蒙古统治中心，中间有金朝作战略上的缓冲，既对蒙古族强大的军事实力无切身的感受，又对蒙古族的最终战略意图茫然无知，所以一时还感受不到蒙古崛起的直接威胁。这里可以清晰地看到战略地缘要素在蒙宋结盟问题上的制约规范意义。在一般情况下，地缘要素发挥作用的基本规律大致有三：其一，衰减规律，即一国的势力和影响在本国最强大，离国内距离越远，力量和影响也就越是减弱；其二，相邻的国家最容易发生利益上的冲突；其三，一国实现统一或对外扩张都是由近及远进行的。[①]所以，按传统地缘战略"远交近攻"的原则，南宋合乎逻辑地乐意与蒙古方面缔结战略联盟。

三是当时金朝方面的某些战略举措、军事动向，给南宋王朝造成了强大的压力，使得南宋方面更加增强了联蒙抗金的迫切感。因为，金朝在蒙古的不断打击之下，北方尽失，疆土日蹙，处境危殆。为了躲避蒙古方面凌厉的攻势，积蓄与蒙古持久对抗的资本，金国统治者遂决定向南拓展，企图攻占南宋之地，以挽救衰败之势。这样，从嘉定十年（1217）开始，金军从北、西两个方向向南宋发起了两次全面进攻。南宋方面虽然暂时抵挡住了金军的进攻，但对金的军事威胁有了更为深切的感受，因而在联蒙灭金问题上也就有了更强烈的愿望。

成吉思汗死后，其子窝阔台、拖雷等人一度在陕西和黄河沿线作战，但成效不大。[②]后来，有一个叫李国昌的人献策说："金主迁汴，所恃者黄河、潼关之险尔。若出宝鸡，入汉中，不一月可达唐、邓。金人闻之，宁不谓我师从天而下乎。"[③]这一战略建议与成吉思汗的遗策基本一致，于是

---

① 程广中：《地缘战略论》第四章，国防大学出版社1999年版。
② 于汝波、刘庆：《中国历代战略思想教程》，第134页，军事科学出版社2000年版。
③《元史》卷三，《宪宗纪》。

拖雷等人为尽快灭金，遵照成吉思汗联宋灭金的遗言，于绍定五年（1232）初遣使入宋，提议蒙宋联合，携手合作，攻灭金朝。对于蒙古人的提议，宋廷虽有不同的意见，但"可遂复仇之举"的看法终于占了上风。宋理宗更未暇多思，带头予以响应，派遣使者前往蒙古军营予以回应，双方遂很快地达成协议。蒙古应允灭金之后将河南之地归还南宋。此后，蒙军大将拖雷便借道于宋，统率四万兵马经汉中、安康、房县等地南渡汉水，直指邓州，在三峰山将金军主力消灭殆尽，次年初又占领汴京。接着，蒙古与南宋的军队联合围攻金哀宗盘踞的蔡州城，经过战斗，一举攻克蔡州，彻底灭亡了金朝。就这样，蒙古通过运用联盟战略的手段，顺利地实现了南下灭金、逐鹿中原的战略目标，并为日后犁庭扫穴、翦灭南宋，完成国家统一创造了有利的条件。相反，南宋方面却错误估计了形势，又昧于当时的中原战略格局及其发展动态，在运用联盟战略这个手段之时，留下了许多不可弥补的败笔。结果，联盟战略和将士们的喋血奋战，除了换得一个灭亡金朝的虚名空誉之外，别无所获，纯粹是"酿得百花成蜜后，为谁辛苦为谁甜"。更为糟糕的是，南宋在运用联盟战略手段时的战略短视，给自己带来严重的后患，帮助对手探清了己方的虚实，掌握了己方的命门，使得自己成为蒙古的下一个征服对象。

（二）文武并用与国家统一大业的实现

战争作为阶级社会的一种特殊活动形态，总是与一定阶级的政治紧密关联的。早在先秦时期，我国古代兵家就朴素地认识到"战争是政治的继续"这一战争本质问题，"古者，以仁为本，以义治之之谓正，正不获意则权。权出于战，不出于中人"①。《尉缭子》认为，所谓战争，乃是"以武为植，以文为种；武为表，文为里"②，这就进一步揭示了政治（文）是内在本

---

① 《司马法·仁本》。
② 《尉缭子·兵令上》。

质，军事（武）是外在表象，政治与军事互为表里的主属关系，并且深刻指明："能审此二者，知胜败矣。"可见，强调政治对军事具有主导的作用，战争胜负从根本上取决于政治的优劣，乃是人们关于政治与军事关系问题上的普遍共识。

这种基本认识，毫无疑问要在统一战争的战略运用上得到充分的反映。这不仅表现在统一大业的战前综合准备中，而且体现在统一战争进行过程中的各个环节。在统一大业指导者看来，要顺势而起芟夷群雄，奉天承运统一全国，就必须文武并用、恩威兼施，二者相辅相成，缺一不可。军事上强大，才能战胜敌人，同时还要做到军事打击与政治瓦解相结合，"修文德以来之"，所谓"患在德不广，不患地不广"①。德化广被，注重攻心，瓦解敌军斗志，以达到不战而胜或为战而胜之创造条件之目的，"夫用兵之道，攻心为上，攻城为下，心战为上，兵战为下"②。有论者认为这是历代国家统一指导者在实施统一战略上的一个共同特征。③

我们认为，文武并用、恩威兼施不仅是一种战略思维方式，更是一种行之有效的基本战略手段。这个手段运用得高明与否，直接关系着统一战争的进程，在很大程度上决定着是否能顺利实现国家统一的战略目标。

中国历史上的统一战争中，文武并用，以政治指导和配合军事斗争的方式来达成战略目的现象比比皆是，这是中国古代统一战略高度成熟的显著标志之一。这里我们就以清朝统治者的统一战略实践为例，来具体说明运用文武并用、恩威兼施这一战略手段，对于完成国家统一大业的作用与意义所在。

就历史主义观点论，统一是中国历史的主流。经过明末清初一段时间

---

① 《通典》卷一四八，《兵序》。
② 《三国志》卷三十九，《蜀书·马良传附马谡传》裴松之注引《襄阳记》。
③ 于汝波、刘庆：《中国历代战略思想教程》，第95页，军事科学出版社2000年版。

的分裂和社会无序状态，全国再次走向统一，乃是历史发展的必然。但是由谁完成天下统一大业，以及何时完成统一，则的确有很大的偶然性。明末清初的天下大乱和由此而造成的权力真空，更增加了种种机遇。在这种局势混沌不清、机会稍纵即逝的关键时刻，后金（清）政权把握时机，走上历史舞台的中心位置，主导整个战略格局的演变，终于成为最后的胜利者，入主中原，完成统一大业。而其之所以能够际会风云、成就伟业，一个重要的原因乃缘于能够虚心采纳汉人谋士范文程、洪承畴等人的高明战略谋划，坚定不移地将其贯彻于自己整个军事行动之中，从而确保了在大一统的事业中畅通无阻，所向无敌。

在当时诸多的战略建言中，范文程所呈的"入定中原状"与洪承畴所献的"取中原启"对于清朝统治者实现统一大业发挥了最为关键的作用。其中，"入定中原状"对于后金（清）统治者及时完成战略转变，入关角逐天下，完成统一，具有提纲挈领的特殊意义，而"取中原启"则着重从军事战略的角度，深入分析了清军的主要对手李自成农民起义军的基本现状、作战特点，并在此基础上，制定清军夺取中原的战略目标以及具体的作战指导和相应的政治措施，从而为清军攻取晋、豫等战略要地，进而"混一区宇"指明了具体的方向。①

综观这两份重要的战略对策，我们可以发现，它们具有一个共同的特点，就是不单纯就军事论军事，而是将军事置于政治的范围内进行考察，将统一大业的完成视为政治与军事互动的过程，文武并用、恩威兼施成为谋划全国统一战略的基调。换言之，它们既是军事战略方面的杰作，同时也是政治战略的妙策。

两份战略对策都明确打出"义师"的旗号，将自己打扮成拯救中原百

---

① 范文程"入定中原状"，见于王先谦《东华录》"顺治元年四月辛酉"的记载；洪承畴"取中原启"，见于蒋良骐《东华录》卷四"顺治元年四月庚午"的记载。

姓于水火的"义军"，明确农民起义军是自己的主要敌人，以争取汉族地主、知识分子以及普通百姓的拥护和支持，缓和满、汉两族之间的敌意与矛盾。高明的战略决策在于能从政治高度认识并把握军事问题。范文程、洪承畴等人对策的卓越之处，正体现在其注意把政治与军事作为一个整体来对待，以正确的政治策略指导和配合军事斗争，从而确保入定中原、统一国家的大业顺利进行。

此前，后金（清）统治者并未有一统天下大业的志向，一味武力内犯，以掠夺为业。比如清太祖努尔哈赤就无意入据中原，专意发挥仇视明室、痛恨汉人的观念，得儒士即杀掉，得平民则交给满洲贵族为奴婢。但此时面临天下剧变的形势，以及入关后汉族吏民多所逃避的情况，政策的调整已是势所必须，抚用汉人，优待降将，以结关内人心成为夺取统一战争胜利的前提条件。在这种情况下，范、洪等人的战略对策，自然要把争取民心放在重要的位置。

如范文程在"入定中原状"中，就建议后金（清）统治者以"义师"的面目出现，使自己的军事行动获得汉人的认同。一是要求后金（清）军切戒妄杀，尽量将民族矛盾淡化，以减少汉族百姓的反抗，"严申纪律，秋毫勿犯，复宜谕以昔日不守内地之由，及今进取中原之意，而官仍其职，民复其业，录贤能，恤无告，风声翕然，大河以北，可传檄而定。河北一定，可令各城官吏移其妻子，避患于我军，因以为质，又拔其德誉素著者，置之班行，俾各朝夕献纳"，对汉人进行拉拢、分化和控制。另外，《清史稿·范文程传》记载，范文程还曾向多尔衮建议："好生者天之德，兵者，圣人不得已而用之，自古未有嗜杀而得天下者，国家欲一统区夏，非安百姓不可。"可见，范文程安抚汉人、反对妄杀无辜的立场是一致的。这对于清政权统一天下自然是有利的。二是明确以起义军为主要的打击对象，争取汉族地主阶级的拥护，以最大限度地减轻军事行动的阻力："我虽与明争天下，实与'流寇'角也。今日当任贤以抚来，使之近悦远来，蠢兹'流孽'，亦将臣属于我……倘不此之务，是徒劳我国之力，反为'流寇'驱民也。举已成之局而置之，后乃与'流寇'争，非长策矣。"为此，范文程还亲自起草檄文，到处布告"宣谕"："义兵之来，为尔等报君父仇，所诛者惟闯贼。律师素严，必不汝害。"这样就卓有成效地减轻了清军顺利进军的阻力。

洪承畴的"取中原启"在注重政治与军事相互配合策应上同样有高明的表现。它进一步明确了以农民军为主要敌人的选择："宜先遣官宣布王令：此行特扫除逆乱，期于灭贼。"申明恩威并施的态度："抗拒者诛。不屠人民，不焚庐舍，不掠财物。降者官则加升，军民则秋毫无犯。不服者，城下之日，诛其官吏，百姓仍予安全。有首倡内应立大功者，破格封赏。法在必行，此要务也。"

后金（清）统治者认真采纳了范文程、洪承畴以政治主导军事、以文德策应武力的战略建议，将文武并用、恩威兼施作为一种重要的战略手段，运用于统一战争的整个过程。以"霸者假借仁义"的方式，来淡化汉族上层官吏与下层民众对清军入关的对立反抗情绪，争取了政治上的积极主动。其主要的做法有：一是到处张布榜文晓谕官民"以共享太平之意"；二是优礼尚存之明朝宗室残余，厚葬崇祯帝及其从死之妃嫔，派兵守护明帝陵园，以博取汉族士人与民众的好感；三是下诏优待明朝官吏，废除了明朝末年的一些苛捐杂税及各种加派，大军所经之地，免征地税一年，归顺州县，虽未有清军经过，也免税三分之一，同时普免全国各关津商税一年，让汉族地主与民众获得一定的实际利益；四是化消极因素为积极因素，借助汉人，以汉制汉，即所谓"有所假借，以供驱驰"，为入主中原混一天下创造有利的条件。①清廷这种调整后的招抚政策和策略，多少减轻了汉族官吏和地主的疑虑，争取到了他们的拥护，巧妙地将满汉之间的民族矛盾转化为与起义军的阶级矛盾，这实际上起到了单纯武力进攻所不能达到的作用。

应该说，范文程、洪承畴等人这种政治军事双管齐下、互为配合的战略思维，与清朝统治者据此而制定并实施的文武并用战略实践，在当时是收到了明显的效果的。清军入关之后一路摧枯拉朽、所向披靡，其铁骑强大、战术高明固然是主要原因，但是其卓有成效的政治宣传、切合实际的招抚手法，同样起到了消弭民族抵抗意识、麻痹汉族民众"夷夏之辨"观念、稳定普通百姓生产生活秩序的重要作用。这既从一个侧面反映了"入定中原状""取中原启"在清廷统一全国过程中所具有的特殊地位，更有力地证明了文武并用、恩威兼施作为一种重要的战略手段，永远是实现天下统一大业之时一个不可或缺的基本保障。

---

① 如清朝统治者曾将大批降清的明军改编为绿营兵，并由明朝降将继续率领，任用吴三桂等降将做马前卒，次第平定南方，从而事半功倍，完成国家的统一。

第五章　历代统一战争的战略指挥

战略指挥，按现代军事学术的概念来解释，是指统帅部及其派出机构对战略行动的组织领导活动。它是军队指挥的组成部分，也是指挥活动的最高层次。其主要任务，除了分析判断战略形势和特点，确定战略方针，以及军事行动的具体方针、原则之外，重点是制定战略及战略性战役计划，确定各军兵种部队的作战编成、任务和部署，组织战役之间、战区之间的协同和保障，掌握和运用战略预备队，指挥重要战役等。目的是正确运用国家和军队力量，战胜敌人或使敌人屈服，实现战争的政治、军事目的。战略指挥正确与否，直接影响战争的进程与结局。

作为军事指挥上的最高层次，战略指挥的基本要求除了遵循军队指挥的一般原则外，尤为强调的，一是从实际情况出发，使战略决策、措施符合变化着的客观情况；二是照顾好战争的方方面面，抓住对战争全局有决定意义的关节，推动战争全局的发展；三是做到坚定性与灵活性的统一，既有实现战略目的的坚强意志，又有高度的创新精神，善于审时度势，灵活使用兵力，恰当地运用和变换作战形式与作战方法；四是坚持高度的集中统一指挥，既能使各种力量、各种斗争、各种作战形式协调一致地行动，又善于群策群力，集思广益，集中各方面的智慧，鼓励各级指挥员积极果断行事，正确解决战略上的集权和战役战斗的分权问题；五是"致人而不致于人"，力争主动，力避被动；六是尊重一般作战规律，但不把具体军事原则教条化，所谓"不以法为守，而以法为用"①。

统一战争是具有全局意义的重大战略行动，战略指挥的正确与否直接关系着统一战争的进程与命运。尽管历史上的统一战争的战略指挥表现形态与现代意义上的战略指挥有着很大的不同，但是其基本性质与一般规律则是相一致的，至于战略指挥在战争中所发挥的作用、所具有的地位，二者更是没有区别。中国历史上任何一次统一大业的顺利实现，都建立在其战略指挥高明正确的基础之上。换言之，实施积极有效的战略指挥，是统一大业指导者实现其战略意图，乘时而起，造就天下一统的主要手段。从这个意义上说，我们今天要全面总结中国历史上统一战略的基本经验和现实启迪，就不能不深入考察统一战争战略指挥的主要表现及其重要特点。

一、战略的明确性与战术的突然性

中国历史上统一战争战略指挥上的成功经验之一，是统一大略指导者善于正确处理树立战略目标明确性与实施战役战术指挥突然性的辩证关系，在明确自己战略上的根本意图的同时，力求在实施具体的作战行动过程中做到突然、猛烈，出敌不意，攻敌不备。②

（一）战略目标的明确性、公开性

《周易·系辞》有云："汤武革命，顺乎天而应乎人。"统一战争是正义而高尚的事业，它合乎历史的潮流，顺应民众的意愿，体现了中华民族的根本利益。因此，作为这一正义伟大事业的承荷者，他完全有理由、有信心把自己致力实现国家统一、开创天下太平的战略意图、战略目标，理直气壮、光明磊落地宣示于天下，牢牢树立起自己"吊民伐罪"的正面形象，表达自己"混一天下"的坚定决心，从而先声夺人、震撼威慑那些分

---

① 《中国军事百科全书》"战争、战略分册"，第341—343页，军事科学出版社1993年版。
② 黄朴民：《刀剑书写的永恒——中国传统军事文化散论》，第21页，国防大学出版社2002年版。

裂割据势力，赢得普天下民众的衷心拥护，争取社会舆论的广泛支持。从这个意义上说，中国历史上任何一次统一战争就战略目标而言，均是清晰公开、明确无误的。尤其是统一大势业已形成、统一战争的发动势在必行的情况下，公开打出平定群雄、再造一统的旗帜，对于澄清人们的模糊认识，争取观望摇摆者，凝聚和振奋军心士气，鼓舞斗志，就显得十分必要。而一旦这么做了，则往往可以收到单纯军事打击所不能达到的效果，因此，为历代统一大业指导者所普遍运用，成为统一战争战略指挥上一种带有共性的基本现象。

如楚汉战争中，刘邦采纳董公及张良、韩信之策，明确向天下昭告，将为义帝复仇，东向与项羽角逐天下。

汉高祖二年（前205）三月，刘邦在还定三秦、占有关中后统率大军越渡平阴津（今河南孟津东北）到达洛阳，准备对项羽发动进攻。这时洛阳新城的三老董公向刘邦建议说："臣闻'顺德者昌，逆德者亡''兵出无名，事故不成'，故曰：'明其为贼，敌乃可服。'项羽为无道，放杀其主，天下之贼也。夫仁不以勇，义不以力，三军之众为之素服，以告之诸侯，为此东伐，四海之内莫不仰德。此三王之举也。"[1]刘邦采纳了这一建议，立即对项羽发动一次大规模的政治和外交攻势，向天下各路诸侯与广大民众展示了其统一国家的战略目标。他亲自为义帝发丧，"祖而大哭，哀临三日"，同时派遣使者遍告各地诸侯："天下共立义帝，北面事之。今项羽放杀义帝江南，大逆无道。寡人亲为发丧，兵皆缟素。悉发关中兵，收三河（指河南、河东、河内）士，南浮江汉以下，愿从诸侯王击楚之杀义帝者。"[2]这一做法收到了明显的效果，诸侯王虽大多没有直接发兵助汉，但普遍对项羽进一步离心离德，采取了中立和袖手旁观的态度。特别是项羽最亲近的

---

[1]《汉书》卷一上，《高帝纪上》。
[2]《汉书》卷一上，《高帝纪上》。

得力助手九江王英布，从此之后竟没有给项羽以实质性的帮助。至于陈余，更是积极响应，派出一部分兵力直接参与了由刘邦主持的联合攻楚的行动。这样，刘邦既完全达到了从政治上和外交上孤立项羽的目的，也充分展示了自己欲与项羽一决雌雄、追求国家统一的战略决心。①

西晋建立之后，其统治者对统一南北的战略目标也是有明确的定位的，这一点，在其统一战略的主要制定者羊祜的"平吴疏"中有着鲜明的反映。在"平吴疏"中，羊祜将起兵灭吴，结束南北分裂，达于天下一统认定为是合于天意人心的正义之举，一再强调"夫期运虽天所授，而功业必由人成"②，天下一统，四海靖宁，"成无为之化"，使"海内得以休息，兆庶有乐安之心"③，乃是理有固宜、势所必然。为此，他强调指出，用兵打仗的根本宗旨在于"宁静宇宙，戢兵和众"④。这样，就从"大一统"理念的高度，为灭吴统一南北的战争之性质做了正确恰当的定位，阐发了"以战止战，虽战可也"⑤，也就是消灭分裂割据、混一天下的合理性与必然性。所以他请求晋武帝司马炎"圣心独断"，排除一切干扰，毫不犹豫地将国家统一大业推向前进。晋武帝最终采纳了羊祜的意见，将统一天下的战略目标明确化、公开化，为灭吴战争的顺利展开并迅速取得胜利奠定了重要的基础。对西晋统治者统一战争战略指挥上的这一成功做法，后人倍加称誉。如唐太宗李世民就认为："聿修武用，思启封疆。决神算于深衷，断雄图于议表。马隆西伐，王濬南征，师不延时，獯虏削迹，兵无血刃，扬越为墟。通上代之不通，服前王之未服。祯祥显应，风教肃清，天人之功成矣，霸王之业大矣。"⑥

---

① 陈梧桐等：《西汉军事史》，第35页，军事科学出版社1998年版。
②《晋书》卷三十四，《羊祜传》。
③《晋书》卷三十四，《羊祜传》。
④《晋书》卷三十四，《羊祜传》。
⑤《司马法·仁本》。
⑥《晋书》卷三，《武帝纪》，唐太宗"制曰"。

隋王朝灭陈统一南北，在战略指挥上，同样体现了战略目标的坚定性与明确性。开皇八年（588）三月①，隋文帝杨坚颁布伐陈之诏，宣布陈后主种种罪状，多达20条，指斥其"狼子之心，出而弥野，威侮五行，怠弃三正，诛翦骨肉，夷灭才良。据手掌之地，恣溪壑之险，劫夺闾阎，资产俱竭，驱蹙内外，劳役弗已……自古昏乱，罕或能比"②，表示将"王师大举，将一车书"，以雄师劲旅一举扫荡陈氏小朝廷，完成统一南北之大业："近日秋始，谋欲吊人，益部楼船，尽令东骛，便有神龙数十，腾跃江流，引伐罪之师，向金陵之路。"③

另外，北宋攻灭南唐统一江南地区，其在战略目标的确定上也一样果断坚决，一样对外公开，即不允许南唐政权继续割据江南。史载，南唐后主李煜，在北宋攻灭南汉之后，已感受到战略形势的危急④，为了苟安求存，曾派其弟李从善前往开封，主动提出削去南唐国号，称江南国主，表示臣服，希望赵匡胤能高抬贵手，给南唐的继续存在留一丝生机，但却遭到北宋方面的拒绝，"天下一家，卧榻之侧，岂容他人鼾睡"⑤，鲜明地表示统一战争势在必行，绝无通融妥协、讨价还价的余地。

至于李唐王朝在消灭其统一道路上的最大阻碍——盘踞洛阳城的王世充势力时，其战略意图同样很明确地向自己的敌手明示，"四海皆仰皇风，唯公独阻声教，为此而来"⑥。由此可见，这种公开统一战争战略目标的做法，在历代统一大业实施者的身上具有普遍的共性，成为鼓舞己方士气、

---

①《隋书》卷二《高祖纪下》记载，杨坚所颁伐陈诏令是在开皇八年（588）三月，但从诏令的"近日秋始"等文字内容看，似应在开皇八年秋。参见张文才著《隋代军事史》第50页有关考证。

②《隋书》卷二，《高祖纪下》。

③《隋书》卷二，《高祖纪下》。

④ 开宝四年（971）二月，北宋灭南汉之后，不仅拥有长江上游、中游和下游的江北地区，又占领了珠江下游地区。这使得立国于金陵的南唐政权，失去了长江天险，在战略上处于北宋的三面包围之中，处境十分危殆。

⑤《宋史》卷四八，《世家三·吴越钱氏》。

⑥《资治通鉴》卷一八八，唐纪四，高祖武德三年。

打击敌人意志的有力措施。它作为统一战争战略指挥的重要组成内容，与战略突袭、战术变化一起，共同保证了统一战争的进程能按照预定的战略计划顺利发展。

（二）战役行动的突然性、灵活性

在明确宣示自己战略根本意图的同时，在具体的战役指挥与战术运用上，统一战争与一般战争相同，也强调"兵不厌诈"，主张遵循"兵之情主速，乘人之不及，由不虞之道，攻其所不戒也""出其不意，攻其无备"[①] 的作战原则，致力于示形动敌、声东击西、奇正相生、避实击虚、欺敌误敌，以出其不意的方式发动突击猛攻，"夫霸王之兵，伐大国，则其众不得聚；威加于敌，则其交不得合"，"动如脱兔，敌不及拒"[②]，打得敌人惊恐失措，措手不及，形成迅雷不及掩耳之势，"故其疾如风，其徐如林，侵掠如火，不动如山，难知如阴，动如雷震"[③]。

"先其所爱""兵贵胜，不贵久"，强调先发制人，推崇作战行动的突然性、主动性、进攻性、运动性，这可谓是中国古代兵家关于制胜之道基本规律的深刻揭示。

在日常生活中，常可以听到这样的口头禅："先下手为强，后动手遭殃。""一步晚，步步晚。"在军事上，"先发制人"也是一个非常重要的命题。早在"古司马兵法"系统的兵书《军志》中便有"先人有夺人之心"的提法[④]，《左传》里也有"宁我薄人，无人薄我"[⑤] 的见解，其实质含义即主动进攻，实施突然袭击，以争取作战上的先机之利。

"先发制人"的重要性自然不言而喻，那么剩下的问题，便是如何实施

---

① 《孙子兵法·九地篇》《孙子兵法·计篇》。
② 《孙子兵法·九地篇》。
③ 《孙子兵法·军争篇》。
④ 《左传·昭公二十一年》引。
⑤ 《左传·宣公十二年》。

高明的作战指导，来贯彻"先发制人"的原则了。古代兵家认为，要"先发制人"，必须做到两点。一是应该创造和把握正确的时机。具体地说，就是要通过"示形"惑敌等方法，诱使敌人放松戒备，暴露破绽，然后以迅雷不及掩耳之势，主动进攻，乘虚而入，一举克敌，高奏凯歌，"敌人开阖，必亟入之……践墨随敌，以决战事"①，"故智者从之而不释，巧者一决而不犹豫，是以疾雷不及掩耳，迅雷不及瞑目，赴之若惊，用之若狂，当之者破，近之者亡，孰能御之"②。二是应该在己方处于完全主动地位的情况下运用，其进攻的方向应当选择在敌人最薄弱且又是最要害的环节，从而牵一发而动全身，以收事半功倍之效，确保"先发制人"的战略意图能够得以顺利的实现。具体地说，就是要做到"先夺其所爱，则听矣""先其所爱，微与之期"③。

为了圆满实现"先发制人"这一战略意图，古代兵家主张在采取军事行动之时，一是要做到突然性，使敌人处于猝不及防的被动状态："兵之情主速，乘人之不及，由不虞之道，攻其所不戒也。""进而不可御者，冲其虚也；退而不可追者，速而不可及也。"④二是要做到运动性，即提倡野外机动作战，调动敌人，以期在野战中予以歼灭性的打击，"顺详敌之意，并敌一向，千里杀将"⑤，要"悬权而动"，使自己始终保持主动的地位。三是要做到隐蔽性，使敌人无从窥知我方的真实作战意图，如同聋子和瞎子一样，从而确保我方军事行动的突然性能够达到，运动性可以实现："易其事，革其谋，使人无识；易其居，迂其途，使人不得虑。"⑥"因形而错胜

---

① 《孙子兵法·九地篇》。
② 《六韬·龙韬·军势》。
③ 《孙子兵法·九地篇》。
④ 《孙子兵法·虚实篇》。
⑤ 《孙子兵法·九地篇》。
⑥ 《孙子兵法·九地篇》。

于众，众不能知；人皆知我所以胜之形，而莫知我所以制胜之形。"①用《管子·兵法》的话说，便是"善者之为兵也，使敌若据虚，若搏影。无设无形焉，无不可以成也；无形无为焉，无不可以化也"，使得敌人在与我作战时，如蹈虚空之地，同变化不定的影子搏斗一样，有劲使不上，处处被动，而我却能够随机制宜，置敌于死地。古代兵家认为，只要在军事行动中真正做到了隐蔽、突然、机动，那么就能够先发制人、稳操胜券。

在隐蔽、突然、机动这三者之中，隐蔽又是基础，是达成突然性、实施机动性的前提条件。而是否能做到这一点，取决于"示形动敌"，创造主动条件。因为，战场上两军对阵，敌我双方在主观上都毫无例外要致力于造势任势，以争取主动的地位。而能否成功的关键之一，就在于能否广施权变，示形动敌，出奇制胜。

所谓"示形"，就是隐真示假，诱使敌人中计上当，被自己牵着鼻子走，最后陷入失败的命运。用古代兵家的话说，就是"善动敌者，形之，敌必从之；予之，敌必取之。以利动之，以卒待之"②。他们指出，战场上示形动敌、克敌制胜的最上乘境界，乃是"形人而我无形""形兵之极，至于无形。无形，则深间不能窥，智者不能谋"③。他们认为，一旦达到这种境界，那么进行防御，即可"藏于九地之下"，坚如磐石，牢不可摧；实施进攻，即可"动于九天之上"，主动灵活，置敌于死地。一句话，我军处处主动，而敌军则处处被动。

统一战争是关系着敌对双方的生死命运的军事行动，一着不慎，则全盘皆输，所以，作为统一大业的指导者在从事战略进攻的时候，特别重视作战指挥的稳妥得体，不战则已，战则必胜。为了尽可能减轻来自敌方的

---

① 《孙子兵法·虚实篇》。
② 《孙子兵法·势篇》。
③ 《孙子兵法·虚实篇》。

顽抗，尽可能增加取胜的成算，他们总是在战役指挥和战术运用上做到具有隐蔽性，达成突然性，先发制人，把握主动，从而尽快地撕开敌人防御方式，摧毁敌人的抵抗意志，消灭敌人的战争力量，实现自己的战略目的。

这种战役指挥隐蔽性、突然性的特征，在隋王朝翦灭南陈，统一全国的战略指挥与作战部署中有着鲜明的体现。

当时贺若弼献"平陈七策"①，高颎进"取陈策"，其主要内容就是主张在战役战术的具体运用上，立足于发动突袭，一举摧毁陈军的沿江防线，确保统一战略目标的顺利达成。

众所周知，战略主攻方向上的成功突袭对于任何一场战争的取胜都具有决定意义，隋灭陈之战也不例外，它是隋朝平灭陈朝统一全国的关键和重中之重。因为假如在战略主攻方向达不成突袭的效果，则平陈统一全国的战争势必久拖不决。高颎、贺若弼等人在战前已对平陈战略的关键洞若观火，胸有成竹。而要达成突袭的目的，他们认为必须巧妙掩饰自己突袭作战的意图，努力使突袭收到预期效果，这就要求在事先制造一些假象，尽量迷惑敌军，麻痹敌方。所以，高颎的"取陈策"用很大的篇幅来论说"示形惑敌"的方法与途径："量彼收获之际，微征士马，声言掩袭。彼必屯兵御守，足得废其农时。彼既聚兵，我便解甲，再三若此，贼以为常。后更集兵，彼必不信，犹豫之顷，我乃济师，登陆而战，兵气益倍。"②很显然，这是典型的"亟肆以罢之，多方以误之"的佯动误敌之法，目的是麻痹陈军，削弱和瓦解陈军的江防能力，为隋军日后发起突然袭击并收一

---

① 史载"及帝受禅，阴有平江南志，访可任者。高颎荐弼有文武才干，于是拜为吴州总管，委以平陈事，弼欣然以为己任。与寿州总管源雄并为重镇。弼遗雄诗曰：'交河骠骑幕，合浦伏波营。勿使麒麟上，无我二人名。'献'取陈十策'，上称善，赐以宝刀"（《北史·贺若弼传》）。可见，在平陈战争前，贺若弼本人提出的策略，一共有十项，但具体内容不见史载。平陈战争胜利结束后，贺若弼为了美化隋文帝，说是隋文帝御授之策，并作追述，记为七策。可能其他三策未起实际作用。而此"七策"经战争的检验，故更显其价值。

② 《隋书》卷四十一，《高颎传》。

举成功之奇效提供必要的条件。

贺若弼的战略对策同样立足于示形欺敌、隐蔽己方战略突袭意图的基础之上。考察他所进献的"七策"，有五策就属于解决战略主攻方向上欺敌误敌的对策，而且非常具体，具有很强的可操作性，即所谓"多方误敌，困敝陈朝"，事先制造种种假象，尽量迷惑敌人、麻痹敌人，以达成大举突袭、实现统一天下的战略目的。

一是在广陵（今江苏扬州西北，隋时置吴州，为吴州总管治所所在地）驻军万人，"番代往来"，专门从事军事换防和佯动，迷惑陈军，使陈军"初见设备，后以为常，及大兵南伐，不复疑也"①，结果惊惶恐惧，措手不及。二是在长江北岸经常组织军队演习，故意人马喧噪，虚张声势，以致日后隋军真的展开渡江南下的作战行动时，陈军却习以为常，产生迷惑，造成"及兵临江，陈人以为猎也"②的效果。三是用隋军老弱不堪征战的马匹去换取陈国的民间船只，然后藏匿起来，再从陈国购买五六十艘破旧无用的船只，部署在港口，使陈军误以为北方的隋军缺乏渡江的船只，因而高枕无忧，放松警惕与戒备。四、五两策都是"瞒天过海"之策，即尽量隐藏隋军水师的真正实力，比如在扬子江的港汊中多积苇荻，遮蔽住隋朝水军的舰只，一直等到大军正式渡江时，才万船齐发；将战船涂抹上黄色，加以伪装，从远处看来如同枯荻，使得陈军无法发现，不明虚实③。总之，是要通过这些欺敌误敌、示假隐真的措施，掩盖隋军备战进攻、先发制人的战略企图，使陈军丧失对隋军的警惕，轻敌麻痹。这样，隋军在战略主攻方向上，就可以以迅雷不及掩耳之势，达成突然袭击之效，从而在战略重点的主攻方向上一举突破。

---

① 《北史》卷六十八，《贺若敦传附贺若弼传》。
② 《北史》卷六十八，《贺若敦传附贺若弼传》。
③ 《北史》卷六十八，《贺若敦传附贺若弼传》。

贺若弼在战略进攻的准备中，也具体落实了自己"欺敌误敌"以达成战略进攻突然性的基本设想，为日后的渡江作战创造了十分有利的条件。史载："开皇九年，大举伐陈，以弼为行军总管……先是，弼请缘江防人每交待际，必集历阳。于是大列旗帜，营幕被野，陈人以为大兵至，悉发国中士马。既知防人交待，其众复散。后以为常，不复设备。及此，弼以大军济江，陈人弗觉。袭陈南徐州，拔之，执其刺史黄恪。"①这表明，在日后的灭陈统一南北之役中，贺若弼与高颎等人的"欺敌误敌、示假隐真"之举，的确收到了预期的效果。同时也说明，隋军之所以能在统一战争进行过程中达成战役战斗突然性的预期目的，一举灭陈，统一南北，最重要的是在战前准备充分的基础上，做到了"示形惑敌"、以假乱真，虚则实之、实则虚之。所谓"用兵之道，示之以柔而迎之以刚，示之以弱而乘之以强，为之以歙而应之以张，将欲西而示之以东，先忤而后合，前冥而后明。若鬼之无迹，若水之无创。故所乡（向）非所之也，所见非所谋也。举措动静，莫能识也。若雷之击，不可为备；所用不复，故胜可百全"②。

其他像西晋灭吴之役中，王濬楼船主力突然出击，浮江东下，势不可挡，"濬自发蜀，兵不血刃，攻无坚城，夏口、武昌，无相支抗。于是顺流鼓棹，径造三山"③。"濬军旌旗器甲，属天满江，威势甚盛，（吴人）莫不破胆"④，遂迅速突破吴军江防，顺流直抵建康城下。唐灭萧铣割据势力之役中，主帅李孝恭采纳李靖之策，指挥大军"乘水涨之势，倏忽至城（指江陵）下"⑤，以迅雷不及掩耳之势，打得萧铣无暇从容抵抗，终于束手就擒。

---

①《北史》卷六十八，《贺若敦传附贺若弼传》。

②《淮南子·兵略训》。

③《晋书》卷四十二，《王濬传》。

④《晋书》卷四十二，《王濬传》。

⑤《旧唐书·李靖列传》载："（武德）四年……八月，集兵于夔州。铣以时属秋潦，江水泛涨，三峡路险，必谓靖不能进，遂休兵不设备。九月，靖乃率师而进，将下峡，诸将皆请停兵以待水退，靖曰：'兵贵神速，机不可失。今兵始集，铣尚未知，若乘水涨之势，倏忽至城下，所谓疾雷不及掩耳，此兵家上策。纵彼知我，仓卒征兵，无以应敌，此必成擒也。'孝恭从之。"

以上均是历史上统一战争战略指挥上，战略目标明确性与战役战术实施突然性成功结合的典型例子。

（三）知迂直之计，杂利害之虑

辩证唯物主义告诉我们，任何事物都具有两重性，都是矛盾的对立体，既相互依存，相互对立，又相互作用，相互转化。中国古代哲人早已认识到了这一点，如老子曾说"祸兮福之所倚，福兮祸之所伏"①，就清晰地揭示了事物包含双重性的特质。作为高明的统一大业指导者，在其从事国家统一战争的战略指挥时，自然应该明白这一层道理，从而"利弊相杂"，趋利避害，掌握主动，赢得胜利。

中国古代兵家强调要以辩证的观点对待争夺先机之利的问题，"军争为利，军争为危"②，既看到其有利的一面，又充分估计到其困难甚至不利的一面，见利思害，见害思利，从而防患于未然，制敌于先机，"夫智者之虑，必杂于利害，杂于利而务可信也，杂于害而患可解也"。③这对于统一大业指导者来说，无疑是一种哲学智慧与思维方式，即当其实施统一战争的战略指挥时，一定要克服认识上的片面性，因为见利而忘害，不利的因素就可能恶性发展，最终影响整个战争的结局；见害而忘利，则有可能使自己丧失必胜的信心与斗志，放弃必要的努力，不再去通过自己不懈的努力而达到统一天下的目标。

由于受统一战争的全局性、长期性、复杂性、艰巨性等各种属性的制约，其实施者在从事战略指挥时经常面临着巨大的困难，对其战略指挥能力也总是提出更高的要求。在这种背景下，统一大业指导者的成功，往往表现为他善于审时度势，透过纷纭复杂的表象，把握住事物的核心，从而

① 《老子》第58章。
② 《孙子兵法·军争篇》。
③ 《孙子兵法·九变篇》。

作出正确的抉择。这时除了运用"先发制人"速战速决的常见方法与手段外，也免不了走迂回的道路，即所谓"以迂为直，以患为利"①。表面上是多付出、多耗费，实际上恰恰能够做到"后人发，先人至"，始终处于主动有利的地位。②

唐代李泌向唐肃宗所献的"平叛策"，就体现了统一战争战略指挥上"以迂为直"、稳操胜券的基本要义，而唐朝最高决策者对李泌战略建议的拒绝而导致"安史之乱"旷日持久的恶果，则从反面进一步证实了"以迂为直"的合理性与必要性。

"物极必反""盛极而衰"是一切事物运动发展的普遍规律，唐王朝的历史也不曾例外。公元618年建立的大唐王朝，曾经创造过中国历史的辉煌。在经历了唐高祖、唐太宗、唐高宗、武则天、唐玄宗等数代统治者的苦心经营、励精图治之后，唐朝经济渐趋繁荣，政治相对清明，军事实力强大，国势如日中天。到唐玄宗开元及天宝年间，进入了鼎盛时期。然而，在繁盛的表象背后，导致唐王朝中衰没落的种种因素正在迅速滋长。唐玄宗统治的晚年，耽于声色之乐，好大喜功，穷兵黩武，政治生活日益腐败，官吏贪赃，权相擅权，各种社会矛盾渐趋激化，加上军事部署上的严重失误，一改过去"居重驭轻""中外相堆"为"外重内轻"，使原先潜伏着的统治危机迅速表面化。天宝十四年（755），危机终于全面爆发。"渔阳鼙鼓动地来，惊破霓裳羽衣曲。九重城阙烟尘生，千乘万骑西南行。"③一场血雨腥风、灾难深重的"安史之乱"正式登台上演，成为大唐王朝由盛转衰

---

① 《孙子兵法·军争篇》。

② 应该指出，"以迂为直，以患为利"的"军争"之法，包含着极其深刻的哲理，人们从中可以体悟出间接手段与直接手段两者之间内在统一的辩证关系。英国战略学家利德尔·哈特在其名著《战略论》中就申明自己因受这一原则的启示，提出了间接路线的战略。他强调指出，在战略上，表面上最漫长的迂回道路常常是达到战略目的的最短途径，间接路线往往比直接路线更为便捷，更为有效。他的看法正好从一个侧面印证了"以迂为直"理论的强大生命力，而他本人也不愧为东方兵学思想的千古知音。

③ 白居易：《长恨歌》，载《白居易集》。

的历史转折点。

天宝十四年十一月，平卢、范阳、河东三镇节度使的安禄山，以讨伐权相杨国忠、"清君侧"为名，在范阳（今北京南）城头公开竖起反叛的旗帜，统率二十万大军南下中原，直指唐王朝统治的中心——长安与洛阳。一时间内，尘土飞扬，杀声动地，叛军铁骑呼啸南进，使整个国家陷入了恐怖、杀戮的深渊，国家的统一面临着最深重的危机。

由于唐王朝在内地的防务十分薄弱，来势凶猛的叛军又皆为久经战阵之师，骁勇善战，所以叛军的进展非常神速，铁骑所到之处，如入无人之境。大河以北，除颜杲卿、颜真卿据守的平原、常山等个别城池外，绝大多数的州县官吏望风而逃或纳城迎降，以致叛军很快推进到洛阳、潼关一线，并利用唐玄宗战略指挥上的失误，一举攻克唐朝的东都洛阳和战略要塞潼关，擒获唐军宿将哥舒翰，尽歼唐军一线主力。

潼关，即函谷关，在今陕西潼关附近，为关中四塞之首，黄河自上游而来，纳渭水后折而向东，南北两岸有华山、崤山与中条山夹河而立。关中与中原之间的通道，穿越华山和崤山北麓的山地，延绵数百里，极尽险阻。潼关依险而立，控制着关中与中原之间的通道。它作为关中与中原之间的咽喉，扼之可以断东西方之间的往来通道。潼关为关中所守，足以保障关中东部门户，失之则关中必危。[①]故综观历史上的征战，无不以潼关为兵家必争之战略要地。[②]此刻潼关既破，长安已无险可守，叛军兵锋直指唐都，唐玄宗仓皇逃离长安，前往四川避难（美其名曰"幸蜀"）。不久，安禄山叛军攻入长安，纵兵抢掠，搜捕百官、宫女、宦官，押赴洛阳，在洛阳建立"大燕"政权。唐朝统治到了生死存亡的危急关头，国家分裂的局

---

① 《资治通鉴》卷二一七"唐纪三十二"载封常清语高仙芝之言"潼关无兵，若贼豕突入关，则长安危矣"即为史证一例。

② 饶胜文：《布局天下：中国古代军事地理大势》，第24页，解放军出版社2002年版。

面几成现实。

当安史叛军攻入长安时，唐玄宗之子李亨随父皇出逃。马嵬坡事变后，他率少数将领留后御敌，辗转抵达灵武（今宁夏灵武），于当年七月称帝，是为唐肃宗。为了挽救危机，肃宗任命大将郭子仪为武部尚书，率军五万屯驻灵武；以大将李光弼为户部尚书、北都留守，坚守太原；命自己的长子李俶为天下兵马元帅，谋士李泌为侍谋军国、元帅府行军长史（长史，相当于现代军队司令部的参谋长），开始了艰苦卓绝的平定叛乱、恢复统一的斗争，成为领导平叛的政治中心。

李泌是唐朝历史上屈指可数的杰出战略家。他"受任于败军之际，奉命于危难之间"，殚精竭虑地思索平定叛乱的战略方针。经过认真的分析，他针对朝廷业已丧失平叛良机的严峻现实，高瞻远瞩、提纲挈领地构思了唐王朝指挥平叛的战略方案，这就是著名的"平叛策"①。

李泌"平叛策"的核心，是明确提出了唐军的战略目标，并根据这一目标，结合敌我双方的优劣强弱，规划了具体的战略指挥步骤：其战略目标，总的来说就是化被动为主动，逐渐收拾残局，翦灭安史叛军，再造国家统一；其战略指挥的基本思路，是从战略大局出发，"涂有所不由，军有所不击，城有所不攻，地有所不争"②，辩证分析利弊得失，抓大放小，不计较一城一地的暂时得失，不以迅速收复两京（长安、洛阳）为主要目的，而是等待从根本上削弱叛军势力之后，再瓜熟蒂落、水到渠成地光复两京，重新建立唐王朝对全国的统治。

应该说，李泌的战略指挥谋划是合乎当时的战略形势的，也是唐王朝彻底平息叛乱、再造统一的唯一正确途径。因为，心怀不轨之心的安禄山野心勃勃，在边陲经营长达十余年，已经巩固和扩大了自己的势力范围。

---

① 李泌"平叛策"的主要内容，载于《新唐书》卷一三九，《李泌传》。
②《孙子兵法·九变篇》。

他的军队规模庞大，兵员多是从少数民族地区招募的。这些人缺乏府兵制下农民出身的士兵的忠君爱国思想，多是为了私利才纠集于安禄山叛乱的旗帜之下的，而且久经战阵，娴熟弓马，战斗力极强。安禄山叛乱前深得唐玄宗的信任，以防边为借口直接控制了西北地区的一些主要军马牧养基地，能获得骑兵马匹的充足供应。另外，安禄山因长期兼任河北道采访使这一重要职务，左右了当地官员的任命。这样，当反叛朝廷时，他已建立了一支庞大的训练有素且忠于他个人的军队、文官系统，而且还拥有一个相对稳定的强大而富裕的战略后方。安禄山的基本战略是，对唐朝进行决定性的打击，核心是立刻占领唐朝的政治中心地区洛阳和长安，使李唐皇室威信扫地，并尽快地建立自己的统治。在这种情况下开展平叛统一战争，的确不能与敌人作正面的争夺战，而只有采取"避其锐气"、"以迂为直"、逐次渐进的对策，以疲惫和歼灭敌人的有生力量为战略指挥的重点，循序渐进，以时间换取空间、积小胜成为大胜，通过较长时间的艰苦征伐，努力改变敌我双方的战略态势，等待时机成熟后再进行战略决战，彻底平定叛乱，恢复国家的统一。

根据这一战略方针，李泌规划了指导平叛战争顺利进行的具体的战略步骤。这就是要求唐廷决策者在指挥平叛战争上要分三步走。

其一，针对安史叛军骤然取胜，占据中原广大地区后战线过长、兵力分散的情况，将计就计，在唐朝广大的心脏地带与敌周旋，逐渐消耗叛军的实力，同时把指挥军事行动的重点放在对敌后方基地的破袭上，从根本上削弱叛军。其中首要的措施是以郭子仪、李光弼两支唐军战略机动部队灵活出击，将叛军中崔乾佑、尹子奇等四员骁将所率领的叛军主力牢牢牵制住，调动其长途奔波，使其无暇休整，既摧毁其战斗意志，又消耗其战斗力量。这样就使叛军拖泥带水，左支右绌，首尾不能兼顾，攻守难置其措，疲于奔命，陷入长达数千里的战场而不能自拔，完全丧失主动，"是以三地禁其四将也……使子仪毋取华，令贼得通关中，则北守范阳，西救长安，奔命数千里，其精卒劲骑，不逾年而弊。我常以逸待劳，来避其锋，去蹑其疲"①。

显而易见，这是十分高明的战略指挥，因为军事活动的本质属性就是保存自己，消灭敌人。当时，唐军人数虽然众多，但难以集中使用，发挥不出优势。同时，唐军真正能作战的兵力几乎都分布在边镇，内地已没有多少训练有素的军队能够加以调动，实际上也抵挡不住叛军凌厉的攻势，所以叛军在遭到坚决抵抗前，能绕过河北而直下洛阳、长安。可见，只有将叛军的实力削弱到一定程度后，才能顺利地由战略防御转入战略反攻。反之，若昧于知彼，又昧于知己，一厢情愿地企求超越战略防御或战略相持阶段，提前展开战略反攻，仅仅定位于两京等重要城市的争夺与掌控，那么，结果只能是欲速则不达，势必会以羸弱疲惫之师屯于坚城之下，导致军事上更大的损失。这绝对不是"务万全，图久安，使后无害"②的正确做法。

其二，命建宁王李倓统率部队越经塞外，进攻安史叛军的巢穴——范阳之北，命李光弼自太原出井陉攻击范阳之南，两军互为犄角，密切协同，夹击叛军而覆其巢穴，"徐命建宁王为范阳节度大使，北并塞与光弼相犄角，以取范阳。贼失巢窟，当死河南诸将之手"③。这也是非常出色的高招，既能从心理上严重打击叛军的意志，又可从军事上彻底切断叛军的归路，并可以从侧后和两翼形成对叛军的包围。一旦这一目标达成，势必造成叛军内部的混乱，唐军则可趁机乘隙蹈虚，将叛军的指挥系统一举摧毁，为彻底平定叛乱、恢复统一创造十分有利的条件。就兵法基本原则而言，这

①《新唐书》卷一三九，《李泌传》。
②《新唐书》卷一三九，《李泌传》。
③《新唐书》卷一三九，《李泌传》。

是古代"围魏救赵"战法在当时形势下的创造性运用。

其三，在以上两个战略步骤取得完全成功的前提下，再以大军四面攻击，合围两京，并最终加以收复，彻底平定叛乱，实现国家的重新统一。如此，则"不出二年，无寇矣"①，取得毫无后遗症的战略胜利。这既是高明的平叛战略灵活运用的结果，也是唐军浴血奋战所应追求的战略目标。换言之，这也才是真正意义上的"万全"与"久安"。

由此可见，李泌"平叛策"所反映的战略指挥主旨，是以时间换取空间，实施稳妥持重、切实可行的统一方略。按此计划，唐军可以以逸待劳，一步一个脚印地夺得平叛战争的最后胜利。从表面上看来，这需要一个比较漫长的过程，似乎有些缓慢，实际上它却是排除了后患的根本胜利，能够一劳永逸地解决叛乱问题，实现国家的完全统一。②

但是，令后人不胜遗憾的是，李泌这份高明可行的"平叛策"，并没有为最高决策者唐肃宗所理解和采纳。这位缺乏战略远见的统治者，务虚名而轻实效，一味求快恶慢，认为"今大众已集，庸调亦至，当乘兵锋捣其腹心，而更引兵东北数千里，先取范阳，不亦迂乎"③，表示"朕切于晨昏之恋，不能待此决矣"，汲汲希望于在短时间内收复两京，遂不顾敌我双方的实际情况而再三让唐军主力在腹心地区发动正面进攻，因而使得朔方、河西、陇右三大西北战区的精锐部队损兵折将，元气大伤，使叛军得以保存有生力量，能够在长时间内抗击朝廷，肆虐中原。唐肃宗的战略短视行为严重影响了平叛统一的进程：东都洛阳得而复失，一场本来可以早早结束的平叛统一战争，结果拖泥带水持续了八年之久，给李唐王朝的中兴统一大业和中国历史的正常发展造成了不可弥补的巨大损失。这恰好从反面进

①《新唐书》卷一三九，《李泌传》。
② 黄朴民、孙建民：《中华统一大略》"以迂为直，稳操胜券"节，解放军出版社2002年版。
③《资治通鉴》卷二一九，唐纪三十五，肃宗至德二载。

一步印证了李泌"平叛策"的算无遗策，高明卓越，也有力地显示了孙子所主张的"以迂为直、以患为利"原则对统一战争战略指挥的重要意义。另外，像楚汉战争中韩信率汉军开辟北方战场，从项羽的侧后实施战略迂回和包围，以及刘秀在东汉开国战争中率先经营河北，待时机成熟后再下洛阳，取长安，据有中原核心地带，也都是历代统一战争战略指挥中有关"以迂为直"原则的生动体现和贴切诠释。

二、历代统一战争战略指挥的相关原则

关于战法（亦称作战指导）的论述，可以说是中国古典兵法中内容最丰富、价值最重大、特色最显著的部分，它所揭示的许多带有规律性的原则，至今依然是战争、战役、战斗指挥上所必须遵守的。流传至今的许多兵学范畴，业已成为脍炙人口的军事格言。①

有关中国古代的一般战法原则，其荦荦大端，概括起来大致有以下诸条：奇正相生、避实击虚、尽敌为上、兵不厌诈、众寡分合、造势任势、因敌制胜、进攻速胜、致人而不致于人、攻守平衡、兵机贵密、积极防御、将权贵一等。这些内容与现代战略、战役法、战术所运用的一些基本原则，如"知彼知己，因势制敌"、"集中兵力，各个歼敌"、主动灵活、突然迅速、协同策应等，不仅基本精神是一致的，而且在语言上也有着明显的渊源关系。这说明，中国古典兵法中凡是反映一般军事规律的论述，是指导任何战争时都应当遵守的基本原则，正如美国军事学家富勒所言："世界上没有绝对新的东西，我曾说过，学员只要研究一下历史就可看出，战争的许多阶段将再次采用基本相同的作战形式……无论军队是由徒步步兵、骑兵还是机械化步兵组成，节约兵力、集中、突然性、安全、进攻、机动和协调

---

① 吴如嵩主编：《中国古代兵法精粹类编》"序言"，军事科学出版社1988年版。

等原则总是适用的。总之，摩托化和机械化只是改变了战争的条件，既改变了将军使用的工具，而不是他的军事原则。"[1]

作为中国古代战争典型形态之一的统一战争，自然也没有例外。换言之，历史上的统一战争战略指挥体现着古典兵法的一般作战指导规律，它运用兵法基本原则越是娴熟，它在战略指挥上的成功就越是显著，统一大业的实现也就越是顺利。

毫无疑问，统一战争战略指挥上运用兵法基本原则以争取胜利的做法是全方位的，但是若细加考察，我们也能发现，它的重点似乎落实在以下几个方面：注意妥善解决集中兵力与分兵钳制的辩证关系，贯彻落实速战速决与持久作战的相关原则，正确处理政治招抚与军事打击的相辅相成，把歼灭敌人有生力量作为作战行动的中心环节。

（一）众寡分合，协同策应

"众寡分合"，是战术运用上的一条基本原则，即众寡之用与分合为变。这里，众寡之用是兵力的使用问题，分合为变是作战的部署问题。这两方面的问题，核心是集中兵力与协同配合的有机统一，分一为二，在全局或局部造成优势，各个击破敌人，而统一这两者的基础，又在于真正理解与把握"奇正"的含义，做到"奇正之变""奇正相生"。

"奇正"是古典兵学的一个重要范畴，古人认为它是"用兵之钤键，制胜之枢机"[2]。一般地说，常法为正，变法为奇。在兵力使用上，用于相持、守备、钳制的为正兵，用于机动、突击的为奇兵；在作战方式上，正面攻、明攻为正兵，迂回、侧击、暗袭为奇兵；在作战方法上，按一般原则作战为正兵，采取特殊战法为奇兵；在战略上，堂堂正正进兵为正，突然袭击为奇。由此可见，所谓"奇正"，首先是兵力的配置与使用，"以正合，以

---

① ［英］J.F.C.富勒：《装甲战》，第13页，周德译，解放军出版社2006年版。
② 《十一家注孙子兵法·势篇》，王皙注。

— 211 —

奇胜"①；其次，也是更为重要的，是战术的选择和运用，"奇正相生""奇正之变"②。

众寡之用与分合为变，实际上就是对"奇正"基本原理的运用与发挥。就众寡之用而言，乃是指在主攻方向上必须集中优势兵力，而在助攻方向上则只能配备必要的兵力，起策应协同的作用，即所谓"若五倍于敌，则三术为正，二术为奇"③。就分合为变而言，就要注意重点设防，重点守备，重点投入，所谓"用兵之道，无所不备则有所必分，知所必守则不必皆守"④。

关于众寡分合的一般原则，古代兵家多有论述，如《司马法·用众》指出："凡战之道，用寡固，用众治；寡利烦，众利正；用众进止，用寡进退。"《兵录》作者认为："兵之胜负，不在众寡，而在分合。夫有分则有条理，有合则有联络，然分常患其疏，而合常防其混。故合而不分，分而不合，非善也；合而有分，分而有合，非善之善也；即分为合，即合为分，乃善之善也。"⑤《唐太宗李卫公问对》"卷下"亦有言："分不分，为縻军；聚不聚，为孤旅。"可见，在众寡之用问题上，他们既肯定集中兵力的意义，提倡"我专敌分"，"以十击一"，又强调"分合为变"，灵活指挥，协同策应，做到"能分人之兵，能按人之兵，则锱〔铢〕而有余"⑥。掌握众寡、分合的不同规律，以求在各种复杂情况下能够做到当合则合，当分则分，"合兵以壮威，分兵以制胜"⑦，克敌制胜，达成既定的战略目标。当然在众寡、分合问题上，集中兵力是基础，是常态，是取胜的重要保证，故

①《孙子兵法·势篇》。
② 黄朴民：《孙子评传》，第139页，广西教育出版社1994年版。
③《百战奇法·分战》。
④《稼轩诗文钞存·美芹十论·守淮第五》。
⑤《兵录》卷九，《攻战·战略》。
⑥《淮南子·兵略训》。
⑦《兵经百言·法篇·分》。

古代兵家更为重视"以十击一"。同样，西方军事学有关集中分散要机动的论述，也将集中兵力视为重点，正如克劳塞维茨所说的那样："必须在决定性的地点把尽可能多的军队投入战斗。"①

统一战争是事关全局的决定性战争，因此，在战略指挥上全面贯彻众寡之用与分合为变的基本原则乃是其必有之义。在中国历史上，绝大多数的统一战略实施者，都高度重视用兵指挥上的众寡、分合问题，既积极主张善于众寡之用，又充分强调分合为变，以求在指导统一战争时做到集中兵力与分兵钳制的辩证统一。一方面，"我专敌分"，集中优势兵力击敌之要害；另一方面，灵活指挥，分兵策应主力的行动，使敌人首尾不能相顾。基于这样的认识，刘邦破项羽、西晋灭吴、隋朝伐陈、北宋下南唐，在兵力使用和战役指挥上都采取了多路出击、水陆齐发、主力挺进、重点突破的方法，从各个战场同时发起进攻，以主力歼敌主力，直捣腹心，以偏师策应主力，钳制分割敌军，主次配合，奇正协同，东西呼应，彻底打乱敌人的战略部署，使其完全陷入首尾脱节、顾此失彼的被动挨打处境，最终走向失败的深渊。

楚汉战争全面爆发后，刘邦集团根据当时双方的军事实力与战略态势，制定了持久防御的基本战略，企冀通过战略相持，逐渐转变楚汉双方的战略优劣态势，在拥有战略主动的基础上，再进行反击，消灭项羽势力，完成国家的统一。基于这样的战略指导，汉军方面重新调整了战略部署，改善了战略指挥，按照众寡之用与分合为变的基本原则，正兵与奇兵交替使用，互为协同，巧妙策应，形成了集中兵力与分兵钳制的有机统一。其具体措施是：刘邦亲率汉军主力坚守成皋、荥阳一线，阻遏项羽主力的凶猛攻势，在正面战场转攻为守，疲惫和消耗敌军，挫败项羽速战速决的战略

---

① ［德］克劳塞维茨：《战争论》，第194页，中国人民解放军军事科学院译，解放军出版社2012年版。

企图；同时分别开辟北方战场与南方战场，在翼侧牵制敌军，逐渐完成对项羽的战略包围。在北方战场，命大将韩信率领一部兵力，先后灭魏、平代、破赵、下燕、定齐，逐次歼灭黄河以北的割据势力，向楚军侧背发展，策应成皋、荥阳汉军主力的行动；策反九江王英布，新辟南方战场，由英布攻击楚军翼侧，给项羽造成一定的牵制。同时，发动敌后袭扰战，由彭越在梁地开辟敌后战场，配合正面，调动和疲困楚军，保障两翼的军事出击得以顺利推进。

刘邦集团在战略指挥上坚定贯彻上述正面坚持、南北两翼牵制、敌后袭扰的作战部署的结果，使得楚军顾此失彼、陷于多线作战的困境，从而导致楚汉双方战略优劣态势的逐渐转换，其实力对比发生了根本的改变，项羽的失败遂成为不可逆转的趋势。于是刘邦把握时机，于公元前202年十月，乘项羽引兵东撤之际，出尔反尔，撕毁双方达成的停战和平协议，实施战略追击。十二月，在垓下（今安徽灵璧南）合围并聚歼楚军，项羽突围后自刎于乌江（今安徽和县北）。次年三月，刘邦登基称帝，建立汉朝，中国再次实现统一，历史揭开了新的一幕。而刘邦之所以能转弱为强，战胜项羽，再造一统，就战略指挥得失而言，在于善于做到众寡之用、分合为变，以主力抗衡敌之主力，以偏师打开战场局面，主次策应配合无懈可击。

西晋灭吴统一南北之战，采用了水陆并进、多路齐出、分兵合击的作战方针，这是"识众寡之用"而确保战略指挥大获成功的又一个显著范例。

西晋咸宁五年（279）十一月，晋武帝分派六路大军，水陆齐发，在长达数千里的战场上，大举伐吴。其六路大军的具体部署是：镇东大将军、琅邪王司马伷率军自下邳（今江苏睢宁西北）直趋涂中（今安徽滁河流域）；安东将军、都督扬州诸军事王浑自寿春（今安徽寿县）向江西（长江下游北岸）方向进军；建威将军、豫州刺史王戎自安城（今河南汝南东方）向武昌（今湖北鄂州）方向进军；平南将军胡奋自新野（今属河南）向夏口（今湖北武汉）进军；镇南大将军杜预自驻地襄阳直趋江陵（今属湖北荆州）；龙骧将军、益州刺史王濬与巴东监军唐彬率水师自巴蜀浮江东下，直趋建业。六路大军，水陆共20余万之众。

综观晋军进军部署，实即羊祜在咸宁二年（276）提出的战略设想的具体实施。其中王濬之水师，便是羊祜所提出的"梁、益之兵水陆俱下"；杜预之众，便是"荆、楚之众进临江陵"；胡奋、王戎二军，便是"平南、豫州直指夏口"；司马仙、王浑二军，便是"徐、扬、青、兖并向秣陵"。从整个战略部署说，是多路出击、水陆齐发，分别以六路大军从长江上、中、下游同时进攻，在指挥上充分利用王濬强大水军克敌，配合以陆军助攻，使吴军首尾不能相顾，所谓"以一隅之吴，当天下之众，势分形散，所备皆急"[1]，而战事的进展，也正如羊祜所预料的那样，是"巴、汉奇兵出其空虚，一处倾坏，则上下震荡"[2]。在西晋大军既有全线又有重点的猛烈进攻下，东吴政权的军事防御体系迅速趋于崩溃，吴军一败涂地，土崩瓦解。及至太康元年（280）三月十五日，王濬统率"戎卒八万，方舟百里"[3]，一举攻入建业。孙皓面缚舆榇，亲至王濬军门投降，立国近60年的东吴政权遂宣告灭亡。一场空前的水陆联合、多路夹击、一举灭吴的统一战争终于画上了一个圆满的句号。

水陆齐发、多路进兵，分进合击、重点突破，主次协同、东西呼应的战略指挥与作战部署，在隋灭陈朝、完成国家统一的战争中同样有十分成功的表现。

隋朝君臣将伐陈统一全国的战争定位为一次宽大正面的战略突袭，因此隋军进攻的特点，是在"东接沧海，西拒巴、蜀，旌旗舟楫，横亘数千

---

[1]《晋书》卷三十四，《羊祜传》。
[2]《资治通鉴》卷八十一，晋纪三，武帝太康元年。
[3]《资治通鉴》卷八十一，晋纪三，武帝太康元年。

里"的宽大正面上同时发起多头攻击。战争开始后，隋朝动用了51.8万人的优势兵力，部署八路进兵：秦王杨俊率水陆军由襄阳进屯汉口，清河公杨素率舟师出四川永安（今属重庆），荆州刺史刘仁恩率部出江陵，与杨素合兵顺江东下。晋王杨广率师自寿春出六合（今属江苏），庐州总管韩擒虎率部出庐江攻采石矶（今安徽马鞍山西南），吴州总管贺若弼率师出广陵攻京口（今江苏镇江），蕲州刺史王世积出蕲春（今湖北蕲春东北），自蕲口入长江攻打九江，青州总管燕荣率舟师出东海（治朐山，今江苏连云港）沿海南下入太湖攻吴郡（治吴县，今江苏苏州）。

从总体战略部署上看，灭陈战争是在长江上、中、下游三个战略方向同时展开的，体现了集中兵力实施重点突破、机动部署实现全线牵制的作战宗旨。其中，四川的杨素只是起牵制作用，杨俊、刘仁恩所部重点在控制长江中游。这三路大军以秦王杨俊为总指挥，在长江上中游活动，从战略全局看，属于次要的攻击方向，其战略目标是切断上游陈军支援建康之路，配合下游隋军夺取建康的作战行动。而由杨广节制，集中于长江下游的其他五路大军，则是隋军的战略主攻方向，承担了集中优势兵力灭陈的重任。而在这一战略主攻方向中，又以杨广、贺若弼、韩擒虎三路为主力，进攻方向直指陈朝政治中心建康。燕荣、王世积两路则分别在建康的东、西两翼策应，主要任务是切断建康与外地的联系，以确保隋军主力顺利夺取建康。而在具体的战争过程中，诸路隋军既注意到行动的突然性，力争速战速决，又注意到动作的协同性，彼此间做到相互策应，从而为迅速攻占建康、灭亡陈朝、实现统一铺平了道路。无怪乎捷报传到隋文帝那里后，他也要欣喜不已了："九州不一，已数百年，以名臣之功，成太平之业，天下盛事，何用过此。"①

----

① 《隋书》卷五十二，《韩擒虎贺若弼传》。

（二）速战速决与持久作战的统一

从战争效益来说，速战速决是最为理想的选择。道理很简单，从战争与经济关系这一角度观察问题，进攻速胜是至关重要的，因为从事战争所损耗的人力、财力、物力，数量大得惊人，对国计民生来说，不啻是极其沉重的负担。战争时间一久，各种严重的后果便会纷至沓来，使国家和民众陷于不可自拔的境地，所谓"久则钝兵挫锐，攻城则力屈，久暴师则国用不足"①。此外，从复杂战略格局考察，速战速决也应该是战争指导者所要追求的目标。因为，如果某一国长期从事征战，就会给第三方带来可乘之机，最终使自己陷于四面受敌、两线作战的被动局面，出现所谓"螳螂捕蝉，黄雀在后""鹬蚌相争，渔人得利"的情况，用"兵圣"孙武的话说，就是"夫钝兵挫锐，屈力殚货，则诸侯乘其弊而起，虽有智者，不能善其后矣"②。为了避免上述不利情况，战争指导者在开展军事行动时，也自然要坚决贯彻进攻速胜的原则了。这也是夺取战略主动权的必有之义，正如博福尔所言："在而后的作战指导中，其试金石都是行动自由。战略的实质就是对行动自由的争夺。所以战略的基础就是确保自己的行动自由（通过奇袭或主动进攻）。"③

基于这样的认识，中国古代兵家都普遍主张进攻作战要做到速战速决，迅速地夺取胜利，反对使战争旷日持久，疲师耗财，"兵闻拙速，未睹巧之久也。夫兵久而国利者，未之有也"④，强调"用兵上神，战贵其速"⑤，"速则乘机，迟则生变"⑥，把"兵贵神速"的基本原则贯彻落实到整个作战行动

---

①《孙子兵法·作战篇》。

②《孙子兵法·作战篇》。

③［法］安德烈·博福尔：《战略入门》，第138页，中国人民解放军军事科学院外国军事研究部译，军事科学出版社1989年版。

④《孙子兵法·作战篇》。

⑤《卫公兵法》卷上，《将务兵谋》。

⑥《陆宣公奏议》卷一，《奏草一论两河及淮西利害状》。

的全过程之中："足我粮饷，张我声势。巧于误敌，俾敌不知所备；速于攻取，俾我锋不留行。电扫星飞，深戒淹缓。"①

统一战争是具有战略全局意义的进攻作战行动，统一战争的实施者在军事力量上占有相当大的优势。作为战略进攻的一方，在一般条件下要求做到行动迅捷，速战速决，"凡兵者，欲急捷，所以一决取胜，不可久而用之矣"②，强调"疾雷暇掩耳乎？掣电暇瞬目乎？时不再来，机不可失"③，"知彼有可破之理，则出兵以攻之，无有不胜"④，因此主张对敌人"速攻之，速围之，速逐之，速捣之"⑤。

这一基本原则从历史上诸多统一战争的进程考察，可以看得非常清楚。统一大业的指导者，在实施统一战争的战略指挥之时，总是把迅猛神速、速战速决看成是克敌制胜、实现统一的一大关键，努力避免出现进攻行动上的旷日持久，顿兵挫锐，所谓"急疾捷先，此所以决义兵之胜也，而不可久处"⑥。因此，一旦"势已成，机已至，人已集"⑦，他们就毫不犹豫地展开行动，以强大的优势兵力为依托，运用高明的作战指导，对敌人发起摧毁性的打击，力求在最短的时间里，摧毁敌人的抵抗意志，粉碎敌人的防御体系，攻占敌人的核心中枢，赢得统一战争的迅速胜利。

历史上成功的统一战争，大多都是速战速决战略指导、运用得当的典范。如秦国扫荡关东六国之战，前后不过十余年；西晋六路灭吴，前后费时不满三个月时间；隋王朝八路伐陈，不出两个月便灭亡陈朝，高奏凯歌；北宋翦灭南唐，统一江南，十个月左右时间即大功告成。

---

① 《草庐经略》卷六，《客兵》。
② 《卫公兵法》卷上，《将务兵谋》。
③ 《白毫子兵垒》卷一，《迅》七则。
④ 《百战奇法·攻战》。
⑤ 《白毫子兵垒》卷一，《迅》七则。
⑥ 《吕氏春秋·论威》。
⑦ 《兵经百言·法篇·速》。

这里，我们就以秦统一六国之战为例，具体说明统一大业指导者在从事统一战争过程中是如何贯彻速战速决原则并最终取得胜利的。秦统一六国的战争，既是战国末期最后一场诸侯兼并战争，又是中国历史上最早的一场封建统一战争。从公元前236年至公元前221年，秦国按照速战速决的战略方针，仅用十余年的时间，相继灭掉了北方的燕、赵，中原的韩、魏，东方的齐和南方的楚六个诸侯国，结束了春秋以来长达五百余年的诸侯割据纷争的战乱局面，建立了中国历史上第一个中央集权统一国家。

公元前238年，秦王嬴政铲除了丞相吕不韦和长信侯嫪毐集团，开始亲政，周密部署统一六国的战争。李斯、尉缭等人协助秦王制定了统一六国的战略策略。秦灭六国的战略有两个内容：一是乘六国混战之际，秦国"灭诸侯，成帝业，为天下一统"，这实际上是战略目标的确定问题；二是战略步骤的筹划问题，即继承远交近攻之策，确定了先弱后强、先近后远的具体战略步骤。李斯建议秦王政先攻韩、赵，"赵举则韩亡，韩亡则荆魏不能独立，荆魏不独立，则是一举而坏韩、蠹魏、拔荆，东以弱齐、燕"，主张"先取韩以恐他国"[①]。这一战略步骤可以概括为三步，即笼络燕、齐，稳住楚、魏，消灭韩、赵，然后各个击破，统一全国。在这一战略方针指导下，一场统一战争开始了。

公元前236年，秦王嬴政乘赵攻燕，赵国国内空虚之际，分兵两路大举攻赵，揭开了统一战争的帷幕。秦国经过数年连续攻赵，极大地削弱了赵国的实力，[②]但一时尚无力灭亡赵国。于是秦国转攻韩国，并于公元前231年攻下韩国南阳。次年，秦内史腾率军北上，攻占韩国都城阳翟（今河南禹州），俘虏韩王安，灭亡了韩国。

公元前229年，秦大举攻赵，名将王翦率军由上党（今山西长治市）出

①《史记》卷六，《秦始皇本纪》。
②《战国策·齐策一》载："（秦、赵）四战之后，赵亡卒数十万，邯郸仅存。"

井陉（今河北井陉），杨端和由河内出发，进攻赵都邯郸。双方相持一年后，赵军主将李牧为秦之反间计所除，赵军士气受挫，无力再战。王翦遂于公元前228年向赵国发起总攻。秦军很快攻占了邯郸，俘虏赵王迁，残部败逃，赵国灭亡。

秦国在攻赵的同时，兵临燕境。燕国无力抵抗，太子丹企图以刺杀秦王的办法挽回败局。公元前227年，太子丹派荆轲以进献燕国督亢地图为名，谋刺秦王政，结果以失败告终。秦王以此为借口，派王翦率兵攻打燕国，秦军在易水（今河北易县境内）大败燕军。次年十月，王翦攻陷燕国都蓟城（今北京），燕王喜率领残部逃窜至辽东（今辽宁辽阳一带），苟延残喘，燕国名存实亡。

至此，地处中原四战之地的魏国已完全孤立无援。公元前225年，秦将王贲率军出关中，东进攻魏，迅速包围了魏都大梁（今河南开封）。秦军引黄河之水灌城，攻陷大梁，魏王假投降，魏国灭亡。

早在秦军攻取燕都时，其已将进攻的目标转向楚国。公元前226年，秦王政即召诸将商议攻楚之事。在公元前225年首次攻楚受挫后，秦王政没有动摇灭楚的决心，遂于公元前224年委派王翦统率六十万大军再次伐楚。秦、楚双方主力在陈（今河南淮阳）相遭遇。王翦沉着待机，以逸待劳，楚军屡次挑战，秦军不与交锋。楚军主帅项燕只好率兵东归。王翦乘楚军退兵之机，挥师追击，在蕲（今安徽宿州市）大败楚军，阵斩项燕。次年，秦军乘胜进兵，俘虏楚王负刍，攻占楚都郢（今湖北荆州），灭亡了关东六国中最强大的楚国。

五国灭亡后，只剩下东方的齐国和燕、赵残余势力。公元前222年，秦将王贲率军歼灭了辽东燕军，俘虏燕王喜，回师途中，又在代北（今山西代县）俘获赵国余部代王嘉，然后由燕地乘虚直逼齐国。齐王建慌忙在西线集结军队，准备负隅顽抗，作困兽之斗。公元前221年，秦军避开西线齐军主力，从北面直插齐国都城临淄（今山东淄博）。在秦国大兵压境、以碇击卵的形势面前，齐王建被迫放弃抵抗，向秦军缴械投降，齐国也彻底灭亡了。

至此，秦统一六国的战争宣告胜利结束，我国历史上第一次实现了空前的大统一，"秦以区区之地致万乘之势，序八州而朝同列"，"吞二周而亡诸侯，履至尊而制六合，执敲朴以鞭笞天下，威震四海"①。而这个局面的造成，在战略指挥上，不能不归功于其统一战略决策者始终坚持和贯彻"速战速决，大创聚歼"的方针，马不停蹄，不间断地对山东六国进行打击和征服，不给对手以任何喘息的机会，摧枯拉朽，势不可挡，终于在短短的十余年时间里一统六合，开创中国历史的新局面，"六王毕，四海一"②。

当然，在充分肯定速战速决的基本前提下，统一战争的实施者也不排斥在一定条件下的持久作战。这一般有两种情况。一是当其实力尚不够强大，甚至是处于劣势的时候，面对强大的对手，致力于用空间换取时间，达到强弱易势、夺取最后胜利的目的。为此，有些统一战争实施者通过持久防御来迟滞、消耗、疲惫、削弱敌人，随着战争时间的持久和空间的扩大，使敌人战线日长、兵力日分、锐气日挫、困难日多，逐渐地由强变弱。同时，"盈吾阴节"，发展壮大自己的力量。在打破敌人速胜的企图的基础上，使自己的战略后方得到掩护，兵力得以集结，民众得到动员，战争潜力得以发挥，外交斗争得以展开，奇谋妙策得以施展，从而越战越强。此外还要做到守中有攻，久中有速，把战略上的防御持久同战役战斗上的进攻速决有机结合起来，灵活机动地打击敌人，如"塞其险阻以遏之，清其原野以待之，绝其粮道以饥之，劫其营垒以挠之，捣其巢穴以牵之。伺其

---

①《贾谊集·过秦论上》，上海人民出版社1976年版。
② 杜牧：《阿房宫赋》。

既归，然后出以袭之"①等等，做到"既以守而待攻，复以战而乘敝"②。可见，统一战争指导者在一定条件下实施防御持久战略方针，最终目的是要由守转攻、由久转速，达成战略反攻的胜利。持久作战本身并不是目的，而是转化敌我双方强弱态势的战略步骤。古人说："知己有未可胜之理，则我且固守；待敌有可胜之理，则出兵以攻之。"③这就是说，一旦强弱易势，就要果断实施战略反击，彻底消灭敌人，实现国家统一的根本目的。

楚汉战争中刘邦战胜项羽，就是通过防御持久、后发制人的手段实现敌我双方强弱态势转换，最后达成统一大业胜利的典型事例。在楚强汉弱的形势下，刘邦采取持久防御的战略，利用成皋（今河南荥阳汜水镇）一带的有利地形，实施顽强的正面防御，前后达两年又四个月之久。通过这一途径，刘邦获得了巨大的战略利益，包括战争潜力得到充分发挥，机动作战得以全面展开，外交策略和间谍攻心得以广泛实施，终于取得对项羽的全面优势，并适时转入战略反攻，一举全歼楚军，完成了西汉的统一大业。

统一战争实施者选择持久作战的另一种情况，是在占有战略优势地位条件下的权宜机变，这就是当胜券在握、大势已定的情况下，为减少双方军民的无谓伤亡而适当地延缓军事攻击的进度或力度，为迫降敌人创造必要的条件。这种战略选择与速战速决的做法，在统一战争中所起的作用是相辅相成、异曲同工的。

比如，在北宋翦灭南唐统一江南之役中，宋军主力在大将曹彬、潘美的指挥下，渡过长江，很快攻抵金陵城下，歼灭南唐水陆之师数万之众，随后在金陵城郊三面扎营，形成对金陵的包围态势。这时曹彬依据宋太祖赵匡胤迫敌投降的命令，并针对金陵北据大江、南连重岭、龙盘虎踞、形

---

① 《投笔肤谈》上卷，《持衡第四》。
② 《草庐经略》卷九《击强》。
③ 《百战奇法·守战》。

势险要、城坚难攻的实际情况，暂缓攻势，对金陵城围而不攻，一再致书劝降南唐后主李煜，时间多达九个月之久。在此期间，宋军还巧妙地围城打援，在皖口（今安徽安庆西南）歼灭自湖口方向来增援的南唐战略机动部队——南唐大将朱令赟部十五万人。最后，在迫降未成的情况下，曹彬下令发起总攻击。宋军进展十分顺利，很快便攻陷金陵城。南唐后主李煜被迫投降，南唐政权宣告灭亡，宋军取得了平定江南的历史性胜利。由此可见，在胜利确有保证的前提之下，适当地进行持久作战，也不失为统一战争战略指挥上的可行性选择之一。

（三）"尽敌为上"与统一战争的胜利

所谓"尽敌为上"，其实质就是打歼灭战的战略指挥原则。歼灭战是战争活动中的主要手段，因为战争的进程和结局，归根结底要取决于敌对双方有生力量的消长。所以，不论战略、战役或战斗，歼灭战都是从根本上解决问题的有效途径。近代普鲁士著名军事理论家克劳塞维茨曾在其名著《战争论》中对这一问题作过精辟的阐述。他指出："战斗是战争中唯一有效的活动。在战斗中，消灭同我们对峙的敌人是达到目的的手段，即使战斗实际上没有进行也是这样，因为在任何情况下，结局都是以消灭敌人军队已毫无疑问为前提的。因此消灭敌人军队是一切军事行动的基础，是一切行动最基本的支柱，一切行动建立在消灭敌人军队这个基础上，就好像拱门建立在石柱上一样……在战争所能追求的目的中，消灭敌人军队永远是最高的目的。在这里我们不能不指出，用流血方式解决危机，即消灭敌人军队，这一企图是战争的长子。"[1] 所以，"无论战争在具体情况下是多么多种多样，我们只要从战争这一概念出发，仍可以肯定以下几点：（一）消灭敌人军队是战争的主要原则，对采取积极行动的一方来说，这是达到目

① ［德］克劳塞维茨：《战争论》第一篇第二章，商务印书馆 1978 年版。

标的主要途径；（二）消灭敌人的军队主要是在战斗中实现的；（三）具有一般目的的大的战斗才能产生大的结果……根据上述几点可以得出一个双重法则，它包含相辅相成的两个方面：消灭敌人军队主要是通过大会战及其结果来实现的，大会战又必须以消灭敌人军队为主要目的。因此，应该把主力会战看作战争的集中表现，是整个战争或战局的重心。如同太阳光在凹镜的焦点上聚成太阳的完整的像并发生极高的热度一样，战争的各种力量和条件也都集中在主力会战中，产生高度集中的效果"。①

中国古代兵家对主力会战，打歼灭战问题同样予以了高度的重视。早在先秦时期，就有人提出了打歼灭战、不打击溃战的基本认识，认为这是克敌制胜的最好战果："夫战，尽敌为上。"② "若车不得车，骑不得骑，徒不得徒，虽破军皆无功。"③《孙膑兵法》更是毫不含糊地将作战的基本目标定在消灭敌人的军队上，明确地树立了歼灭战的战略指挥原则，认为只有"覆军杀将"，使敌人"虽欲生而不可得也"，才算是真正掌握了"战之道"，即作战的基本规律。④自秦汉以降，历代兵家对打歼灭战的指导原则也有充分的阐述，如明代兵书《登坛必究》就强调指出："击虏以殄灭为期，小利不足贪。"⑤

"尽敌为上"的主力会战、全线歼敌作战指导思想，同样适用于中国历史上的统一战争的战略指挥。因为在统一大业实施者看来，无论是速战速决还是相对持久，夺取统一战争胜利的关键，都在于积极创造有利的战机，歼灭敌人的主力，只要摧毁了敌方的有生力量，那么敌人再企冀负隅顽抗便丧失了任何资本。在这种情况之下，速战速决也好，相对持久也罢，其

---

①［德］克劳塞维茨：《战争论》第四篇"主力会战"章，商务印书馆1978年版。
②《国语·周语中》。
③《吴子·励士》。
④《孙膑兵法·月战》。
⑤《登坛必究》卷十六，《经武》。

间的区别便仅仅是时间问题了，而绝不会对胜利的最后归属产生任何实质性的影响。所以，历代统一战争的实施者都高度重视"尽敌为上"的意义，将它尊奉为实施战略指挥的一个重要原则，总是把寻机进行主力会战、歼敌主力作为作战的关键环节来慎重积极加以处理。

历史事实也正是如此。伊阙之战中，白起所率秦军大破韩、魏联军，斩首二十四万。此后，韩、魏两国实际上就失去了抵抗秦国战略进攻的能力，其亡国也只是时间上的问题了。公元前260年，秦、赵双方在长平（今山西高平西北）地区进行战略决战，秦将白起"正合奇胜"，善察战机，诱敌出击，然后分割包围，聚歼赵括所率赵军主力四十五万人，从根本上削弱了秦当时关东六国中最为强劲的对手，实际上使得秦统一六国、混同天下的道路变得畅通无阻了。项燕所率的楚军主力数十万人，在秦国大将王翦指挥下的六十万雄师劲旅的凌厉打击之下，一败涂地，悉数就歼后，楚国便再也无法实施有效的抵抗，秦国平定楚地便瓜熟蒂落、水到渠成。在西晋灭吴统一南北的战争中，吴国丞相张悌所率吴军主力三万人在版桥（今安徽和县境内）为晋军一举消灭后，吴国全国上下惊恐震动，顿呈瓦解之势，西晋灭吴也就一帆风顺，指日可待了。[①]

隋朝灭陈之役取得最终胜利的关键，同样是依赖于大将贺若弼在蒋山聚歼陈军主力的贡献。当时贺若弼率隋军主力一支由广陵顺利渡江，一举攻克京口，生擒陈朝南徐州刺史黄恪，俘获陈军五千余人。贺军所到之处，陈军望风而降，溃不成军，于是贺若弼乘胜率军溯江而上，向陈国都城建

---

① 《资治通鉴》卷八十一，"晋纪三，武帝太康元年"记载："吴主闻王浑南下，使丞相张悌督丹阳太守沈莹、护军孙震、副军师诸葛靓帅众三万渡江逆战。至牛渚，沈莹曰：'晋治水军于蜀久矣，上流诸军，素无戒备，名将皆死，幼少当任，恐不能御也。晋之水军必至于此，宜蓄众力以待其来，与之一战，若幸而胜之，江西自清。今渡江与晋大军战，不幸而败，则大事去矣！'悌曰：'吴之将亡，贤愚所知，非今日也。吾恐蜀兵至此，众心骇惧，不可复整。及今渡江，犹可决战。若其败丧，同死社稷，无所复恨。若其克捷，北敌奔走，兵势百倍，便当乘胜南上，逆之中道，不忧不破也。若如子计，恐士众散尽，坐待敌到，君臣俱降，无一人死难者，不亦辱乎！'遂济江而战，大败而殁，吴人大震。"

康进逼，待抵近钟山（亦称蒋山），即屯兵于白土冈。陈后主为了挽回败局，孤注一掷，命令陈军主力集中于白土冈以北十公里的正面，依次列成一字长蛇阵，企图阻滞贺若弼部的开进。这样，隋、陈双方遂在白土冈地区展开主力会战。在决战中，贺若弼率部一举击败了陈军主力萧摩诃、任蛮奴诸部，并且俘获萧摩诃，"蒋山死战，破其锐卒，擒其骁将，震扬威武，遂平陈国"[1]。经此一役，陈朝的主力和精锐一败涂地，失去了负隅顽抗的最后本钱，并造成建康城的空虚，使得隋朝另一主将韩擒虎能够乘机率兵攻入建康，生擒陈后主。由此可见，隋军在蒋山白土冈歼灭陈军主力的胜利，使得隋灭陈统一全国的战略随即大功告成，实具有战略上的决定性意义。

至于清朝康熙帝翦灭台湾郑经集团，实现国家统一，军事上起决定性作用的，也是因为在澎湖海战中歼灭了郑氏水师主力，使其再也无法抵御清军的进攻。

东南海疆，首重台湾。台湾自古就是中国领土不可分割的一部分。明清易代之际，郑成功出于民族大义，也为了反清复明的事业，从荷兰殖民主义者手中收复了台湾，使台湾回到祖国怀抱。但清朝入主中原后，采取了一系列缓和民族矛盾的措施，逐次完成了中国内地的统一，建立了一个空前规模的统一的多民族国家，全国范围内反清复明的斗争渐趋平息。这时，安定社会，巩固边疆，共同对付西方殖民主义列强，已成为时代的客观要求。但是，郑成功去世后，台湾以郑经、郑克塽为首的郑经集团，却昧于这一时势，坚持台湾孤岛与祖国大陆的隔海对峙，宣称台湾"远在海外，非属版图之中"，梦想使自己"万世之基业立于不败"，要造成台湾与大陆的长期分裂。"三藩之乱"爆发后，郑经集团又与吴三桂、耿精忠等分

---

① 《资治通鉴》卷一七七，隋纪一，文帝开皇九年。

裂势力相勾结，加入叛乱阵营，对国家的统一造成了危害。种种情况表明，郑经集团已走上了分裂祖国的道路，这是不利于国家的统一和繁荣的，更违背了两岸人民的根本利益。所以，消灭郑经集团割据分裂势力，统一台湾，完成国家大一统，是理有固宜、势所必然。

当时清廷最高决策者康熙帝从与台湾郑经集团多次和谈失败的教训和郑经武力进犯大陆的威胁中认识到，以纯粹和平方式解决台湾问题的可能性是不存在的，要实现国家统一，必须诉诸武力。所以当平定三藩叛乱的战争尚在进行之中，康熙帝即已定下了武力统一台湾的决心："上欲乘胜荡乎海逆，乃厚集舟师，规取厦门、金门二岛，以图澎湖、台湾。"[①] 姚启圣等大臣也提出了"台湾断须次第攻取，永使海波不扬"[②] 的主张。为此，清廷积极从事战前准备。康熙二十年（1681），郑经病死于台湾，郑经集团内部为继承权问题发生内讧，姚启圣遂进"审机乘便，直捣巢穴"[③] 之策。康熙帝认为统一台湾的时机业已成熟，于是作出了武力统一台湾的战略决策"郑锦（经）既伏冥诛，贼中必乖离扰乱，宜乘机规定澎湖、台湾……务期剿抚并用，底定海疆，毋误事机"[④]，并委任施琅为福建水师提督，全权指挥清军的攻台行动。

施琅上任后，制定了"因剿寓抚"的战略指导方针，其核心是先剿后抚、以剿促抚、以战逼和，采取武力行动，以强大的军事压力迫使台湾郑经集团接受和谈条件，实现台湾与大陆的统一。

根据这一战略指导方针，施琅认真从事军事上的各项准备，制定了具体的攻台作战方案。其中最重要的是根据台湾海峡的气候条件，选择正确

①《清圣祖实录》卷七十九，康熙十八年二月甲戌。
②《姚启圣题为评议平海善后条款事本》（康熙十九年八月），见《康熙统一台湾档案史料选辑》，第218—221页。
③ 姚启圣：《忧畏轩奏疏》卷四。
④《清圣祖实录》卷九十六，康熙二十年六月戊子。

的渡海时机和进攻路线，而以攻克澎湖为主攻目标，通过双方水师主力会战歼灭台湾郑经集团的主力，为最终迫降郑经集团奠定基础。

康熙二十二年（1683）六月，施琅统率由福建水师和部分陆师官兵组成的两万余人的水陆两栖部队，乘坐230余艘战船，向澎湖海域进发，在那里与郑经集团的刘国轩所部展开了中国战争史上一次罕见的海岛攻防大战。经过几天外围作战，占领了澎湖港湾外的虎井、桶盘等岛屿，为最后总攻准备了条件。

六月二十二日晨，施琅指挥清军向盘踞澎湖的郑军发起总攻击。清军水师按战斗要求分为四个部分，由施琅居中指挥。战斗开始后，双方均发炮对射，一时炮矢纷飞，烟焰蔽日，咫尺莫辨。接敌后，清军按照施琅"遇贼船一只，即会数只合攻"①的命令，变换"五梅花"阵，集中兵力击敌。战斗进行中，南风大发，波涛汹涌，清军乘处于上风之便，扬帆疾进，出奇制胜，奋勇杀敌。郑军节节败退，主帅刘国轩见其军十丧七八，败局已定，匆忙率残部31只战船从澎湖北面的吼门逃往台湾本岛。

是役，清军大获全胜，击毙郑军将军、副总督以下大小将领340余人，兵士1.2万人，生俘大小将领165人、兵士近5000人，击毁、缴获战船194艘，基本上歼灭了郑经集团的精锐，一举攻占了澎湖列岛。

澎湖海战是清郑双方之间的一次战略决战，清军遵循"尽敌为上"的战略指挥原则，立足于打大规模的歼灭战，给郑经集团以毁灭性的打击。经此一战，郑经集团赖以抗拒国家统一的军事实力丧失殆尽，军心动摇，士气低落，除了全盘接受清政府的条件外，已别无选择。在这样的背景下，施琅展开积极有效的强大政治攻势，具体落实以战逼和、"因剿寓抚"的战

---

① 江日升：《台湾外记》卷十，第34页，福建人民出版社1983年版。

略方针，迫使郑克塽放弃抵抗，归顺中央政府。[①]施琅率军开进台湾本岛，兵不血刃地顺利接管台湾全境，完成了统一台湾的历史使命，清政府最终实现了完整意义上的国家统一。而这一战略目标的实现，则是来之不易的，归根结底，乃是通过歼灭郑经集团主力与精锐的途径，"尽敌为上"，剥夺了对手抵抗的能力之后，才如愿以偿的。由此可见，消灭敌人的军队始终是一种比其他一切手段更为优越、更为有效的手段。[②]这一点，在从事统一战争并取得最后胜利问题上，亦无任何的例外。

---

① 为争取郑克塽投降，施琅从国家统一大业的大局出发，表示要以国事为重，摒弃家仇，对郑氏杀其全家数十口一事，表示不再追究，放弃报仇，"断不复仇。当日杀吾父者已死，与他人不相干。不特台湾人不杀，即郑家肯降，吾亦不杀。今日之事，君事也，吾敢报私怨乎？"（李光地：《榕村续语录》卷十一，第705页，中华书局1995年版）这对消除台湾军民的"恐施""恐清"心理起了很大作用。

② ［德］克劳塞维茨：《战争论》第一篇第二章，商务印书馆1978年版。

主要参考书目

1. 《马克思恩格斯选集》，北京：人民出版社，1972年。

2. 《马克思恩格斯军事文集》，北京：战士出版社，1981年。

3. 《毛泽东选集》(1—4卷)，北京：人民出版社，1991年。

4. [清]阮元校刻：《十三经注疏》，北京：中华书局，1981年。

5. [西汉]司马迁：《史记》，北京：中华书局，1959年。

6. [东汉]班固：《汉书》，北京：中华书局，1962年。

7. [南朝·宋]范晔：《后汉书》，北京：中华书局，1965年。

8. [晋]陈寿：《三国志》，北京：中华书局，1959年。

9. [唐]房玄龄等：《晋书》，北京：中华书局，1974年。

10. [唐]魏徵、令狐德棻等：《隋书》，北京：中华书局，1973年。

11. [唐]李延寿：《北史》，北京：中华书局，1974年。

12. [唐]李延寿：《南史》，北京：中华书局，1975年。

13. [后晋]刘昫等：《旧唐书》，北京：中华书局，1975年。

14. [北宋]欧阳修、宋祁等：《新唐书》，北京：中华书局，1975年。

15. [宋]薛居正：《旧五代史》，北京：中华书局，1976年。

16. [元]脱脱等：《宋史》，北京：中华书局，1975年。

17. [明]宋濂等：《元史》，北京：中华书局，1974年。

18. [清]张廷玉等：《明史》，北京：中华书局，1974年。

19. [北宋]司马光：《资治通鉴》，北京：中华书局，1956年。

20. [南宋]李焘：《续资治通鉴长编》，北京：中华书局，1979年。

21. 《明实录》(《明太祖实录》有关部分)，台北：台湾"中央研究院"历史语言研究所，1962年。

22. 《清实录》(《清世祖实录》《清圣祖实录》有关部分)，北京：中华书局，1985年。

23. ［唐］杜佑：《通典》，北京：中华书局，1984年。

24. ［清］顾祖禹：《续史方舆纪要》，北京：中华书局，1955年。

25. ［元］马端临：《文献通考》，杭州：浙江古籍出版社，1988年。

26. 国学整理社：《诸子集成》，北京：中华书局，1954年。

27. 《二十二子》，上海：上海古籍出版社，1988年。

28. ［清］严可均校辑：《全上古三代秦汉三国六朝文》，北京：中华书局，1958年。

29. 杨伯峻：《春秋左传注》，北京：中华书局，1981年。

30. 《国语》，上海：上海古籍出版社，1982年。

31. ［西汉］刘向编纂：《战国策》，上海：上海古籍出版社，1978年。

32. ［东汉］班固：《白虎通义》，杭州：浙江人民出版社，1984年。

33. 《清经解》（第七册），上海：上海书店，1988年。

34. ［清］永瑢：《四库全书总目》，北京：中华书局，1980年。

35. 《中国兵书集成》（一）（二），北京、沈阳：解放军出版社、辽沈书社，1987年。

36. 银雀山汉墓竹简整理小组：《银雀山汉墓竹简［壹］》，北京：文物出版社，1985年。

37. ［春秋］孙武等：《四库兵家类丛书》，上海：上海古籍出版社，1990年。

38. 张文才、黄朴民、任力注译：《中国兵书十大名典》，沈阳：辽宁人民出版社，2000年。

39. 于汝波、李兴斌主编：《中国经典兵书》，济南：山东友谊出版社，2002年。

40. ［西汉］贾谊：《贾谊集》，上海：上海人民出版社，1976年。

41. ［西汉］桓宽撰，王利器校注：《盐铁论校注》，天津：天津古籍出版社，1983年。

42. ［东汉］王符撰，［清］汪继培笺：《潜夫论笺》，北京：中华书局，1978年。

43. ［南宋］王应麟：《困学纪闻》，北京：商务印书馆，1959年。

44. ［南宋］陈亮：《陈亮集》，北京：中华书局，1974年。

45. ［清］顾炎武撰，黄汝成集释：《日知录集释》，长沙：岳麓书社，1994年。

46. ［清］赵翼：《廿二史札记》，北京：中国书店，1993年。

47. ［清］唐晏：《两汉三国学案》，北京：中华书局，1986年。

48. ［清］王夫之：《读通鉴论》（附《宋论》），《船山遗书》本，上海：商务印书馆，1912年。

49. ［清］皮锡瑞：《经学通论》，北京：中华书局，1982年。

50. ［清］皮锡瑞:《经学历史》,北京:中华书局,1959年。

51. ［清］曾国藩:《曾文正公文集》,北京:中华书局,1983年。

52. 梁启超:《饮冰室合集》,北京:中华书局,1989年。

53. 罗琨、张永山:《夏商西周军事史》,北京:军事科学出版社,1998年。

54. 黄朴民:《春秋军事史》,北京:军事科学出版社,1998年。

55. 吴如嵩、黄朴民等:《战国军事史》,北京:军事科学出版社,1998年。

56. 朱大渭、张文强:《两晋南北朝军事史》,北京:军事科学出版社,1998年。

57. 张文才:《隋代军事史》,北京:军事科学出版社,1998年。

58. 邱心田、孔德骐:《清代前期军事史》,北京:军事科学出版社,1998年。

59. 于汝波、刘庆:《中国历代战略思想教程》,北京:军事科学出版社,2000年。

60. 于汝波、黄朴民主编:《中国历代军事思想教程》,北京:军事科学出版社,
    2000年。

61. 糜振玉主编:《中国军事学术史》,北京:解放军出版社,2009年。

62. 高锐主编:《中国军事史略》,北京:军事科学出版社,1992年。

63. 郭汝瑰等:《中国军事史》,北京:解放军出版社,1986—1993年。

64. 中国台湾三军大学编著:《中国历代战争史》,北京:中信出版社,2013年。

65. 中国人民解放军军事科学院战略研究部编:《战略学》,北京:军事科学出版社,
    2001年。

66. 《中国军事百科全书·战争战略分册》,北京:军事科学出版社,1993年。

67. 《中国军事百科全书·中国历代军事思想分册》,北京:军事科学出版社,
    1996年。

68. 李际均:《论战略》,北京:解放军出版社,2002年。

69. 李际均:《军事战略思维》(增订本),北京:军事科学出版社,1998年。

70. 吴如嵩:《徜徉兵学长河》,北京:解放军出版社,2002年。

71. 蓝永蔚:《春秋时期的步兵》,北京:中华书局,1979年。

72. 雷海宗:《中国文化与中国的兵》,北京:商务印书馆,2001年。

73. 黄朴民、孙建民:《中华统一大略》,北京:解放军出版社,2002年。

74. 饶胜文:《布局天下:中国古代军事地理大势》,北京:解放军出版社,
    2002年。

75. 于汝波:《大思维:解读中国古典战略》,北京:军事科学出版社,2000年。

76. 宫玉振:《中国战略文化解析》,北京:军事科学出版社,2002年。

77. 程广中:《地缘战略论》,北京:国防大学出版社,1999年。

78. 纽先钟：《西方战略思想史》，台北：台湾麦田出版社股份有限公司，1995年。

79. 纽先钟：《中国古代战略思想新论》，合肥：安徽教育出版社，2005年。

80. 洪兵：《中国战略原理解析》，北京：军事科学出版社，2001年。

81. 纽先钟：《战略研究入门》，台北：台湾麦田出版社股份有限公司，1998年。

82. 王生荣主编：《金黄与蔚蓝的支点：中国地缘战略论》，北京：国防大学出版社，2001年。

83. 郭树枌主编：《话说战略》，北京：军事科学出版社，1987年。

84. 刘庆、皮明勇：《中国文化通志·军事学志》，上海：上海人民出版社，1998年。

85. 陈力恒主编：《军事预测学》，北京：军事科学出版社，1993年。

86. 姜春良主编：《军事地理学》，北京：军事科学出版社，1995年。

87. 王兆春：《中国军事科技通史》，北京：解放军出版社，2010年。

88. 袁庭栋等：《中国古代战争》，成都：四川省社会科学院出版社，1988年。

89. 施云龙主编：《中国筑城史》，北京：军事谊文出版社，1999年。

90. 袁品荣主编：《享誉世界的十大军事名著》，北京：海潮出版社，1998年。

91. 葛剑雄：《统一与分裂——中国历史的启示》，北京：生活·读书·新知三联书店，1994年。

92. 杨向奎：《大一统与儒家思想》，北京：中国友谊出版公司，1989年。

93. 白寿彝总主编：《中国通史》（第一卷），上海：上海人民出版社，1989年。

94. 陈登原：《国史旧闻》（第一分册），北京：生活·读书·新知三联书店，1958年。

95. 陈登原：《国史旧闻》（第二分册），北京：中华书局，1962年。

96. 钱穆：《国史大纲》（修订本），北京：商务印书馆，1996年。

97. 田昌五：《中国历史体系新论》，济南：山东大学出版社，1995年。

98. 刘泽华主编：《中国政治思想史》（三卷本），杭州：浙江人民出版社，1996年。

99. 任继愈主编：《中国哲学发展史》（秦汉卷），北京：人民出版社，1985年。

100. 吕思勉：《吕思勉读史札记》（上、下），上海：上海古籍出版社，1982年。

101. 杨宽：《战国史》，上海：上海人民出版社，1980年。

102. 田昌五、安作璋主编：《秦汉史》，北京：人民出版社，1993年。

103. 王仲荦：《魏晋南北朝史》（上、下），上海：上海人民出版社，1979年。

104. 王仲荦：《隋唐五代史》（上、下），上海：上海人民出版社，1988、1990年。

105. 李泽厚：《中国古代思想史论》，北京：人民出版社，1986年。

106. 彭卫：《穿越历史的丛林：史学论》，北京：生活·读书·新知三联书店，1997年。

107. 杨向奎：《中国古代社会与古代思想研究》，上海：上海人民出版社，1962年。

108. 杨向奎：《宗周社会与礼乐文明》，北京：人民出版社，1997年。

109. 蒋庆：《公羊学引论》，沈阳：辽宁教育出版社，1995年。

110. 黄朴民：《孙子评传》，南宁：广西教育出版社，1994年。

111. 顾颉刚：《秦汉的方士与儒生》，上海：上海人民出版社，1957年。

112. 蒋伯潜：《十三经概论》，上海：上海古籍出版社，1983年。

113. 杨向奎：《绎史斋学术文集》，上海：上海人民出版社，1983年。

114. 钱穆：《国史大纲》（修订本），北京：商务印书馆，1996年。

115. 张震泽：《孙膑兵法校理》，北京：中华书局，1984年。

116. 杨丙安：《孙子十一家注校理》，北京：中华书局，1999年。

117. 郑良树：《竹简帛书论文集》，北京：中华书局，1982年。

118. 罗宗强：《玄学与魏晋士人心态》，杭州：浙江人民出版社，1991年。

119. 刘泽华主编：《士人与社会》（秦汉魏晋南北朝卷），天津：天津人民出版社，1992年。

120. 马勇：《汉代春秋学研究》，成都：四川人民出版社，1990年。

121. 田余庆：《东晋门阀政治》，北京：北京大学出版社，1991年。

122. 谭其骧：《长水集》（上、下），北京：人民出版社，1987年。

123. 史念海：《河山集》，北京：生活·读书·新知三联书店，1963年。

124. 孙家洲：《两汉政治文化窥要》，济南：泰山出版社，2001年。

125. 饶宗颐：《中国史学上之正统论》，上海：上海远东出版社，1996年。

126. 杨宽：《战国史》，上海：上海人民出版社，1980年。

127. 童书业：《春秋左传研究》，上海：上海人民出版社，1980年。

128. 刘修明：《从崩溃到中兴》，上海：上海古籍出版社，1989年。

129. 唐长孺等编：《汪篯隋唐史论稿》，北京：中国社会科学出版社，1981年。

130. 黎子耀：《老子秘义补注》，西安：三秦出版社，1982年。

131. 陈学凯：《正统论与革命观——中国传统政治文化的调节机制》，西安：陕西人民出版社，1998年。

132. 于汝波主编：《孙子学文献提要》，北京：军事科学出版社，1994年。

133. 宋杰：《先秦战略地理研究》，北京：首都师范大学出版社，1999年。

134. 许保林：《中国兵书通览》，北京：解放军出版社，2002年。

135. 中国人民解放军军事科学院战略部：《中国古代战争战例选编》，北京：中华书局，1980年。

136. 李零：《兵以诈立：我读孙子》，北京：中华书局，2006年。

137. 赵国华：《中国兵学史》，福州：福建人民出版社，2004年。

138. ［德］黑格尔：《哲学史讲演录》第二卷，北京：生活·读书·新知三联书店，1957年。

139. ［英］崔瑞德、鲁惟一主编：《剑桥中国秦汉史》，北京：中国社会科学出版社，1992年。

140. ［德］克劳塞维茨：《战争论》，北京：解放军出版社，1964年。

141. ［美］麦尼尔：《竞逐富强：西方军事的现代化历程》，上海：学林出版社，1996年。

142. ［美］余英时：《士与中国文化》，上海：上海人民出版社，1987年。

143. ［美］黄仁宇：《赫逊河畔谈中国历史》，北京：生活·读书·新知三联书店，1997年。

144. ［英］杰弗里·帕克：《剑桥战争史》，长春：吉林人民出版社，1999年。

145. ［英］柯林武德：《历史的观念》，北京：中国社会科学出版社，1986年。

146. ［英］哈·麦金德：《历史的地理枢纽》，北京：商务印书馆，1985年。

147. ［意］B.克罗齐：《历史学的理论和实际》，北京：商务印书馆，1984年。

148. ［日］伊藤宪一：《国家与战略》，北京：军事科学出版社，1988年。

149. ［古希腊］色诺芬：《长征记》，北京：商务印书馆，1985年。

150. ［英］J.F.C.富勒：《装甲战》，北京：解放军出版社，2006年。

151. ［法］安德烈·博福尔：《战略入门》，北京：军事科学出版社，1989年。

152. ［瑞士］若米尼：《战争艺术概论》，北京：解放军出版社，1988年。

153. ［古罗马］韦格蒂乌斯：《兵法简述》，北京：解放军出版社，2015年。

154. ［英］E.H.卡尔：《历史是什么？》，北京：商务印书馆，1981年。

155. ［美］杜普伊：《武器与战争的演奏》，北京：军事科学出版社，1985年。

156. 于汝波：《儒家大一统思想简议》，《齐鲁学刊》1995年第1期。

157. 刘家和、王尧等：《国家统一与历史进步》，《光明日报》1997年9月16日。

158. 黄朴民、张志锐：《历代实现国家统一的基本经验》，《中国军事科学》2000年第3期。

159. 黄朴民：《论中华文化与国家统一》，《光明日报》2003年5月27日。

160. 葛志毅、张惟明：《公羊大一统释义发微》，《先秦两汉的制度与文化》，哈尔滨：黑龙江教育出版社，1998年。

161. 裴汝诚、许沛藻：《评宋初君臣"取天下"之志及"一天下"之策——兼及历史人物评价问题》，《上海师范学院学报》1980年第3期。

162. 唐晓峰：《"体国经野"：试论中国古代的王朝地理学》，《二十一世纪》2000年8月号。

163. 邢义田：《天下一家——传统中国天下观的形成》，载《秦汉史论稿》，台北：东大图书股份有限公司，1987年。

164. 陈其泰：《何休公羊学说的体系及其学术特色》，《中国文化月刊》第196期。

165. 张其昀：《中国历史上之国防区域》，载包伟民选编《史学文存》，上海古籍出版社，2001年。

166. 杨渭生：《论赵宋之统一与整治》，《杭州大学学报》1994年第1期。

167. 魏鸿：《〈权书〉与〈孙子兵法〉异同探论》，《军事历史研究》2006年第2期。

168. 范中义：《明代军事思想简论》，《历史研究》1996年第5期。

169. 黄今言：《东汉军事史的若干特点和研究方法问题》，《史学月刊》1997年第1期。

170. 陈峰：《宋代主流军事思想及兵学批判》，《史学月刊》2005年第11期。